本书系浙江外国语学院博达科研提升专项计划后期资助项目"俄国侨民文化遗产——弗洛罗夫斯基思想研究"（立项编号：2021HQZZ5）课题研究成果

G. V. Florovskch

俄国侨民文化遗产
——弗洛罗夫斯基思想研究

劳灵珊　著

中国社会科学出版社

图书在版编目(CIP)数据

俄国侨民文化遗产：弗洛罗夫斯基思想研究／劳灵珊著 . —北京：中国社会科学出版社，2021.8
ISBN 978-7-5203-8516-9

Ⅰ.①俄… Ⅱ.①劳… Ⅲ.①东正教—研究②弗洛罗夫斯基—思想研究 Ⅳ.①B976.2②B979.951.2

中国版本图书馆 CIP 数据核字(2021)第 116250 号

出 版 人	赵剑英
责任编辑	周晓慧
责任校对	刘　念
责任印制	戴　宽

出　　版	中国社会科学出版社
社　　址	北京鼓楼西大街甲 158 号
邮　　编	100720
网　　址	http://www.csspw.cn
发 行 部	010-84083685
门 市 部	010-84029450
经　　销	新华书店及其他书店

印刷装订	三河弘翰印务有限公司
版　　次	2021 年 8 月第 1 版
印　　次	2021 年 8 月第 1 次印刷

开　　本	710×1000　1/16
印　　张	14
插　　页	2
字　　数	183 千字
定　　价	76.00 元

凡购买中国社会科学出版社图书，如有质量问题请与本社营销中心联系调换
电话：010-84083683
版权所有　侵权必究

目　录

序　言 …………………………………………………………（1）

第一章　俄罗斯侨民东正教思想的形成与发展 ………………（1）
　第一节　俄罗斯东正教的产生及其对俄罗斯民族精神
　　　　　文化的影响 ……………………………………………（1）
　　一　罗斯受洗——从多神教到东正教的转变 ………………（1）
　　二　俄罗斯东正教的特点 ………………………………………（8）
　　三　东正教对俄罗斯民族命运发展的影响 …………………（17）
　第二节　俄罗斯侨民东正教思想 ……………………………（22）
　　一　俄罗斯东正教思想概述 …………………………………（22）
　　二　俄罗斯侨民东正教思想 …………………………………（39）

第二章　弗洛罗夫斯基宗教思想的启蒙 ……………………（60）
　第一节　弗洛罗夫斯基青少年时期对宗教的浓厚兴趣
　　　　　及其危机 ………………………………………………（60）
　第二节　弗洛罗夫斯基走向欧亚主义的原因 ………………（75）
　　一　俄国革命的影响 …………………………………………（75）
　　二　俄侨知识分子思想的影响 ………………………………（78）

第三章　弗洛罗夫斯基宗教思想的初步形成 ………………（81）
　第一节　弗洛罗夫斯基与欧亚主义的短暂交集 ……………（82）

一　欧亚主义思潮的发展历程及其主要内涵 ………………（82）
　　二　弗洛罗夫斯基的欧亚主义思想 ……………………………（86）
　第二节　从欧亚主义到东正教神学研究 ………………………（91）
　　一　个人思想发展的内部逻辑 …………………………………（91）
　　二　外部客观因素的推动 ………………………………………（96）

第四章　弗洛罗夫斯基宗教思想的最终形成 ……………………（108）
　第一节　布拉格时期的神学探索 …………………………………（109）
　第二节　巴黎时期神学思想的逐渐成熟 …………………………（111）
　　一　主要神学思想 ………………………………………………（112）
　　二　新教父综合理论的提出 ……………………………………（128）
　第三节　独具东正教特色的文化哲学思想 ………………………（138）
　第四节　弗洛罗夫斯基神学思想在实践中的进一步
　　　　　形成 ……………………………………………………（144）

第五章　弗洛罗夫斯基宗教思想在普世教会运动中的践行 ……（154）
　第一节　普世教会合一运动的发展历史 …………………………（154）
　第二节　俄罗斯东正教会对普世教会合一运动的态度 …………（160）
　第三节　弗洛罗夫斯基对普世教会合一运动的参与 ……………（166）

第六章　弗洛罗夫斯基在俄罗斯宗教思想史上的地位评析 ……（184）
　第一节　弗洛罗夫斯基宗教思想的主要贡献 ……………………（184）
　第二节　弗洛罗夫斯基宗教思想中的矛盾性和局限性 …………（189）

结　语 ………………………………………………………………（194）

参考文献 ……………………………………………………………（200）

序　言

东正教在俄罗斯的文明进程中具有十分悠久的历史，并且发挥着重要作用。自罗斯受洗直到帝俄灭亡的近千年时间里，东正教作为国教，逐渐渗透到了俄罗斯的民族意识中，促成了以东正教为底色的俄罗斯文化的形成，对俄罗斯民族思想意识和社会生活的方方面面都产生了巨大影响。可以说，作为俄罗斯传统文化中不可或缺的组成部分，东正教思想已经成为探析俄罗斯民族精神本原和了解当代俄罗斯社会精神生活的一个重要窗口。然而，十月革命改变了俄国历史的发展方向，也对东正教的发展产生了巨大冲击。苏维埃政府成立之后，列宁颁布了《关于教会同国家分离和学校同教会分离》的法令，东正教失去了昔日的宗教统治地位。作为回应，俄罗斯东正教会组织了大规模的反政府游行，公开反对苏维埃政权。但是，随着苏维埃政权的巩固和国内生活的逐步稳定与发展，俄罗斯东正教会又逐渐改变了对新生政权的敌对态度，转而支持政府的各项措施。然而，实行政教分离政策的苏维埃政府还是开展了大规模的无神论宣传和声势浩大的反宗教运动。虽然从斯大林到勃列日涅夫执政期间，苏联政府的宗教政策时有反复，但总体来说，这一阶段的俄罗斯政教关系趋于紧张。从20世纪30年代初开始，大批教堂、修道院和宗教学校被迫关闭，神职人员和教徒的活动受到严格限制，宪法中关于公民宗教信仰自由的规定也没有得到真正实施，东正教在俄罗斯人民生活中的地位被严重削弱。

20世纪80年代后期，随着戈尔巴乔夫"改革与新思维"的提出，政教关系迅速缓和，苏联社会出现了一股"宗教热"。1988年举行的"罗斯受洗一千年"庆祝活动把这股热潮推向顶点，东正教的社会影响再次急剧扩大。苏联解体后，政局动荡、经济衰退、社会问题突出，许多俄罗斯人的内心一度陷入空虚和迷茫，他们只能在宗教中寻找救赎和安慰。在此背景下，东正教作为一种精神因素和文化传统在新俄罗斯大地上迅速复兴。如今，作为全国最大的宗教组织，俄罗斯东正教会除了履行官方赋予的舆论宣传职责外，还力图通过宗教课在世俗学校课程中的恢复，来重新发挥自身对俄罗斯民族的精神塑造和道德教化功能。2010年普京总理发了政府令，决定在全国的世俗国立和市立中小学中实行宗教教育必修制，东正教会的夙愿最终得以实现。

东正教是俄国历史上持续时间最长、分布范围最广、影响力最大的一种宗教信仰。自东正教被引入罗斯大地开始，它就与俄罗斯思想紧密地联系在了一起。在漫漫历史长河中，东正教精神已然成为俄罗斯民族一种稳定的思维方式和生活态度，深深影响着人们的价值观念。即使在那段被镇压的无情岁月里，作为俄罗斯社会生活重要组成部分的宗教活动事实上也并未完全终止，如在一些农村地区始终保留着为新生婴儿洗礼的习俗。这是因为东正教思想作为人们内心的一种信仰需求，是不可能被彻底根除的。在漫长而曲折的历史发展过程中，东正教改变了俄罗斯文化的精神面貌，培育了俄罗斯民族的宗教性。

虽然在十月革命胜利以后到20世纪80年代这段时间里，宗教思想在苏联长期被视为唯心主义的有神论而遭到政府的批判和压制，但是那些反对社会主义的俄罗斯宗教思想家们并没有因此放弃对东正教的信仰和对东正教思想的探寻。这批俄罗斯知识分子主动或被迫离开了苏联，以侨民宗教思想家的身份，通过自己的努力在国外将东正教思想的研究传统承袭了下来。与祖国的分离在给这些侨民宗教思想家带来内心痛苦的同时，从客观上使他们摆脱了苏维埃政权意识形态的束缚，使他们的宗教思想免受马克思主义的影响，保留了最为传统的俄罗斯文化精髓。而且，流亡生活为俄罗斯侨民宗教思想家在更加广阔的背景下，继续以东正教为精神指引来审视和思考俄国的历史、现状与未来创造了条件，也为他们带来了全新的创作灵感，使他们的宗教思想更为深沉厚重。可以说，在东正教思想备受苏联政府压制的艰难岁月里，俄罗斯侨民宗教思想家通过自己的不懈努力，在另一个崭新的平台上弥补了这一时期俄罗斯国内宗教思想研究的不足，对保持俄罗斯宗教思想史的完整性发挥了关键作用。此外，俄侨思想家所处的外部环境也使东正教思想能够为俄罗斯以外的更多民族所知，为其在世界范围内的传播奠定了基础。因此，俄罗斯侨民宗教思想在整个俄罗斯宗教思想史上具有重要地位，由此入手来窥探俄罗斯的东正教思想未尝不是一个好的选择。

十月革命后流亡海外的白银时代宗教哲学家是俄罗斯侨民宗教思想家中最为举世瞩目的一批代表，以至于后人对俄罗斯宗教思想的认识和研究多局限于这一范围。然而，俄罗斯的东正教思想是由宗教哲学和神学共同组成的，缺少其中任何一个部分都是不完整的。尤其是在20世纪30年代左右，一些侨民宗教思想家特别强调要重视东正教思想中的神学传统，恢复古代教父的精神遗产。作为新教父综合理论的奠基人，格奥尔基·瓦西里耶维奇·弗洛罗夫斯基（Г. В. Флоровский，1893—1979）便是最早提出这种观点的俄侨宗教思想家。

弗洛罗夫斯基出生于神职人员家庭，他的父亲来自大诺夫哥罗德。虽然弗洛罗夫斯基在乌克兰出生并长大，但比起南方城市的喧闹，他更喜欢北方森林的静谧。弗洛罗夫斯基从小体弱多病，无法像别的孩子一样有正常的童年生活，大部分时间都在家中看书自学。家庭背景，对自然的崇尚，以及由于缺乏交流而产生的极度孤独感促使弗洛罗夫斯基从青少年时代开始就将东正教当作自己的精神寄托，他希望能在对上帝的信仰中寻找到内心的平静和充盈。少年时代的弗洛罗夫斯基曾经向往进入莫斯科神学院从事专门的东正教神学研究，但在经历了痛苦的纠结之后，他最终选择了一所普通大学进行深造。大学期间，弗洛罗夫斯基的宗教热情曾一度减弱，开始对科学研究表现出兴趣。然而，十月革命改变了弗洛罗夫斯基的人生道路，他开始了长期的流亡生活。在布拉格期间，弗洛罗夫斯基和一群同样漂泊在外的爱国知识分子一起开创了欧亚主义思潮，真正开始以一个宗教思想家的姿态来对自己所处的世界进行思考，希望能为处在动荡混乱中的俄罗斯找到未来的发展方向。但在经历了最初的热情之后，随着欧亚主义思潮的政治倾向日益明显，弗洛罗夫斯基与欧亚主义者之间产生了严重的思想分歧。最终，弗洛罗夫斯基选择与欧亚主义决裂，对其进行了深刻的反思，在批判欧亚主义思潮偏离东正教作为精神核心的指引作用的同时，特别强调了东正教传统对俄国未来发展的重要性。离开欧亚主义以后，弗洛罗夫斯基转向了对古代教父（Святые отцы）[①]思想的研究，并成为巴黎圣谢尔吉神学院教父著作教研室的

[①] 教父：从2世纪到6世纪，基督教会中一批具有哲学修养的信徒借用希腊哲学，尤其是新柏拉图主义和斯多亚学派的哲学，从理论上论证和捍卫基督教信仰，使基督教第一次有了相对统一和完整的教义。由于这些信徒对教会的贡献，他们被教会尊为"教父"，即教会的父亲，如大巴西勒、金口约翰、忏悔者马克西姆等。根据教父们活动的区域和使用的语言，后人把他们划分为"希腊教父"和"拉丁教父"，亦称之为"东方教父"和"西方教父"。

教师。随着对教父学研究的逐渐深入，弗洛罗夫斯基形成了关于教会和基督教统一的思想，并在这一过程中找到了他所认为的东正教精神之源，那就是古代拜占庭的东方教父遗产。在此基础上，弗洛罗夫斯基提出了东正教的普世使命。他认为，俄罗斯东正教在历史的发展过程中逐渐丢失了从拜占庭继承而来的最正统的基督教精神，迷失在了西方哲学的影响之下。为了发挥在基督教重新联合事业中的精神领导作用，俄罗斯东正教应该回到最正统的基督教教义中，只有这样，它才能成为基督教信仰的真正源头。与此同时，俄罗斯的宗教哲学应该摆脱西方哲学的影响，重拾对东正教神学的敬畏。而要做到这些的唯一方法就是恢复东方教父的思想，以此重建俄罗斯东正教神学与拜占庭神学的联系。于是，弗洛罗夫斯基提出了新教父综合理论，并在年过半百之后漂洋过海到了美国，在纽约圣弗拉基米尔神学院和美国其他众多著名高校任教，将自己的余生贡献给了旨在促进教会和基督教世界重新联合的普世教会合一运动（Экуменическое движение）。

弗洛罗夫斯基对东正教怀有十分深厚的感情，俄罗斯著名宗教哲学家尼·洛斯基甚至认为他是所有俄国神学家中对东正教学说最为忠诚的。他在十月革命后因不赞同社会主义的发展道路而离开祖国，却在国外继续坚持对东正教思想的研究。可以说，他的人生经历在俄罗斯众多侨民宗教思想家中具有一定的典型性。从少年时代形成的深厚的宗教情怀到在神学院和普通大学之间做出的艰难选择，从进入世俗大学后的宗教危机到因革命而流亡海外后的宗教回归，从成为欧亚主义思潮的创始人之一到最终与其决裂，从巴黎圣谢尔吉神学院到纽约圣弗拉基米尔神学院，从一名普通的教父学教师到普世教会合一运动核心机构的成员，弗洛罗夫斯基的生活和思想之路几经转折。在长达近60年的侨居生涯中，弗洛罗夫斯基经历了最初的迷茫和痛苦，但他始终怀揣对东正教的无限忠诚，并在其中找到了自己的终生事业——实现以东正教为核心的基督教世界的重新联合,还一度成为普世教会合一运动中东正教方面的代言人。作为当代俄罗斯侨民东正教宗教思想家的重要代表之一,弗洛罗夫斯基曾是欧亚主义思潮的积极参与者之一,之后又转向教会从事教父学的研究,还长期在普世教会合一运动的核心机构中工作。因此,弗洛罗夫斯基的东正教思想兼具世俗宗教哲学和教会神学的特征,并将宗教理论和实践有机地结合在了一起,十分值得研究。也许弗洛罗夫斯基的东正教神学思想并不是俄罗斯宗教思想的主流,他也不能算是俄罗斯最著名的宗教思想家。但作为一个俄罗斯侨民宗教思想家,弗洛罗夫斯基用毕生心血不懈地向西方人民论证东正教文化的辉煌,对俄罗斯东正教传统的复兴及其在全球范围内的传播做出了自己的贡献,研究他的宗教思想可以为我们提供一个理解俄罗斯东正教传统的不同视角。

(一) 国外研究概况综述

俄罗斯侨民知识分子界关于弗洛罗夫斯基最早的研究成果是津科夫斯基(В. В. Зеньковский,1881—1962)[1]、尼·洛斯基(Н. О. Лосский,1870—1965)[2]、别尔嘉耶夫(Н. А. Бердяев,1874—1948)[3] 和洛特—博罗季娜(М. И. Лот-Бородина,1882—1957)[4] 四位学者对弗洛罗夫斯基

---

[1] 瓦西里·瓦西里耶维奇·津科夫斯基(Василий Васильевич Зеньковский):俄国著名侨民哲学家、神学家、教会活动家和社会活动家。代表作:《俄国哲学史》。

[2] 尼古拉·奥努弗利耶维奇·洛斯基(Николай Онуфриевич Лосский):俄国宗教哲学家,直觉主义奠基人之一。代表作:《俄国哲学史》。

[3] 尼古拉·亚历山德罗维奇·别尔嘉耶夫(Николай Александрович Бердяев):20世纪有影响的俄罗斯思想家之一,以理论体系庞杂、思想精深宏富而享誉西方世界。创建了自由精神哲学,代表作:《论人的奴役与自由》《论人的使命》《精神与实在》。

[4] 米拉·伊万诺夫娜·洛特—博罗季娜(Мирра Ивановна Лот-Бородина):苏联著名植物学家伊万·博罗金的女儿,文学博士,曾在意大利和法国接受教育。从1930年开始研究拜占庭的历史、文化和神学。

三部主要著作所撰写的书评。1931年，弗洛罗夫斯基出版了《四世纪的东方教父》（«Восточные отцы IV века»）一书，最先对该书做出评价的是他在巴黎圣谢尔吉东正教神学院的同事津科夫斯基。津科夫斯基强调了弗洛罗夫斯基在其历史哲学方法论中所表现出来的个人主义，认为这一方法将神学家的个性放在第一位，由此对神学思想进行阐释更加容易使人接受，但同时也更具个别性，缺乏普遍性。1933年，弗洛罗夫斯基的第二部教父研究著作《五至八世纪的拜占庭教父》（«Византийские отцы V-VIII вв.»）问世，尼·洛斯基率先对其做了评论，并把重点放在了教父时代的神学探讨对当代哲学思想发展的意义上。1937年，弗洛罗夫斯基一生中最主要的创作《俄罗斯神学之路》（«Пути русского богословия»）在巴黎出版，但该书却未能引起俄国知识界的共鸣。尽管如此，还是有个别评论文章问世，来自反对阵营的唯一回应是别尔嘉耶夫的《正统思想与人道主义》（«Ортодоксия и человечность»）一文。别尔嘉耶夫认为，弗洛罗夫斯基的创作主题新颖，情感丰富，思想独立，内容广博，极具吸引力，但是以拜占庭教父学原则来评价俄罗斯思想史是完全没有根据的。因为在他看来，教父在哲学领域中并没有特殊的威望，他们的思想在很大程度上依赖于古希腊哲学，而且拜占庭的经验太过局限，它只适用于其所处的时代，缺乏永恒性和普遍性，在全新的宗教主题面前需要的是一种全新的经验和视野，而不是沉迷于过去。别尔嘉耶夫还指出，弗洛罗夫斯基对拜占庭神学的浓厚兴趣也使得《俄罗斯神学之路》一书夸大了精神要素在俄罗斯宗教思想史上的作用，而忽略了政治、社会、经济等因素。针对别尔嘉耶夫的批评，洛特—博罗季娜为弗洛罗夫斯基进行了辩护。她强调，《俄罗斯神学之路》作为俄罗斯宗教意识研究领域的首创，具有重要意义。同时她还指出，这本书不应该被看作对单个事件和人物评价的简单总和，而应将其放在作者新教父综合思想的整体框架中来考察。

除了就弗洛罗夫斯基的作品发表书评外，对其生平和创作的研究还出现在一些有关俄罗斯哲学研究的大型专著中。津科夫斯基在其《俄国哲学史》（«История русской философии», 1948）一书中，把弗洛罗夫斯基当作一位神学家和熟知俄罗斯哲学的学者来看待，认为他的评述和批判总是能触及事件的本质，并指出要想研究俄罗斯宗教哲学就绝对不可能绕开弗洛罗夫斯基的作品。而尼·洛斯基的《俄国哲学史》（«История русской философии», 1951），也有专门介绍弗洛罗夫斯基的章节。在洛斯基看来，《俄罗斯神学之路》一书极富教益，他写道："弗洛罗夫斯基以其杰出著作《俄罗斯神学之路》，极大地促进了俄国神学的发展。……弗洛罗夫斯基的书对研究俄国文化史是个宝贵的贡献。他提出的关于俄国宗教生活及其发展特点的问题和给予这些问题的答案，对理解俄国文化其他领域，可能也有裨益。"[①]

在俄罗斯本土思想界，有关弗洛罗夫斯基的最早研究是大司祭斯维里多夫（Прот. И. Свиридов, 1910—2004）于1989年发表的文章《大司祭格奥尔基·弗洛罗夫斯基的若干神学观点》（«Некоторые аспекты богословия прот. Георгия Флоровского»）。该文内容详尽，但是最大的不足就是没有对弗洛罗夫斯基的观点进行批判性分析，而是一味地为其辩护。当代俄罗斯协同人学代表学者霍鲁日教授（С. С. Хоружий）在一篇名为"新教父综合与俄罗斯哲学"（«Неопатристический синтез и русская философия»）的文章中对弗洛罗夫斯基给出了正面评价，认为其代表作《俄罗斯神学之路》一书在俄罗斯哲学发展史上非常重要，它反思了俄国思想发展之路，并给出了白银时代之后俄国思想应该如何继

[①] ［俄］尼·洛斯基：《俄国哲学史》，贾泽林等译，浙江人民出版社1999年版，第501、503页。

续发展问题的答案，即从哲学返回到神学。2003年是弗洛罗夫斯基诞辰110周年，俄罗斯学者切尔尼亚耶夫（А. В. Черняев）在《历史哲学年报》（«Историко-философский ежегодник»）上发表文章《纪念弗洛罗夫斯基诞辰110周年 弗洛罗夫斯基哲学观的形成》（«К 110-летию со дня рождения Георгия Флоровского. Философское формирование Георгия Флоровского»），该文在分析弗洛罗夫斯基生平和作品的基础上，揭示了其历史观和神学观的形成过程。2004年，由 А. В. 巴萨茨基和 С. В. 巴萨茨基（А. В. и С. В. Посадские）撰写的《弗洛罗夫斯基哲学中的俄罗斯历史文化之路》（«Историко-культурный путь России в контексте философии Г. В. Флоровского»）问世。该书是俄罗斯第一部有关弗洛罗夫斯基研究的专著，考察了思想家的创作历程，分析了他的哲学思想来源，揭示了其哲学发展的内在逻辑。2010年，切尔尼亚耶夫出版了关于弗洛罗夫斯基的专著：《作为哲学家和俄国思想史家的弗洛罗夫斯基》（«Г. В. Флоровский как философ и историк русской мысли»），该书在分析大量现有材料的基础上，真实地再现了弗洛罗夫斯基的生活和创作之路。

值得一提的是，由于弗洛罗夫斯基的主要创作都是在其流亡海外时完成的，而且自1948年移居美国后，他先后在纽约神学院、哈佛大学和普林斯顿大学任教，并积极参与普世教会合一运动，赢得了卓越的名声。因此西方学术界对弗洛罗夫斯基的研究也不在少数，特别是英语国家研究者在这方面做出了重大贡献。例如，哈佛大学教授乔治·威廉姆斯（George Williams）在其文章《格奥尔基·瓦西里耶维奇·弗洛罗夫斯基 他的美国生涯（1948—1965）》［Georges Vasilievich Florovsky. His American Career（1948—1965）］中，详细介绍了弗洛罗夫斯基的生平和创作。安德鲁·布兰（Эндрю Блейн）在弗洛罗夫斯基生平和创作遗产研究方面成绩卓著，他是《弗洛罗夫斯基神父传记》(«Жизнеописание о. Георгия»)一书的作者和弗洛罗夫斯基出版作品目录的编纂者。布兰的作品力求详尽地反映弗洛罗夫斯基的生平,甚至包括其日常生活。但遗憾的是,作者没有对书中所引用的材料进行批评性分析。美国学者马克·拉耶夫(Марк Раев)在其作品《诱惑与裂痕:作为俄罗斯思想史家的格奥尔基·弗洛罗夫斯基》(«Соблазны и разрывы: Георгий Флоровский как историк русской мысли»)中,将弗洛罗夫斯基作为一位俄罗斯思想史家来研究,除了概述《俄罗斯神学之路》一书的主要内容以外,拉耶夫还总结了弗洛罗夫斯基作品的意义。在他看来,弗洛罗夫斯基将眼光投向了俄罗斯的过去,建立了一种思想史研究方法论,把思想史看成是关于个人精神经验的讲述。肖(Л. Шоу)的文章《格奥尔基·弗洛罗夫斯基的哲学演进:哲学心理学和历史哲学》(«Философская эволюция Георгия Флоровского: философская психология и философия истории»)重在研究弗洛罗夫斯基世界观形成的思想渊源。他认为,弗洛罗夫斯基的哲学思想主要是在对一系列思想流派进行重新解读的基础上形成的。遗憾的是,肖在文章中提出的很多说法都只是猜测,并没有实际材料加以佐证。此外,关于弗洛罗夫斯基的英文著作还包括戴维·内曼(David Neiman)于1973年出版的专著《早期教会遗产:纪念弗洛罗夫斯基80岁生辰》(*The Heritage of the Early Church: Essays in Honor of Georges Vasilievich Florovsky on the Occasion of His Eightieth Birthday*),由安德鲁·布兰主编的《格奥尔基·弗洛罗夫斯基 俄国知识分子和东正教神职人员》(*Georges Florovsky. Russian Intellectual and Orthodox Churchman*),以及由杰罗尔德·安格鲁斯(Jerold Angelus)主编的《格奥尔基·弗洛罗夫斯基》(*Georges Florovsky*)等。

（二）国内研究概况综述

较之国外学术界，我国学者对弗洛罗夫斯基的宗教思想关注得不多。目前，除笔者于2014年撰写的博士论文《格·瓦·弗洛罗夫斯基宗教思想研究》之外，我国尚无其他专门研究弗洛罗夫斯基的专著和硕博士论文，他的作品译介和关于他的期刊文章也十分缺乏。迄今为止，国内仅在2006年出版了弗洛罗夫斯基代表作之一《俄罗斯神学之路》的中译本，因"神学"一词的宗教色彩过于浓厚，译本将书名定为《俄罗斯宗教哲学之路》。[①] 而有关弗洛罗夫斯基的专题研究，则仅限张百春教授于2002年在《哈尔滨学院学报》上发表的《弗洛罗夫斯基神学思想概述》[②] 一文。前者是弗洛罗夫斯基本人对俄罗斯宗教思想史的梳理和批判性分析，内容涉及约瑟夫派和禁欲派的争论、教会合并运动、尼康宗教改革、彼得改革对教会生活的影响、亚历山大一世时代为神学发展所进行的斗争、斯拉夫派和西方派的争论、俄罗斯文学作品中的宗教探索等。后者则是张百春教授对弗洛罗夫斯基主要神学思想的概述，该文系统地阐述了弗洛罗夫斯基具有历史主义的神学思想及神学主题，如创造论、化身问题、马利亚论、十字架、复活、末世论、教会论等。此外，由于弗洛罗夫斯基与欧亚主义思潮的渊源，在国内现有的欧亚主义研究材料中也偶有提及弗洛罗夫斯基，但只在介绍该思潮创始人时用寥寥数语将其带过，并未深入剖析他与欧亚主义思潮之间的互动关系，如伍宇星的《欧亚主义历史哲学研究》。[③]

[①] 弗洛罗夫斯基：《俄罗斯宗教哲学之路》，吴安迪、徐凤林、隋淑芬译，上海人民出版社2006年版。
[②] 张百春：《弗洛罗夫斯基神学思想概述》，《哈尔滨学院学报》2002年第1期。
[③] 伍宇星：《欧亚主义历史哲学研究》，学苑出版社2011年版。

通过对上述资料的梳理可以看出，俄罗斯侨民知识分子、俄罗斯本土思想界和西方学者已经在弗洛罗夫斯基研究方面取得了较大的成绩，这些都具有重要的参考价值，为本书的研究提供了丰富的材料基础。相比之下，目前国内对弗洛罗夫斯基个人宗教思想的研究还较为薄弱，而这恰恰为本书研究提供了广阔空间和无限可能。本书将基于国内外现有的相关资料，从唯物辩证法出发，综合运用履历分析研究法、心理分析研究法、分阶段分析法和文献研究法，在整体把握弗洛罗夫斯基宗教思想的基础上，努力刻画其思想发展的动态曲线，力求客观、全面地展现弗洛罗夫斯基人生各个阶段宗教思想的形成及其主要内容，并找出其内在联系，作为一项基础研究为丰富国内的弗洛罗夫斯基专题研究贡献绵薄之力。

第一章 俄罗斯侨民东正教思想的形成与发展

作为一种独特的文化现象和意识形态，宗教是人们关于外部世界最重要和最原始的评判体系。在人类文明产生和发展的过程中，宗教逐渐渗透到社会生活的方方面面，并影响着人们的思维习惯。在俄国，宗教具有悠久的历史，从古老的多神教到带有近东文明色彩的东正教，它们都对俄罗斯民族产生了不可磨灭的影响，使其思想刻上了深深的宗教烙印。十月革命的胜利对俄罗斯东正教的发展造成了巨大冲击，其结果是东正教及其思想在苏联长期受到压制。但这并不能阻止俄罗斯优秀的东正教思想家们以侨民的身份，在国外继续对东正教思想展开研究和追求，最大限度地保持了俄罗斯东正教思想的完整性。

第一节 俄罗斯东正教的产生及其对俄罗斯民族精神文化的影响

一 罗斯受洗——从多神教到东正教的转变

宗教对人类文明的发展起着非常重要的作用，它几乎存在于各个国家的各个历史阶段。而多神教是一种拥有古老传统的宗教信仰，它集中体现了生活在原始社会的人们的世界观和价值观。恩格斯曾用精辟的语言揭示了多神教的内涵及其产生根源：

> 一切宗教都不过是支配着人们日常生活的外部力量在人们头脑中的幻想的反映，在这种反映中，人间的力量采取了超人间的力量的形式。在历史的初期，首先是自然力量获得了这样的反映，而在进一步的发展中，在不同的民族那里又经历了极为不同和极为复杂的人格化。……但是除自然力量外，不久社会力量也起了作用，这种力量和自然力量本身一样，对人来说是异己的，最初也是不能解释的，它以同样的表面上的自然必然性支配着人。最初仅仅反映自然界的神秘力量的幻象，现在又获得了社会的属性，成为历史力量的代表者。在更进一步的发展阶段上，许多神的全部自然属性和社会属性都转移到了一个万能的神身上，而这个神本身又只是抽象的人的反映。这样就产生了一神教。[①]

从这段话的最后一小部分来看，从多神教向一神教的转变则是一个必然的历史规律。和世界上的其他民族一样，古罗斯也遵循着这个发展规律，一步一步地完成了从多神教向一神教的转变。

古罗斯人的祖先是东斯拉夫人，同世界上大多数民族一样，他们最初也信奉多神教。多神教的基本特征是信徒崇拜的对象种类繁多，其中包含对自然力量、对某种特定物体和对图腾的崇拜等，而具体的宗教实践形式也是丰富多样的，祭祀、巫术、魔法、占卜等都是几种常见的形式。东斯拉夫多神教起源于新石器狩猎文化，但其主体结构

---

① ［德］恩格斯：《反杜林论》，《马克思恩格斯选集》（第3卷），人民出版社1972年版，第354—355页。

在早期农业文明时期就已形成，因此它的许多特征都体现了农业社会的需求和期盼，对自然力量的崇拜自然也就成为核心内容。例如，水是农业之本，是农家最为关注的自然现象，因此它也就成为多神教信仰中最为重要的神圣力量，卜雨、求雨是古罗斯多神教的核心仪式，而农业活动的周期性则规定了多神教仪式相应的周期。面对千变万化、难以捉摸的自然现象，古人深感个人力量的渺小，只能希冀于超凡力量来保佑人类，拜物主义应运而生。如在古斯拉夫多神教传说中，远古时期的岩石能像人类一样生长、繁殖，一些岩石被视为"圣石"，人们会在特定的节日用鲜花、绸带对其加以装饰，并围着它跳舞。对自然的恐惧使人们在不自觉中对自然万物产生神化趋向，对自然力量加以人格化，将自然界的物体和各种自然现象视作有魂之物的泛灵论或万物有灵论便在这个时候出现了，极大地丰富了多神教的鬼神体系。

仪式化是东斯拉夫多神教的另一个非常重要的特征。因为东斯拉夫多神教的产生远早于文字，不像基督教那样有《圣经》、圣书等成文的教义和教规，在多神教中信仰的传承不是靠文字记载，而是靠民歌、传说等民间口头创作形式和丰富多彩的宗教仪式。包括祭祀、祈祷、巫术、占卜等在内的各种仪式活动既是多神教的宗教实践，又是其主要存在形式。由于古罗斯的农村生活一直以村社为单位展开，因此多神教的仪式基本上也是以村社为单位举行的，这就很好地保留了多神教作为原始宗教的群体性特征。但是这种群体性又仅限于单个村社内部。在古罗斯社会的早期发展阶段，东斯拉夫部落之间因为长期分散居住而缺乏相互联系，虽然都信仰多神教，但不同地区的宗教仪式、鬼神体系呈现出较为明显的差异，各具特色，这又使多神教具有了地域性、分散性等特征。东斯拉夫多神教正是在这种多元化的基础上发展起来的，狩猎文化、农业文化、母系氏族、父系社会，时代的更替在多神教的发展历程中印下了足迹，而且在这里新和旧不是交替的关系，而是可以兼容并蓄，这使得多神教的内容和体系不断得到丰富和扩充，极大地体现了多神教的包容性。但是必须指出的是，包容的另一面必定是混乱，因此古斯拉夫多神教又不可避免地表现出了缺乏整体性和规范性的特征，许多神话故事支离破碎、自相矛盾，鬼神形象交错重叠，诸神的功能没有明确界定。比如，在古罗斯多神教中，有多个神明主管丰收，诸如雅里洛、库帕拉、拉达、列丽娅等，太阳神也不止一个，诸如霍尔斯、达日吉博格等。这些都说明了东斯拉夫多神教还明显停留在较为原始的发展阶段，与等级严明、整齐规范的古希腊宗教相比还存在着较大的差距。

随着历史的发展，古罗斯各个部落逐渐出现了统一的趋势，而多神教也在这个历史大潮中经历着巨大的变化。在12世纪古罗斯历史文献《偶像论》中，多神教的历史被划分为四个阶段，其中第三个阶段"把泊沦（Перун）立为多神教的主神"[①]正体现了多神教为走向规范化、一体化所做的努力。可以说，这是古罗斯多神教发展过程中的全盛时期，也恰恰是罗斯统一国家产生时期。9世纪，在古罗斯陆续出现了大部落联盟，为发展贸易，最初的城市被建立起来。来自北方的瓦良格人通过商路把骁勇善战的尚武精神和严密完整的军事组织带到了东斯拉夫地区，推动了东斯拉夫国家的形成。862年，瓦良格首领留里克掌握大权，创立了俄国历史上第一个王朝，882年，其继承人南下征服了基辅，并将其作为首都，至此基辅罗斯国家形成。同东斯拉夫人一样，瓦良格人也信奉多神教，因此基辅罗斯自然成为多神教统治下的东斯拉夫大国。瓦良格大公把雷神泊沦视为自己的保护神，将其功能延伸，视其为战神，每次出征和凯旋，都要祭祀泊沦。

---

① 乐峰主编：《俄国宗教史》（上卷），社会科学文献出版社2008年版，第19页。

逐渐地，泊沦崇拜在南部广大地区普及开来，相对其他神灵来说已经呈现出压倒性态势，唯一尚能与之对峙的就只剩下对维列斯的崇拜。因为，维列斯最早是牲畜和商贸之神，后来又发展成为财富之神，对人们的生活和国家的发展极其重要。但是，它们的地位还是有所区别的：维列斯的像位于山下的商业区，紧靠贫民区，泊沦的像矗立于山头，毗邻大公宫殿。这种明显的差异反映出两神的内在对立以及泊沦的优势地位，也从一个侧面表明了多神信仰逐渐向一神信仰转变的趋势。到了9世纪后半期，原本以血缘关系为基础的部落联盟面临危机，寻找一个新的统一基础成为统治阶级最为迫切的任务。于是，就有了著名的弗拉基米尔大公多神教改革。

弗拉基米尔大公出身于瓦良格贵族，是个虔诚的多神教徒，在和皈依基督教的哥哥争夺基辅大公之位的斗争中，还曾借助斯堪的纳维亚半岛同族多神教徒的帮助，最终在980年登上了基辅大公的宝座。由于大公之位的来之不易，弗拉基米尔执政后最为关心的就是如何巩固政权，从而保证国家的兴盛与统一。由于深知宗教对政治稳定和社会发展的重要作用，他决定利用宗教把原本分散的各个部落统一起来，强化中央集权，为自己的强国梦铺平道路。出于个人的宗教情感，弗拉基米尔大公起初仍然希望多神教能担负起这个使命，但同时，他也清楚地认识到了多神教自身的弱点。因此，他决心进行以规范化和一体化为目标的大规模宗教改革，使多神教克服自身固有的杂乱无序状态，成为统一的国教，以适应中央集权的需要。弗拉基米尔迅速地推进了自己的改革，在当政的第一年就下令废除地区性神祇，确立全国统一的崇拜偶像，在基辅山丘的顶端树立了一排偶像，为其建造庙宇，这就是著名的"弗拉基米尔万神殿"，规定基辅人民只能向这些偶像祭祀膜拜。其实，所谓的"万神殿"里只供奉着六尊神，即雷神泊沦、太阳神霍尔斯和达日吉博格、风神司特利博格、天狗西玛尔格和女神莫科什。这些神的地位并不是平等的，而是有主次之分的，暗含着深意。其中，雷神或被称为战神的泊沦被立为主神，表明了以大公为首的侍卫队的社会主导作用。主管太阳和风的几位天神紧随其后，延续了古代社会对自然的敬畏。之后是与农业生活紧密相关的、主管播种的天狗神，这说明随着经济发展和政治需求，农业已经渐渐地处于次要位置，对神祈祷的目的也不再是传统的求雨和丰收，而演变成了军事上的胜利。而列于众神末尾的是古老女神莫科什，这反映了当时女性的社会地位已经全面下降，男性的统治地位已经完全确立。此外，值得注意的是，农业社会的传统神明罗德和罗让尼采，以及商人和贫民所敬奉的维列斯都没有进入"万神殿"，而来自南部游牧部落的霍尔斯和源于伊朗宗教文化的西玛尔格却被立为全国性神明，这说明了基辅罗斯对南部地区外族部落的重视和与东方文化的亲和关系。由此可见，"万神殿"的设立是经过周密考虑的，只有那些被认为有助于巩固国家统一的神灵才有资格进入。

弗拉基米尔的多神教改革旨在打破部落之间的界限，建立跨民族的统一国教，但是却未能取得良好的效果。虽然严格规范的万神殿打破了原有的宗教体系，但是其人为因素明显，主要代表了统治阶级的利益，缺乏群众基础。因此，这次改革仅流于形式，无法从根本上克服多神教内在的弱点，各地区依然固守原有的信仰，民心无法真正统一起来。无奈之下，弗拉基米尔开始寻找其他宗教。但是俄罗斯幅员辽阔，地跨欧亚大陆，这种特殊的地理位置使它不得不同时面对多种外来文化的影响，这为它提供了更多的可能性，却也让它陷入了艰难的抉择。为了做出对俄罗斯最为有利的选择，弗拉基米尔大公专门派人去各国进行实地考察，最终被教堂富丽堂皇、宗教仪式隆重华美的拜占庭东正教所吸引，加之他本来就十分重视与拜占庭的友好关系，于是在988年，弗拉基米尔大公正式将东正教定为国教，强制罗斯人民在第聂伯河中接受洗礼，这就是著名的"罗斯受洗"。

"罗斯受洗"是弗拉基米尔大公为俄罗斯历史发展做出的一次意义重大的选择，其发生有其内在的逻辑性和必然性。首先，由于地理位置相近，强大而富有的拜占庭帝国自然很容易被俄罗斯奉为国家发展的楷模。其次，东正教中所蕴含的东方因素与俄罗斯人祖先所信仰的多神教有着相似之处。最后，罗斯大公选择东正教的背后其实还有着深刻的政治考虑。当时的拜占庭帝国实际上已经处在日渐衰落的境地，因此俄罗斯一旦宣布接受东正教，就可以顺理成章地成为"第二罗马"的继承人。这样一来，古罗斯大公希望建立一个在政治、文化、宗教等各方面都独立自主且强大兴旺的国家的政治目标就能够更好地实现了。此外，拜占庭东正教王权高于教权的政教关系也与罗斯统治者的需求不谋而合，可以名正言顺地让教会为国家统治服务，助力实现强国梦。

在这样的历史背景和多种因素的影响下，罗斯最终完成了由多神教向一神教的转变。东正教成了国教，而原本的国教却成为"邪教"，被迫从城市退却到农村，从公开转为地下。各地王公陆续皈依东正教，侍卫队强行推倒多神教偶像、捣毁庙宇，并在其基础上修建教堂推广东正教。但这并不能代表多神教历史的终结，实际上东正教经历了一个非常漫长、复杂的历程才真正取代多神教在罗斯社会中的地位。尤其是在广大的俄国农村地区，在下层人民的思想和生活中，多神教和东正教长期共存，形成了双重信仰，经历了从两种宗教形式公开对峙，到多神教逐渐退缩，再到多神教仅在非常有限的农村地区以民间信仰、传统风俗等形式残存的缓慢过程。尽管道路曲折，但是东正教的引入确实在某种程度上使罗斯各部落人民之间变得更加团结，最初的民族意识开始逐渐觉醒，国家的凝聚力也随之增强。值得一提的是，随着宗教一同引进俄罗斯的大量拜占庭文化和艺术成就，极大地推动了基辅罗斯公国文化和教育事业的普及与发展。因此，俄罗斯的这次宗教选择不但影响了其未来政治、经济、社会的发展进程，也确定了俄罗斯文化的最终特点，对俄罗斯民族精神的形成起了十分重要的作用。

在从988年开始到帝俄终结的近千年时间里，东正教一直是俄罗斯的国教。当代俄罗斯虽然宣布自己是一个世俗国家，但是东正教教徒的数量仍然占到全体国民的大多数，东正教仍然保持着全国第一大宗教的地位，东正教文化仍是俄罗斯具有代表性的名片之一。

二 俄罗斯东正教的特点

作为东正教世界中的一员，从本质上说，俄罗斯境内任何区域的东正教都普遍具有以下特点：

第一，坚持基督教教义的正统性。东正教认为，圣传是其宗教教义的基本来源，与《圣经》相比它是第一性的，而《圣经》只是圣传的一部分，是没有被圣传收录的关于耶稣基督的故事。圣传是教会两千多年来的经验和记载，包括圣人们的智慧预言和传记，从亚伯拉罕开始一直流传至今，有众多圣人显出的奇迹都是上帝的启示。它教导人们应该如何信仰、如何生活、如何进行圣事及礼仪，其中主要包括前七次普世主教会议所确立的教义及宗教法规，教父们对信仰所做的说明，殉教者的文献，主要祭仪，古代教会关于节日、圣地、礼仪等活动的实际经验等。对于东正教教徒来说，圣传就是历代教会的经验，如果说《圣经》是一本固定的书，而圣传则没有固定的边界，显得更为神秘。东正教认为，除圣传和《圣经》之外不应再在基督教教义中添加任何别的内容，不然就会有损于它的纯洁性，因而坚决反对天主教对原有教条进行修改，或者擅自增加新的内容。其中，东正教会与天主教会争论最激烈的问题就是关于"和子"句的问题。这个矛盾源于罗马教会擅自宣布将325年尼西亚会议确定的"圣灵从圣父出"这一表述改为"圣灵从圣父和子出"。东正教会坚决反对罗马教会对《圣经》进行的这一修正,认为这种说法混淆了圣父、圣子和圣灵的位格,将圣灵的地位降低到圣子以下,从而破坏了三位一体的统一性。除此之外,东正教会还反对天主教会提出的关于罗马教皇拥有至高无上绝对地位的口号、关于天堂与地狱之间存在炼狱的信条、关于圣母和圣徒所做多余善功可以贮藏于"善功宝库"的信条、关于圣母马利亚是其母拿贞洁受孕而生的信条、关于买卖赎罪券的信条,等等。

第二,坚持教权必须归属于王权之下。在西方世界,王权和教权是相互独立的,它们分别掌管着人类的世俗世界和精神世界。而在东正教世界里,王权和教权则互不分离。拜占庭的皇帝拥有极大的权力,他在东正教教阶等级制度中占有自己的特殊地位,被尊为特殊的神圣者、"上帝选民"的代表、神在人间的代表和教会的最高领袖。教会必须绝对听命于皇帝,完全依附于世俗政权。因此,在拜占庭王权高于教权,对教权有严格的控制权。而俄罗斯则更进一步将这一体制巩固下来,直到苏联建立以前它一直是个政教合一的国家。一方面,东正教依附于帝国政权,教权的存在和发展需要王权的支持;另一方面,王权需要作为意识形态的东正教为自己服务,利用基督教"君权神授"的教义强调王权的神圣和不可侵犯。[①] 可以说,二者在这里是一个相辅相成的整体。但是,历史经验表明,俄罗斯王权和教权的相互依赖并不是平等的。实际上,东正教的教权长期处于王权的支配之下,沙皇作为东正教的最高领袖,不仅有权任免教会牧首,还有权召集宗教会议、诠释教义、制定教规,乃至管理教会生活。在彼

---

① 乐峰:《俄罗斯东正教的特点》,《世界宗教研究》2004年第3期。

得大帝时期,牧首公署被改建为正教院,教会隶属于国家行政部门,还取消了教会领地制度,教会的独立性被大大削弱。①

王权与教权相统一乃至王权高于教权的思想,不仅使教会沦为统治者的治国工具,而且在人们心中形成了这样一种观念:皇帝不仅是世俗世界的最高统治者,还可以控制教会,是上帝的代理人和灵魂的拯救者。东正教对沙皇神圣权力的强调为维护专制主义提供了强大的精神支持。因此,不难理解为何俄罗斯缺乏民主的传统和基础,却有着浓厚的专制独裁历史。从某种角度来说,俄罗斯人不但不排斥专制,反而期待其在国家发展中发挥作用。而且俄罗斯民族常常将国家命运寄托在某个强势的领导人身上,其崇拜的人都是诸如彼得大帝、叶卡捷琳娜二世、普京一类的强势且有魄力的沙皇式人物。

第三,东正教会的发展呈现出多中心独立自主的模式。东正教力量在全世界的发展在组织结构上表现出一定的分散性,与天主教在全世界拥有统一的教会中心和统一的首脑不同,世界各地的东正教会在行政上都是独立自主、各自为教的,因此其在社会事务上的整体影响力也不及罗马天主教会大。各地的东正教会只是在教务上保持着来往,它们通过一个由各地教会代表组成的最高议会来协调共同的活动。自罗马帝国分裂后,各地区的东正教主教们经常为争夺牧首地位、扩大自己的势力和影响而进行着斗争,也因此形成了不同的教区:君士坦丁堡教区、亚历山大里亚教区、耶路撒冷教区和安提阿教区。斗争的最终结果是,君士坦丁堡教区主教居于其他三个教区主教之上,享有"至圣主教"和"普世牧首"的尊号,但是其他三个教会仍然保持自主,只在名义上承认君士坦丁堡教区主教为东正教的普世牧首,实际上却不受其控制和领导,各个教区都有权利自由选择自

---

① 徐佳妮:《论东正教对俄罗斯精神的影响》,《西伯利亚研究》2006年第4期。

己的教区牧首、都主教和主教。随着历史的发展，除上述四个宗教中心外，东正教又在俄罗斯、罗马尼亚、塞尔维亚、保加利亚、塞浦路斯、希腊、阿尔巴尼亚、波兰、捷克斯洛伐克、美国、格鲁吉亚、芬兰、日本等地发展出了十几个中心。按照传统规定，这些独立自主的教会同样在名义上尊重君士坦丁堡教区主教的首席牧首地位，在思想上承认君士坦丁堡教区牧首是它们的精神领袖，但在组织上并不隶属于君士坦丁堡教区。这些教会独立自主，互相之间虽然在信条和圣事方面常有联系和合作，但也都是完全自治的，没有领导与被领导的关系，各自负责组织本教区的各项宗教活动。

第四，议事制的教会结构。与天主教的君主制不同，东正教沿袭了早期基督教的传统，在组织结构上采用更为民主的议事制。它的最高权力机构是普世性的大公会议，皇帝可以召集会议，但不能超越会议来决定教会事务。这种议事结构的理论依据源于基督教的教义，即教会是基督的身体，每个地方教会都是基督身体的一部分，而每个教徒又是教会中的一分子，皇帝和牧首也不例外。因此，任何一个地方教会和任何一个孤立的个人都无法完整地领会主的真理，它寓于普世的教会里，不是某个权威凭借一己之力就可以证明的，只有在普世性的大公会议上通过上帝所有臣民的共识才能体现出来。也正是这种议事制结构使得东正教会的发展出现了上述的多中心独立自主特征。

然而，俄罗斯东正教在漫长的发展过程中，又形成了其自身所独有的一些特点，尤其是当它传播到罗斯大地的各个区域之后，它自然产生了许多带有明显地方色彩的特征。

其一，俄罗斯的东正教在很长一段时间内实际上是在与多神教共存和混合的状态下发展的。这是因为"罗斯受洗"是弗拉基米尔大公的政治行为，而不是出于人民的自觉自愿，多数基辅居民对"受洗"存有疑虑或恐惧，他们接受东正教只是一种表面的妥协。随着东正教进入罗斯，新的圣像、十字架也逐渐渗透到他们的日常生活中，罗斯人民对这种新的宗教慢慢适应并习惯了，但是在他们深层的观念中仍然没有放弃对多神教神祇的崇拜。原来的一些多神教信仰经过改头换面仍然在人民的思想意识和日常生活中被保存了下来，对罗斯人民来说，新旧两种宗教密切地交织在一起，这就是所谓的"双重信仰"。例如，罗斯人虽然已经受洗，但仍然崇拜和祭祀风神、太阳神、雷神、火神、畜神以及山妖、夜叉和吸血鬼。又比如，东正教和多神教都相信世界上同时存在善恶和与之相对应的神，两种宗教的神其本质是一样的，只是东正教把多神教中神的名字换成了另一个名字而已，因此他们认为东正教中的天使、圣徒和魔鬼等神圣的善恶神其实就是多神教中的山神、太阳神、山妖、林妖等神灵。东正教与多神教的长期混合在宗教仪式方面同样也有所反映。例如，新受洗入教的罗斯人并不抗拒去教堂做礼拜，但是在做完礼拜之后，他们仍然会依照多神教的传统去膜拜大自然。在很多接受洗礼的罗斯人家里仍然设有多神教鬼神的灵堂，即使是在东正教圣像流行以后的几百年间，多神教的家神也依然与之并列，占有一席之地。东正教的婚礼仪式在很长一段时间内都无法在民间兴盛起来，人们仍然习惯按照多神教的古老风俗来完成这件人生大事。至于在殡葬方面，虽然东正教的土葬仪式以较快的速度取代了多神教传统的火葬，在罗斯大地上流行起来，但向死者供奉衣物、食物、兵器等被认为是其来世所需物品的古老风俗仍然被保留了下来。在宗教节日方面，新的东正教节日也没有完全摒弃多神教的传统，而是对多神教节日的内容进行了吸收、借鉴，并赋予其更为丰富的外部形式和新的名称。由此可见，多神教植根于古罗斯广大人民群众的生活中，它所倡导的意识观念、宗教礼仪和生活方式具有深刻的传统力量，而东正教是从外部通过强制的手段灌输给人民群众的。要使外部的压力和影响真正战胜内部自发形成的长期信仰必定会遇到困难。

其二，俄罗斯东正教特别重视对圣徒、干尸和圣像的崇拜。圣徒是东正教对已故东正教教徒册封的尊号，指那些被正式承认对国家和教会做出过卓越贡献、品德圣洁和信仰虔诚的东正教教徒。俄罗斯东正教会把圣徒描绘为忠于祖国、忠于人民的化身，而他们之所以如此高尚，是因为他们与上帝有着密切的关系，具有上帝赐予的神力。圣徒崇拜在俄罗斯教会史和民俗史上起到过重要的作用，把植根于广大普通民众中的多神教观念和崇拜仪式排挤了出去。对圣徒的崇拜最早是从拜占庭教会那里承袭而来的，而圣徒们的众多功绩确实令人赞许和敬仰。如鲍利斯和格列勃这两个圣徒被教会描写为俄罗斯王公们在反对国内动乱和异族侵略时的得力助手，具有鲜明的爱国主义精神。又如基辅洞窟修道院院长费奥多西为罗斯培养了众多文化名人，对国家的文化教育事业做出了重大贡献。随着时间的推移，圣徒崇拜逐渐在俄罗斯流行起来。值得一提的是，在封建割据时代，除了有全俄的圣徒外，还有地区性的圣徒，即只是在个别公国范围和王公领地内的圣徒。为了自身的利益，每个王公都会保护自己的圣徒，要求人们崇拜圣徒。作为回报，圣徒必须保卫王公，捍卫本公国人民的利益和城市不受侵犯。随着俄罗斯国家中央集权制的形成，众多地区性圣徒的命运发生了不同的变化，有一些圣徒上升到了全俄罗斯圣徒的地位，另一些圣徒则仍保留地区性的地位没有改变，还有一些圣徒则被完全遗忘了。而干尸则是圣徒的遗骨，按照东正教会的说法，圣徒的尸体和遗骨常常因有神迹而不会腐烂，因此被称为"干尸"，它们具有神力，能够创造奇迹，并可以起到庇护和保佑的作用。干尸经常以内部或半公开的形式被存放于干尸匣中，在教堂里进行长期保存和展览。来教堂朝拜圣徒干尸的教徒络绎不绝，为教会带来了大量财富。在东正教会人士看来，圣像跟圣徒、干尸一样，可以显灵，也能起到保卫和庇护的作用。对圣像进行崇拜，可以保护人们的生命、财产不受侵害，可以战胜一切敌对者。受洗之初，在罗斯并没有所谓的圣像，自然也不存在圣像崇拜。后来，随着东正教在罗斯的发展，圣像也逐渐从拜占庭传播过来。于是，罗斯教会效仿君士坦丁堡教会，制作了一些"显灵的圣像"，这些圣像在罗斯居民中产生了重大影响。比如，教徒们确定是喀山的圣像帮助季米特里·帕沙尔斯基王公将入侵的波兰人从莫斯科赶了出去。在打仗时，圣像甚至还被视作军事武器，只要夺取了敌人的圣像，就能让其显奇迹，解除对方的武器。可见，圣像崇拜与干尸崇拜一样，具有迷信色彩。在现代，一部分俄罗斯东正教神学家已经放弃了对圣像的崇拜，认为圣像是无生命的东西，也不可能显灵，所谓"显灵的圣像"完全是臆想出来的。但是，圣像在今天依然是教会在思想和心理方面影响教徒的重要手段之一。

其三，俄罗斯东正教具有明显的排他性和不宽容性。从历史上讲，东正教在俄罗斯一直占据着宗教统治地位，拥有种种特权，它从来都对其他宗教采取排挤和不宽容的态度。17世纪中叶，为了发展一个强有力的东正教会来帮助自己巩固政权，沙皇阿列克谢·米哈依洛维奇指定尼康进行宗教改革，消除东正教经书中存在的分歧和礼仪上的差别，使全国教会活动统一化。为了把教会改革进行到底，沙皇与尼康联合起来共同迫害不服从改革的旧礼仪派。旧礼仪派的代表人物阿瓦库姆大司祭遭到流放，最终因不屈服官方的压力而在普斯托泽尔斯克被活活烧死。其他众多的旧礼仪维护者也受到了大规模的迫害，他们有的被赶到了遥远的修道院，有的被处以割舌、鞭打、罚款等刑罚，目的就是要强迫他们接受改革后的新礼仪。除了东正教会内部由于新旧礼仪而产生的斗争外，俄罗斯东正教对外部宗教更是采取完全排他的态度，排挤伊斯兰教、限制天主教、镇压新教、仇视犹太教。早在基辅罗斯大公弗拉基米尔进行宗教选择时，就表现出了对伊斯兰教的毫无兴趣。而莫斯科大公伊凡四世在夺取喀山时,不仅破坏当地的清真寺和学校,还把穆斯林居民赶出了城,彻底摧毁了伏尔加河流域的穆斯林文化。1905年,沙俄当局虽然制定了宗教信仰自由政策,但是穆斯林在其日常宗教生活的方方面面仍然遇到了很多困难和受到许多限制。至于天主教,俄罗斯东正教会对它的态度可以说是排挤多于宽容。在伊凡雷帝时期,俄官方及其教会允许西方人士信奉自己的天主教,但禁止其向俄罗斯人传教,更不能在俄罗斯土地上建造自己的教堂。在彼得大帝时期,俄官方及其教会准许耶稣会在俄罗斯创办学校,但耶稣会士在俄国青年人中间宣扬天主教思想引起俄罗斯人的不满,遭到了驱逐。之后在俄罗斯零星出现过的一些天主教学校和教堂最终也都被查封或划归东正教会所有。在信仰自由法颁布之后,天主教会在俄罗斯的活动略显积极,但实际上政府当局对待天主教的态度依然不是十分宽容,很多活动都受到限制。基督新教最初是从德国传入俄罗斯的,在俄罗斯它不属于传统宗教,而是外来宗教,即异教。基督新教有许多派别,先后传入俄罗斯的有路德派、浸礼派、基督复临安息日会、五旬节派等。早在16世纪,基督新教思想的传播者一经被发现,就会被俄罗斯东正教会当作异端处以火刑。到了17世纪,俄罗斯东正教会对基督新教的镇压有增无减,异教徒被迫从首都迁出城外,不许他们雇用东正教徒,还曾处死了一个自称"先知"的德国人。18世纪,在叶卡捷琳娜二世当政时期,新教在俄罗斯的状况有所好转,政府允许居住在俄罗斯的德国人信奉基督新教,但规定新教的传教活动只可针对穆斯林进行,而不能向东正教徒和少年儿童传教。在彼得大帝统治时期,当局不允许波罗的海沿岸和圣彼得堡近郊的路德派教徒用本民族语言进行祈祷活动,必须改用俄语举行宗教仪式。19世纪80年代初,新教路德福音派曾因有人想进入国家宗教管理机构圣主教公会任职而遭到围剿,直至在俄罗斯完全消失踪影。

犹太教也曾在罗斯进行宗教选择时被弗拉基米尔大公拒绝，它是在13—15世纪随着移居到俄罗斯的犹太人而传入的。但无论是俄罗斯王公，还是普通民众，他们的反犹意识都非常强烈，以至于常常导致屠杀犹太人事件的发生，俄罗斯的犹太教徒处境极为艰难，他们不仅在实际生活中，而且在法律上都处在受歧视的地位，这种歧视包括了他们生活的所有领域。直到苏联解体后，俄罗斯政府的宗教政策才有所调整，实行了包括犹太教在内的各宗教教派的宽容政策，东正教以外的宗教在俄罗斯的地位才有所改观。

其四，俄罗斯东正教对政权的依附性。沙俄帝国是个政教合一的国家，在这个相互依存的体系中，东正教依附于帝国政权，皇权需要作为意识形态的东正教为自己服务，而教权的存在和发展也需要皇权的支持。这样的依存看似相互的、平等的，但是俄罗斯的历史经验表明，在这个体系中教权对皇权的依附是主要的，而俄罗斯东正教的这种依附性也是从拜占庭那里继承而来的。1453年，拜占庭帝国灭亡后，拜占庭的东正教首脑就为俄国沙皇所取代，沙皇接受了拜占庭的东正教王冠，并被视为统一东正教帝国的直接继承者。于是，和在拜占庭帝国中一样，东正教在沙俄帝国的特点也是政教合一，东正教会直接受制于沙皇，完全依附于沙俄世俗政权，东正教作为沙俄封建主义的思想体系，其使命是美化和神化统治阶级政权。18世纪，彼得大帝继续加强皇权对教权的控制，加强国家对教会财产的控制，利用教会财富扩充国家的经济实力。1721年，彼得大帝发布特令，取消东正教会对皇权的独立，废除牧首制，设立东正教事务管理局，局长由沙皇指派，将教会置于沙皇直属官吏的监督下。在管理局下设立主教公会，实行教会集体领导。就这样，东正教会彻底成为沙俄世俗政权的一个组成部分，神职人员也成为政府工作人员，教会完全被置于沙皇的直接监控之下。从此，沙皇被尊为俄国东正教会的最高领导和东正教的最高保护者。

三 东正教对俄罗斯民族命运发展的影响

俄罗斯东正教虽然舶自拜占庭，但在引入后的漫长发展过程中，它也经历了本土化阶段，在保有基督教传统的同时又形成了自身独特的教义。同时，经过调整的东正教转而对俄罗斯的政治、经济、文化等各方面的发展产生了更为深远的影响。可以说，受洗后的俄罗斯在民族意识觉醒、民族性格塑造、社会结构确立、伦理道德观念生成、思维方式形成等命运发展的方方面面，无不渗透着东正教因素。

俄罗斯民族的历史使命感和救世观念受东正教所强调的基督教教义正统性思想的影响。东正教认为，《圣经》和圣传是基督教教义的基本和唯一来源，除此之外不应再加入任何别的内容，不然就会背离传统，有损教义的纯洁性。因此，东正教坚决反对天主教会对原有信条的任意修改、添加和诠释，指责它们不断变换观点以适应时代，从而损害了教会的权威。拜占庭帝国衰落以后，俄罗斯更认为只有自己才是基督教的正统所在。尤其是在15世纪末期，长达两个世纪的蒙古鞑靼统治被莫斯科公国所终结，俄罗斯的国家实力迅速增长，民族意识急剧上升，以莫斯科为基督教世界合法继承者的"第三罗马"理论应运而生。该理论认为，全世界的历史是三个罗马，即三大帝国的历史。第一罗马没落了，因为它崇拜多神教。第二罗马——拜占庭的君士坦丁堡灭亡了，因为它与西方天主教教会合作，受到了上帝的惩罚，最终被土耳其人所占领。莫斯科作为拜占庭的接班人成为"第三罗马"，是东正教的中心，无人可以替代。[①] 因此，俄罗斯民族应该成为东正教的忠实捍卫者，帮助上帝拯救全世界。在东正教强调其教义

---

① 冯绍雷：《20世纪的俄罗斯》，生活·读书·新知三联书店2007年版，第11页。

正统性思想的指导下，俄罗斯民族便认为自己是上帝的选民，他们天生就注定要承担起拯救全人类的伟大使命。这种强烈的历史使命感和救世观念深深植根于俄罗斯人民心中，特别是知识分子的意识中。他们认为，俄罗斯民族担负着实现社会真理和人类友好情谊的特殊历史重任。俄罗斯自由民主党主席日里诺夫斯基曾说："应当永远记住，俄罗斯的确自古就负有一项使命：当一个解决别国无法解决的任务的国家。"① 从彼得大帝时期疯狂扩张领土、妄图充当"欧洲宪兵"，到苏联时期建立第一个社会主义国家、希望成为未来世界发展的模板，俄罗斯民族似乎时刻都在向外界宣告自己的与众不同。

俄罗斯民族的苦难意识和自我牺牲精神受东正教浓重的神秘主义、普遍的修道生活和悠久的偶像崇拜传统的影响。宗教神秘主义是一种唯心主义世界观，认为人和神有精神上的直接交往，人能从神的启示中领悟到存在的秘密。② 虽然凡宗教都带有一定的神秘主义，但在基督教三大派别中，东正教的神秘主义色彩最为浓重。东正教的全部宗教生活都充满着神赐异象，信徒以虔诚之爱执圣礼，呼唤主之名，进行祈祷，便会产生内在的神秘体验，与神灵接触，成为不可见世界的参与者，甚至在圣光的异象中与基督照面，并以此照亮信徒的灵魂，使之成为与基督一致的人。③ 为了实现对上帝的认知和与上帝的合一，俄罗斯东正教教徒普遍使用灵修方式。早在 4 世纪，就有人提倡在与世隔绝的深山、荒野、洞穴和断崖中进行修道。俄罗斯东正教会认为，通过这种隐修生活，既可以缅怀昔日的殉道者，又可以求

---

① ［俄］B. B. 日里诺夫斯基：《俄罗斯的命运》，新华出版社1995年版，第211页。
② 周来顺：《俄东正教的特点及其对白银时代宗教哲学的塑造》，《西伯利亚研究》2011 年第 4 期。
③ 雷永生：《宗教沃土上的民族精神——东正教与俄罗斯精神之关系探略》，《中国青年政治学院学报》1998 年第 1 期。

得社会和人的完善。此外，东正教还有悠久的偶像崇拜传统，其核心是基督崇拜，基督及其圣迹是基督教教义中最具魅力之处。基督是上帝的化身，他忍受了极大的苦难，最终以自己的牺牲换取了全人类的救赎。这种苦难意识和自我牺牲精神正是东正教希望让人感悟到的。

纵观俄罗斯的历史，可以说俄罗斯是一个苦难深重的国家。除了自然条件严峻外，鞑靼统治、拿破仑进攻、两次世界大战、农奴制、大清洗、苏联解体等一系列人为因素，使俄罗斯人民承受着来自外部和内部的无情践踏和打击。然而，俄罗斯没有被打倒，在经历了无数磨难之后，它依旧傲然挺立在世界的北方。这在很大程度上要归功于东正教赋予俄罗斯民族的独特的苦难价值观和自我牺牲精神。俄罗斯人民崇拜苦难，因为在他们看来，受难者往往是像基督一样的圣人，受难的民族也是英雄而神圣的民族。苦难虽然会带来牺牲和折磨，但坚持下来必定会得到巨大的拯救。正因如此，每当面对苦难和死亡时，俄罗斯人便会在漫漫长夜里通过向上帝倾诉不幸来实现对苦难的容忍和顺从，一次次如涅槃般获得重生。

总而言之，东正教信仰作为一种文化传统对俄罗斯的社会历史发展和民族精神形成都产生了极其深刻的影响。相对于政治和经济制度是从外在层面制约和规范人们的行为，文化传统则是以一种内在的、润物无声的方式影响人们的思维方式，进而改变其行为模式。而宗教在一个民族的文化传统中占有举足轻重的地位，它可以消除社会内部存在的诸多矛盾和混乱，从精神上促成社会的整体化，使人们在面对民族共同的困苦和灾难时能够有效而一致地加以应对。纵观人类社会的发展史，宗教在任何一个阶段都会以某种方式存在着，可以说它是永恒的，不依赖于某种具体的文化历史背景的。因此，从这个意义上讲宗教成为历史最好的见证者，通过了解宗教便能更好地窥探一个社会内部的发展逻辑和背后的文化内涵。东正教信仰对俄罗斯的社会历史发展和文化传统形成无疑产生了极其深刻的影响。这是一种"软"的影响，但实际上却又无比的铿锵有力，它既能跨越时代，又能超越政治经济制度，通过左右个人的行为，进而决定一个民族的最终命运。仔细品味俄罗斯社会的历史演变过程，可以发现，以东正教信仰为核心的文化传统早已成为左右俄罗斯民族命运发展的十分关键的因素之一。

在俄罗斯，东正教信仰是维系整个国家的社会稳定并为之指明前进方向的精神力量。是它激发了俄罗斯民族自我意识的觉醒，赋予了东斯拉夫民族自我认知的能力，帮助罗斯完成了由多神教向一神教转变的过程，促进了俄罗斯民族语言的诞生和发展，加速了建筑、音乐、美术、教育等领域的繁荣。可以说，东正教信仰塑造了俄罗斯民族独特的性格结构，正如著名的俄国思想家别尔嘉科夫所说：

> 对于俄罗斯人来说，其特征是自相矛盾和极端对立的原则的混杂与结合。只能用矛盾这个词来说明俄罗斯和俄罗斯民族的特性。在同样的基础上，俄罗斯民族既是国家专制政体的民族，也是无政府主义的爱好自由的民族，既是向往民族主义和民族自负的，又具有普世的精神，并尤其善于体现出全人类性；既残酷又具有非凡的仁爱，既热衷于施加痛苦，又具有近乎病态的同情心。①

然而，即使东正教对俄罗斯的历史进程意义重大，对俄罗斯的民族精神文化塑造起着关键性作用，但是它的发展也历经曲折。十月革命胜利后，列宁颁布了《关于教会同国家分离和学校同教会分离》的

---

① [俄] 别尔嘉耶夫：《俄罗斯思想的宗教阐释》，东方出版社1998年版，导言第8页。

法令，东正教失去了保持近千年的宗教统治地位。作为回应，俄罗斯东正教会组织了大规模的反政府游行，公开反对苏维埃。政教关系一度陷入谷底。随着苏维埃政权的巩固和国内生活的稳定与发展，俄罗斯东正教会逐渐改变了对新生政权的敌对态度，转而支持政府的各项措施。然而，实行政教分离政策的苏维埃政府还是开展了大规模的无神论宣传和声势浩大的反宗教运动。虽然从斯大林到勃列日涅夫执政期间，苏联政府的宗教政策时有反复，但总的说来，这一阶段的俄罗斯政教关系趋于紧张。从20世纪30年代初开始，大批教堂、修道院和宗教学校被迫关闭，神职人员和教徒的活动受到严格限制，宪法中关于公民宗教信仰自由的规定也没有得到真正实施，东正教在俄罗斯人民生活中的地位被严重削弱，其对俄罗斯民族精神文化的影响力也大不如前。20世纪80年代后期，随着戈尔巴乔夫"改革与新思维"的提出，政教关系迅速缓和，苏联社会出现了一股"宗教热"。1988年举行的"罗斯受洗一千年"庆祝活动把"宗教热"推向高潮，东正教的社会影响再次急剧扩大。苏联解体后，俄罗斯国民心中普遍出现了信仰真空。此时，东正教作为一种精神因素和文化传统在新俄罗斯大地上迅速升温，并由此开始了长达20余年的东正教复兴运动。

如今，作为全国最大的宗教组织，俄罗斯东正教会除了履行官方赋予的舆论宣传职责外，还力图通过宗教课在世俗学校课程中的恢复来重新发挥自身对俄罗斯民族的精神文化塑造和道德教化功能。2010年普京总理签发了政府令，决定在全国的世俗国立和市立中小学中实行宗教教育必修制，使东正教会的夙愿最终得以实现。至此，俄罗斯东正教最重要的传统功能在当代俄罗斯得到了全面恢复。东正教作为俄罗斯的传统文化遗产和精神瑰宝，在维护俄罗斯社会稳定、塑造和发扬新时代的俄罗斯民族精神文化中发挥着积极作用。

第二节　俄罗斯侨民东正教思想

一　俄罗斯东正教思想概述

东正教是俄国历史上影响最大的一种宗教信仰，自罗斯受洗之日开始，它就与俄罗斯思想紧密地联系在了一起。在漫长的发展过程中，东正教思想已然成为俄罗斯民族一种稳定的思维方式和生活态度，深深地影响着人们的世界观、人生观、价值观和道德规范。相对于斯拉夫民族原有的多神教信仰，基督教经历了漫长的发展和历史的检验，融合了拉丁文化、希腊文化和雅利安文化等多种文化精华于一体，具有许多优点。作为基督教其中的一个分支，东正教的神学教义不但可以完全涵盖多神教给人提供的世界观、宇宙观和人生观，还可以提供更为丰富的道德规范和思维方式。东正教的创世论、上帝万能论、原罪论、救世论、末日审判论和上帝拣选论等基本教义，与东斯拉夫人多神教中原有的女性崇拜、大地崇拜、万物统一思想和神人统一思想等传统观念交织在一起，形成了具有东斯拉夫人特色的东正教思想。例如，强烈的圣母保佑意识、自负的上帝选民意识、末日拯救意识等。这种基本的世界观和人生观决定了俄罗斯人民的生活态度和思维方式。

俄罗斯的东正教思想是以教会神学和世俗宗教哲学为两条主线发展的。为了对这两种以不同形式体现的东正教思想有更好的理解，在这里有必要对它们作一个简要的区分。神学的本意是关于神的学说，但作为精神领域里的一种高级思想意识形态，神学有别于日常生活中关于神的观念，特别是它有别于多神教中关于神的学说。按照欧洲的神学传统，神学是关于全能的、唯一的真神的学说，从这个意义上说，只有在基督教、犹太教、伊斯兰教中才有神学。对于像佛教、儒教等伦理色彩很浓的宗教，其中的伦理道德色彩冲淡了这个真神的形象，因此在这类宗教中没有严格意义上的神学。此外，神学以哲学为基础，通过严密的逻辑手段，对唯一真神的存在和作为进行论证。比如基督教神学、犹太教神学和伊斯兰教神学都是以柏拉图主义、新柏拉图主义、亚里士多德学说等著名的古希腊罗马时期的哲学学说为基础的。另外神学还有一个特点，即它的唯一出发点和最终的是非标准只能是圣书，如《圣经》《古兰经》等。[①]而宗教哲学是关于宗教的哲学问题，它可以从两个角度来理解：一是指以宗教为对象进行的哲学思辨，即从哲学的角度探讨宗教的本质、意义和作用等；二是指在宗教的影响下形成的哲学，或者说在宗教的影响下形成的哲学思维传统，进而在此基础上产生哲学。俄罗斯的宗教哲学属于后一种理解范畴。

由此可见，神学与宗教哲学既有共性，又有区别。共性在于二者都包含着哲学因素，区别在于哲学因素在其中起的作用不同：在神学中，哲学因素仅仅是为教义辩护的一种工具，处于屈从地位，它甚至被称为"神学的婢女"；而在宗教哲学中，宗教只是作为哲学产生的一个背景，哲学思辨才是真正的主体。此外，神学与宗教哲学的显著区别还体现在：神学必须以圣书为准，而宗教哲学则不需要；神学是教条式的，追求体系的严谨，而宗教哲学则不受教条约束，较为自由；神学是以社会组织形态为基础的，如东正教会，而宗教哲学则可以个体为单位从事研究，不需要任何社会组织的支持。正如别尔嘉耶夫所说："真正的神学家是以教会的名义思维的，并主要是以圣书和神圣传说为基础，原则上他是教条主义的，他所从事的科学在社会上是有组织的。宗教哲学的认识方法原则上是自由的，尽管其基础是神

---

① 张百春：《早期俄罗斯宗教哲学评述》，《哈尔滨师专学报》1995年第4期。

的体验、信仰。"① 因此，神学家是宗教哲学家，但反之则不然。神学家以上帝的存在为其基本前提，而宗教哲学家甚至可以是无神论者。

俄罗斯关于东正教神学的知识，最早是通过翻译拜占庭古代东方教父们的作品而获得的。1696年，《东正教信仰》（«Православное исповедание»）教义问答从希腊语被翻译成教会斯拉夫语，并在莫斯科出版，成为俄罗斯境内第一本关于东方教会的书籍。在彼得一世时期，基辅神学院中出现了反对经院哲学的倾向。新流派的创始人——大主教费奥凡（Архиепископ Феофан，1681—1736）②在东正教神学中引入了一种新方法，即对《圣经》和教会史进行语文学和历史学的研究。费奥凡还首次将教义学从道德神学中分离出来，这为作为一门系统科学的教义学奠定了坚实的基础。他将自己的教义系统分成两个部分：一部分是关于上帝本身的学说，另一部分则阐述关于上帝作为的学说。19世纪，俄国出现了三位著名的东正教会神学家。都主教马卡里（Митрополит Макарий，1816—1882）是神学家和教会史学家，他专门整理并论述了东正教中被其他宗教派别所否定的教义，如圣灵永恒地来自于圣父、教会的七件圣事和为逝者祈祷等。他的代表作有《东正教教义神学》（«Православно-догматическое богословие»）和《东正教神学导论》（«Введение в православное богословие»）。切尔尼戈夫的大主教菲拉列特（Архиепископ Черниговский Филарет，1805—1866）是教会史学家、神学家、教父学家和圣经学家，他从现代生活需求的角度来研究教义，其代表作为《东正教教义神学》（«Православное догматическое богословие»）。他在该书中特别注意了德国唯理论，指

---

① 张百春：《早期俄罗斯宗教哲学评述》，《哈尔滨师专学报》1995年第4期。
② 大主教费奥凡（Архиепископ Феофан，俗名 Елеазар Прокопович）：俄罗斯东正教会主教，传教士，国务活动家，著名的作家和政论家。自1725年6月25日起任诺夫哥罗德大主教，自1721年1月25日起为俄罗斯圣主教公会第一任副总监。

出要对抗这种理论必须展示基督学说和使徒学说的统一性，以及教义的不间断性，也就是说要在教义学中引入历史因素。戈尔斯基（А. В. Горский，1812—1875）是教会史学家和神学家，莫斯科神学院院长。他在俄国教会史领域做出了突出贡献，对俄罗斯东正教会和拜占庭教会进行了比较研究。他的代表作有《圣三一谢尔吉修道院的历史描述》（«Историческое описание Свято-Троицкой Сергиевой Лавры»）、《福音史和使徒教会史》（«История Евангельская и Церкви Апостольской»）和《俄罗斯教会史》（«История Церкви Русской»）。

19世纪末20世纪初，俄罗斯出现了寻神派，这是一个在俄罗斯自由主义知识分子中出现的宗教哲学流派，在这里宗教哲学和东正教神学发生了有趣的碰撞。早在1903年，一些年轻的俄国知识分子，如斯图卢威、布尔加科夫、弗兰克、别尔嘉耶夫等就在莫斯科唯心主义哲学团体"心理协会"主办的核心刊物《哲学和心理问题》上就"唯心主义问题"发表了许多文章。他们在文中指责马克思主义具有机械性和教条性，认为马克思主义的经济学著作《资本论》中有许多自相矛盾的地方，批评马克思主义对人的精神世界的意义不够重视。在这个基础上，他们进一步阐述了自己的观点：应当坚持唯心主义立场，以人的意识、个性、道德和内心活动为出发点来考察一切社会现象。这些文章成了后来知识分子寻神派发展的理论基础。在莫斯科哲学团体的影响下，彼得堡哲学协会于1898年成立，很多热衷于东正教神学研究的哲学家都是该协会的成员，如梅列日科夫斯基、布尔加科夫、罗赞诺夫、卡尔塔绍夫、杰尔纳夫采夫等。1902年，梅列日科夫斯基又在彼得堡哲学协会的基础上创办了宗教哲学协会，成为俄国知识分子寻神派最终形成的标志。在这股热潮的影响下，基辅宗教哲学研究协会也随之成立，其核心人物别尔嘉耶夫与彼得堡宗教哲学协会联系密切，这两个协会的思想家们经常就宗教和哲学问题进行深入的探讨和争论。1905年革命以后，莫斯科正式成立了以弗·索洛维约夫命名的宗教协会，协会成员的主要活动形式是举办各种论坛、出版杂志和文集，以此宣传自己的思想和主张。寻神派思想家们认为，俄国宗教哲学的基础应该是传统的东正教神学，必须将注意力转向俄国东正教会，向教父请教。作为世俗神学家，寻神派知识分子们思维敏锐，他们能够将神学与哲学有机地结合在一起。虽然他们对传统的官方教会神学家抱有成见，认为这些学者们因长期生活在与世隔绝的修道院中而思路闭塞，眼界狭窄，只善于发表冗长晦涩的经院学说，但他们并没有因此拒绝与其交流，反而经常邀请教会神学家们来参加宗教协会的讨论会，希望通过这样的形式将灵活的哲学思维方式灌输给教会神学家，最终使世俗神学家与教会神学家达成对话与理解，从而将东正教会教父神学的思想与哲学思潮融为一体。1902年，彼得堡宗教哲学协会就召开过一次由世俗宗教哲学家和教会人士共同参加的座谈会，这也是俄国历史上世俗宗教哲学与教会神学的第一次直接对话。然而，由于双方在很多问题上的观点悬殊，最终并没有找到契合点，这次对话以失败而告终。教会在经历了世俗宗教哲学家们的思想冲击以后，为防止世俗思想的侵入，维持教会的平静状态，施压于东正教事务总局，使其于1903年强行下令将彼得堡宗教哲学协会解散了。

  同教会神学家对话的失败以及政府机构的干预并没有使寻神派知识分子的活动就此中止，他们继续通过各种途径来传播自己的思想。1904年，别尔嘉耶夫来到彼得堡，参加由彼得堡宗教哲学协会主办的杂志的编辑工作。1905—1906年，别尔嘉耶夫与布尔加科夫等几位志同道合的思想家一起创办了《生活问题》杂志，得益于他们的学术成就和社会影响力，该杂志很快就成为联系当时社会、政治、宗教、哲学和艺术各种新思潮和流派的纽带。也正是在这一时期，别尔嘉耶夫结识了梅列日科夫斯基和吉皮乌斯夫妇以及彼得堡的其他文化精英。同梅列日科夫斯基的交往使别尔嘉耶夫开始对东正教神学研究产生兴趣，他还积极参加了索洛维约夫宗教哲学协会的活动。1909年，别尔嘉耶夫与布尔加科夫、赫尔申宗、伊斯柯耶夫、基斯嘉柯夫斯基、斯图卢威和弗兰克这些宗教哲学复兴时期的代表人物一起出版了《路标》（«Вехи»）论文集，对俄国1905年第一次资产阶级民主革命进行了严肃而深刻的反思。这一事件成为俄国知识分子思想流派中路标派（веховство）形成的标志，而路标派活跃的时期也正是俄国知识分子寻神派活动的高峰时期，因为他们对俄国知识分子命运的思考都是以宗教哲学为出发点的。文集的作者们各自从不同的角度思考了俄国知识分子的命运，呼吁人们放弃激进的乌托邦思想，致力于精神的新生。比如，赫尔申宗在《创造性的自我意识》一文中指出："人不能永远停留在外表生活上。"[①] 他号召人们考察个性的形成、研究人的内心活动、研究人的个性的自我完善，培养自我创造意识，努力克服内心的恶，追求真、善、美。别尔嘉耶夫在《哲学的真理和知识阶层的现实》一文中指出，俄国知识分子的局限性在于"对唯心主义思潮和宗教神秘主义思潮的敌视，对俄罗斯哲学独特创造力的品质的忽视。而这种对待哲学的态度反映出了俄国知识分子较低的文体素质，粗浅的识别能力，对真理绝对价值薄弱的意识以及道德判断方面的谬误性"[②]。在他看来，哲学是神秘主义客观化的诸多途径之一，只有真正的宗教才有可能成为这种客观化高级、完整的形态。他批评俄国知识界对待俄罗斯神秘主义持怀疑、敌视的态度，并坚持认为人类只有

[①] 转引自李小桃《20世纪初俄国知识分子的寻神运动》，《四川外语学院学报》2002年第1期。

[②] 转引自李小桃《20世纪初俄国知识分子的寻神运动》，《四川外语学院学报》2002年第1期。

从内部的奴役中解放出来，才能从外部的压迫中解放出来。按照别尔嘉耶夫的逻辑，对真理的爱同对美以及对所有绝对价值的爱一样，都是对上帝的爱的不同表现形式。只有通过基督之爱才能达到人的内心完善，而内心世界的自我完善是社会体制健全、人与人关系融洽、各种不平等现象得以最终消除的最重要决定因素。布尔加科夫在其《英雄主义和自我牺牲》一文中指出，伴随着1905年政治危机而来的是俄国知识界的精神危机，这一危机要求知识分子进行深刻的自我反思和自我批判。在他看来，俄国知识阶层发生精神断层的主要原因就在于他们对宗教信仰的忽视，重拾对上帝和绝对精神的追求是俄国知识分子摆脱精神危机的有效途径。《路标》文集中的其他文章也都是从宗教意识的缺陷这一方面来论述知识分子精神危机的。除了通过文字表达其宗教立场之外，这一时期，俄国还有几位世俗知识分子走向了教会，如弗洛连斯基于1912年加入东正教会并接受神职，布尔加科夫于1918年接受神职，这些都表明俄国知识分子的寻神派思潮发展到了顶峰。1918年，别尔嘉耶夫、布尔加科夫、斯图卢威、弗兰克、阿斯科里多夫、伊凡诺夫、伊兹戈耶夫、科特里亚列夫斯基、穆拉维约夫、诺夫戈罗德采夫和波克罗夫斯基再次出版论文集，标题为《自深处》，对俄国二月革命和十月革命进行了反思和评价。学者们一致认为，俄国革命是一场悲剧，拯救俄罗斯的唯一方法就是停止共产主义乌托邦行为，转而呼唤上帝，自内心深处同上帝对话，寻求心理解脱。该文集是寻神派知识分子最后的共同成果，此后他们中的大部分人流亡国外，寻神派的活动在苏俄境内逐渐消失。

20世纪20年代以后，俄罗斯东正教神学的特点主要体现在一系列著名侨民神学家的创作之中。他们的贡献不仅限于东正教会，而且对其他宗教派别也产生了影响。这一时期，著名的东正教神学家有布尔加科夫、弗·洛斯基、梅延多夫和什梅曼等。得益于有别于西方神学的独特观点和诸多神学家的努力，当代东正教神学在普世教会合一运动中占据了一席之地。从20世纪80年代末开始，随着东正教在俄罗斯的复兴，俄罗斯的东正教神学教育得到恢复。90年代中期，当代俄罗斯的第一批东正教神学家从神学院毕业，现在这些神学家们以各种方式活跃在俄罗斯的各个神学院、大学和其他教学机构中。其中较有名的包括俄罗斯东正教会大司祭、神学家、布道学者 А. В. 民（А. В. Мень，1935—1990），神学家、教育学家、政论家和莫斯科神学院教授奥西波夫（А. И. Осипов），以及莫斯科神学院教授、神学家、《东正教文化基础》教材的编写者库拉耶夫（А. В. Кураев）。

相对于俄罗斯东正教神学，具有民族独创性的俄罗斯宗教哲学产生于19世纪三四十年代。但其实自从东正教进入罗斯大地之后，俄国人对世界的思考就越来越深入，逐渐萌生了对哲学的需求，但是，这种需求最初是潜藏在尚未完全成熟的俄国东正教神学之中的。因为东正教是俄罗斯民族的信仰，俄国人的全部思想都处在它的影响和限制之中，哲学思想自然也不例外。但是就世界观而言，哲学是个人的世界观，而民族和部族的共同世界观总是具有宗教特征，而非哲学特征。因此，只要人们还过着共同的民族精神生活，作为具有独立观点的哲学就是不可能的，因为在这种情况下个人的理性活动完全受制于民族信仰。所以，只有当人们不再把民族的共同信仰当作自己的信仰，把宗教信仰从生活原则变成单纯的思考对象时，真正意义上的哲学才能产生。值得注意的是，俄罗斯的宗教哲学虽然是在东正教的土壤和背景下孕育、产生并蓬勃发展起来的，带有十分浓厚的东正教色彩，但是俄罗斯宗教思想家们一直试图改革东正教，可以说，俄罗斯宗教哲学的创立就是东西文化碰撞的结果，是当时的俄罗斯在现代思想背景下对东正教传统的全新阐释。俄罗斯宗教哲学家们的思考虽然都是从宗教原则出发的，但最终的落脚点却不再是宗教本身，而是延伸到了人和人类社会的长远发展上。因此，可以说俄罗斯宗教哲学是其整个文化发展史上一种全新的思维呈现形式。

而这种思维模式得以发展直至逐渐成熟的关键条件直到18世纪初才在俄罗斯出现，那就是彼得大帝的改革。这场大刀阔斧的改革打破了俄罗斯长期以来封闭自守的局面，为西方世俗化文明在俄国的快速传播提供了可能，同时也极大地动摇了东正教会和传统东正教思想在社会生活中的绝对统治地位。俄罗斯传统文化在外来西方文化的强力冲击下很快就陷入了困境，而本被视作传统文化核心的东正教文化自然也不能在这股洪流中独善其身，它开始被质疑是否能适应俄国社会现代化转型的需求，并在这样的质疑声中逐渐丧失了作为俄罗斯人精神吸引中心的社会价值。从某种角度来讲，具有浓厚宗教色彩的俄罗斯宗教哲学的创立就是为了适应俄罗斯社会现代化转型的内在要求而进行的一场理论创新。正是在这样的社会背景下，到了19世纪初，俄国知识阶层开始出现了批判东正教的思潮，著名的思想家恰达耶夫在其1836年发表的《哲学书简》中甚至把俄国落后于西方的主要原因归结为东正教的保守和僵化，对东正教以及与东正教密切相关的俄国历史进行了严厉的谴责和批判。在恰达耶夫的逻辑里，东正教不仅成为思考的对象，而且成为被批判的对象，这标志着俄国历史上带有宗教色彩的哲学思辨的诞生。从此，东正教成为整个俄罗斯知识界或反思、或批判、或拯救改造的对象。恰达耶夫进而又提出了俄罗斯民族的历史地位和历史命运问题，思考未来的俄罗斯该去向何处。在他的偏西方观点的冲击下，一些具有斯拉夫主义倾向的俄国青年知识分子团结起来，与恰达耶夫的西方派对抗，形成了俄罗斯的斯拉夫派。在激烈的辩论中，斯拉夫派在面对民族文化传统和西方世俗化文明的冲突时，在思考俄罗斯未来去向何处以及如何走出由西方文化冲击而引发的俄罗斯文化困境时，坚决维护东正教信仰，主张立足于俄国悠久的东正教传统,构建不同于西方哲学传统的俄国哲学。这些斯拉夫派思想家提出了具有俄国民族特征的表达东正教内涵的哲学纲领,为俄罗斯指明了属于本民族的哲学发展道路,其中著名的代表就是霍米亚科夫和基列耶夫斯基。基列耶夫斯基曾明确指出建立俄国本民族哲学的必要性,他认为,德国哲学要在俄罗斯社会中扎根是不可能的,俄罗斯的哲学应当从俄国人民自己的生活中得到发展。而霍米亚科夫则强调俄罗斯在建立自己的哲学时应该走一条与西方完全不同的道路。洛斯基在其《俄国哲学史》中充分肯定了斯拉夫派对具有独创性的俄罗斯哲学的最终出现的历史作用,在他看来,独立的哲学思想是在19世纪的俄罗斯才开始形成的,其起点与斯拉夫主义者基列耶夫斯基和霍米亚科夫密不可分。他们以东方教父的著作为依据,试图用纯俄罗斯式的方法对基督教进行解释,并在此基础上推翻德国式的哲学思维方式,建立一套具有俄罗斯民族特性的哲学。

但是,在西方派和斯拉夫派之争引起一段短暂的觉醒之后,到了19世纪下半叶,刚刚萌芽的俄国宗教哲学就遭到了政府的压制。但是,勤奋的俄国思想家们在宗教和哲学上的探索并未因此而停止,他们受大的政治气候所限巧妙地另辟蹊径,让文学担当起了哲学的使命,尤其是宗教哲学。如陀思妥耶夫斯基在自己的文学作品中广泛涉猎宗教哲学方面的各种问题,列夫·托尔斯泰晚年也专门研究宗教哲学问题。他们的宗教哲学思想、对东正教的哲学思辨为后来独特的俄罗斯宗教哲学的最终创立提供了丰厚的历史积淀,对俄罗斯整个哲学史的发展起到了非常重要的作用。

正如我们所知的,俄罗斯宗教哲学的提出是俄罗斯传统文化和西方文化冲突的结果,而作为19世纪俄国宗教哲学的集大成者,弗·索洛维约夫最为关心的正是基督教世界中东方和西方的相互关系问题。为了更为透彻地理解这个问题,索洛维约夫在深刻认识俄罗斯传统文化的基础上，对西方文化也进行了更深入的了解。在两相对比的基础上，思想家既看到了俄罗斯文化的传统优势，也冷静分析了其内在不足；既看到了西方现代化进程的世界历史意义，也客观地剖析了西方哲学存在的危机；既对西方理性主义进行了批判，也看到了用理性精神改造东正教传统观念的必要性。于是，索洛维约夫积极尝试寻求对斯拉夫主义和西欧主义的综合，开始从哲学的高度建构一套既有别于俄罗斯东正教传统又与西方文化不同的全新的俄罗斯文化，这就是属于俄国自己的宗教哲学体系。可以说，索洛维约夫为俄国哲学开辟了一个明确的方向，并使哲学作为一个比较系统的学科在俄国确立起来，更重要的是它不是对西方哲学的简单延续和模仿，而是具有民族特色的宗教思辨，这在世界哲学史上都是独树一帜的。20世纪初著名的俄国宗教哲学家布尔加科夫、弗罗连斯基、洛斯基、弗兰克、别尔嘉耶夫和卡尔萨文等人的思想都是从索洛维约夫的学说中汲取营养并逐渐丰满起来的，他们共同把俄罗斯的哲学推向了最繁荣的时代。当现代化转型注定成为俄罗斯社会发展的必然选择时，俄罗斯宗教哲学的出现就成为俄国社会现代化转型的内在要求在思想观念上的最直接反映。正是基于对现代化这个世界性的历史发展趋势及其内涵的准确把握，以索洛维约夫为代表的俄国宗教哲学实际上是力图借助于自由的理性思维，使早已沦为教条、失去活力的东正教神学教义重新具有现代形式，以此来改造和拯救神学。

弗·索洛维约夫是个宗教哲学家，基督教特别是东正教几乎是他一切哲学思考和批判的对象，也是他哲学创造的源泉。因此，索洛维约夫的哲学思想必然渗透着东正教传统的渊源，诸如神人和神人类问题、索菲亚问题、神权政治问题和教会问题等许多神学问题都在其哲学体系中占有非常重要的位置。但与传统意义上的神学家不同，索洛维约夫对理性有着强烈的信念，明确指出需要把宗教真理置于自由理性思想的形式中。在他看来,既然要为古代教父们的信仰做辩护,就要把它提高到一个理性意识的新阶段,以此来揭示基督教基本教义的丰富性和生命力。而索洛维约夫的使命就是把基督教引进与之相应的纯粹理性的形式之中,这不仅被他看作其进行哲学思辨的目的,而且被认为是一项符合全体俄国人民需求和信念的重要精神道德使命。很显然,索洛维约夫的目标是为信仰寻求理性依据,促使东正教传统的更新。要注意的是,这里的更新不是简单的重复或回归,而是真正在现代化思想的背景下对东正教传统进行全新的探讨,这是对东正教传统的深度反思和超越,是符合时代发展需要的不同于以往东正教思想的全新意识形态形式。神人论是索洛维约夫宗教哲学中的核心内容,在他看来,人类社会的发展历程就是一个人类依靠每个人高度充实的意识、意志和情感不断克服人与上帝之间的分裂,最终实现与上帝结合、被神人化的过程。在索洛维约夫的神人类思想中,我们能感受到人类努力在人道主义中克服自身的自给自足性,表现出了积极性和神性。他的这种思想明显不同于天主教、新教,乃至俄罗斯东正教的认识。在基督教三大分支的教义中都以上帝为本位,人类在原则上处于被贬低的地位。而索洛维约夫的道德哲学是要揭示上帝的内容和上帝的存在,即"上帝之善"或"上帝之国"在伦理生活中的至上地位,是完整的内容和完满的存在。但他不是从绝对的、神性的善的"原型",即上帝开始来论述其观点,而是从人性出发追问"善",但是人本性中的"善"却是有限的、暂时的、片面的、相对的。而恰恰正是揭示了人本性中"善"的缺陷,人才能认识到自己的不完满,才会从内心深处真正渴望、要求完整的内容和完满的存在。但是在对"上帝之国"这个至善目标的追求过程中,人类却没有任何外力可以借用,必须完全依靠自身不懈的创造性努力。这里就体现了索洛维约夫宗教哲学中的人本中心主义,他相信创造是人的本性。这是因为人是上帝的创造物，因此他具有上帝的形象和上帝所赋予的创造能力。而人的创造本性就表明人身上有神的因素，在创造性这一点上人和神是同一的。上帝用七天创造了世界，但这一工作远远没有结束，人的任务就在于继续创造前所未有的世界，参与、完善和丰富上帝的创造。而承认人的创造本性，就必然要承认人的自由本性，因为创造只有在容许本性自由的条件下才是可能的。可见，索洛维约夫一直试图唤起人性中的神圣性，用神的名义来保护人，维护人的基本权利和自由，从而使生命获得拯救与尊严。

虽然作为一种全新的意识形态形式的俄罗斯哲学起步较晚，但它从一开始就紧扣时代的脉搏，是站在世界的高度来审视俄国问题的，这是俄罗斯民族自我意识觉醒的表现，是俄罗斯知识分子的一场思想启蒙。到19世纪末20世纪初，俄国宗教哲学的发展达到了一个高峰，史称"白银时代"。这是一场声势浩大的宗教哲学复兴运动，涌现出了一大批影响深远的宗教哲学家，如特鲁别茨科伊、别尔嘉耶夫、弗兰克、尼·洛斯基、斯图卢威等。

十月革命后，几乎所有的俄国宗教哲学家们都被迫离开祖国，形成了俄国哲学发展史上的一个独特现象——流亡哲学。流亡海外的经历虽然使这些宗教哲学家们饱尝内心的痛苦，但也正是因此他们的创作才更有思想深度，才更加撼人心扉，因为他们的一言一语都源于其真实的体验和感受。由于客观原因，俄罗斯宗教哲学在其流亡时期逐渐走上了世界舞台，这使西方对这种俄罗斯独有的哲学有了更为直观的认识，对其整体发展意义重大。二战前后，延续俄罗斯白银时代的第一代俄国流亡宗教哲学家相继离世，俄国宗教哲学传统后继乏人。而在苏联，宗教哲学传统则在无神论意识形态的压制下几乎绝迹。直到苏联末期，当俄国宗教哲学传统在国外走向衰落时，一些热衷于东正教信仰的青年人才开始尝试以地下组织的形式在苏联复兴宗教哲学。从20世纪80年代末开始，随着东正教在俄国的大规模复兴，宗教哲学再次成为当代俄国哲学研究的主要对象。[①]

俄国宗教哲学是一种独特的哲学形态，初看起来它类似于神学，但最终它既没有成为神学，也没有成为宗教学。虽然俄国的宗教哲学家们都是信徒，他们也的确研究各种神学问题，从东正教中获取哲学创造的灵感和动力，这让他们的哲学乍看起来和神学很像，但深入分析以后就会发现并不是这样。因为俄国宗教哲学家们不像纯粹的神学家那样，主要依据《圣经》和教会传统，从宗教的信条出发阐释教义，为宗教教义辩护。他们自始至终都没有站在教会的立场上来看问题，而是与教会保持一定的距离，他们是用自由批判的方式来研究神学问题的。可以说，俄罗斯宗教哲学家们研究的主题大部分是神学的，但他们却是用哲学家的态度来完成自己的研究的。同时，与一般的宗教问题研究者不同的是，俄国的宗教哲学家们拥有自己的信仰和宗教体验，他们不是以中立的立场来研究，而是为了维护自己的宗教信仰，试图用一种新的思维方式来表达自己所理解的东正教的本质。这是俄国宗教哲学与宗教学的本质区别。

俄罗斯宗教哲学研究的内容也非常广泛，但从本质上而言都是围绕着"人"这一永恒的哲学主题展开的。在俄罗斯的宗教哲学家们看来，认识世界就是认识人，因为世界是人的一部分，世界的谜底归根结底隐藏在人当中。如果一种哲学竭力否定人在世界上的特殊意义，否认人是对世界的奥秘和意义的认识的特殊来源，那么它就会陷入内在矛盾之中。俄罗斯宗教哲学中这种对待人与世界的观点与近代西方哲学中的主张是大相径庭的，后者认为人只是自然世界的一部分，人要通过思维来认识和把握世界。俄罗斯宗教哲学对人的关注集中表现

[①] 张百春：《论俄国宗教哲学传统》，《社会科学辑刊》2006年第4期。

在对人与神的内在辩证关系的探索上。通常，人们把精神等同于心灵，并且把人的心灵本身当作客观世界中一个微不足道的部分来看待。而俄罗斯的宗教哲学家认为，人的存在不仅分为身体和心灵，而且人的心灵还具有二重性。别尔嘉耶夫和弗兰克等思想家阐述过精神不同于心灵的独立性和意义，指出心灵与精神有着本质的不同，心灵属于自然世界中的特质，具有实在性。而精神所表现的则是人的超越性，这种超越性是人的真正本质，它表现在人的认识能力、道德生活和创造能动性上，它不是自然产生的，而是通过追随上帝或神修炼而成的。因此，在宗教哲学家看来，人的这种最高的超越本质正是上帝或神赋予的。而自文艺复兴以来，西方哲学在彰显人的价值、弘扬人的自由的同时，否定了神对人的权威性和至高无上性，走向了人的神化和个人崇拜，出现了尼采的超人哲学，并试图以理性来代替信仰。不同于西方哲学，俄罗斯宗教哲学主张在信仰中寻找自由，在宗教中寻找人性。俄罗斯的宗教哲学家认为，神的存在和人的存在是紧密相连的，在此基础上他们提出了神人性思想，这源于人与神的相近性和神的因素在人身上的内在性，人可以得到神化是因为人身上固有的神性使人趋向于上帝，当然人必须经过内在的精神苦修达到超越，才能最终与上帝相遇以实现其神人的本质。由此可见，俄罗斯宗教哲学中对人与神关系的理解与传统的基督教思想是截然不同的，后者把人和神对立起来，认为上帝或神是宇宙的统治者和万能的主，具有至高无上的权威，而人在上帝面前则是极为渺小的存在，因此人要绝对服从于神，人对神而言只是它主宰世界的工具而已，神对人的超越性和异类性这一观点始终在基督教思想中处于主导地位。而俄罗斯宗教哲学家则认为，基督教起源于人道，它不仅信仰神，还信仰人，信仰人具有神性。因此在他们看来，在真正的基督教中，人敬重神并非因为神与人对立，而是因为神与人有着深度的相近性，归根结底基督教是人性的宗教。这就是俄罗斯的基督教人道主义，它是一种以神人性观念为基础的独特的关于人的存在理论的解释，其中既反对神的专制，又反对人的专制。

在关注人的精神本质的同时，俄罗斯宗教哲学家还对人的自由问题进行了深入研究。他们的哲学思考从宗教原则出发，以人类社会的和谐发展为落脚点，充分肯定了人的自由与主体地位，赋予人以自我救赎的主动权，而不是将人类的幸福寄托于上帝。他们通过对基督教经典的新阐释表达对人的肯定，努力把神和人这两个原本被对立的方面结合在一起。他们所理解的自由是人的独立性和内在神性中的必然性，是人格的自我实现、自我确立，是与奴役相对立的创造性和超越性，是精神的内在动力。真正的自由应该是人的精神自由，且必须以对上帝的信仰为前提。因为他们认为，自由不是被创造的，它与人的生命一样，源于上帝。虽然人有神性，其精神的超越性会使人与上帝相通，但人的自由区别于神的自由，人既能创造善，也能创造恶，这就解释了为什么人会有"原罪"。而当人无法正确使用它所拥有的自由时，表现在现实生活中就是人性的丑陋一面，以及其所导致的社会灾难。为了使人类免于这样的灾难，一个途径是使用暴力抵抗人创造出来的"恶"，另一个更为根本的途径是让人学会对自由的适度把握，通过弘扬上帝之爱，提高人抵抗"恶"的诱惑的能力。俄罗斯宗教哲学所极力倡导的这种道德理想，对维护社会稳定有着非常重要的作用。

就研究主题而言，俄罗斯宗教哲学关注人的存在、人的精神、人的自由和人的神性。而从思维方式上说，与西方哲学崇尚理性至上的传统相反，俄罗斯宗教哲学强调哲学理性与宗教信仰的内在联系，主张哲学以宗教体验和信仰为基础，认为理性并非解放人的力量，反而是压迫人思想自由发展的工具。对西方理性主义传统进行批判的典型代表是霍米亚科夫和索洛维约夫。前者提出要用真理来取代权威,反对教会管理机构的绝对权威,反对唯理论所理解的教义,追求人的宗教体验,认为宗教体验是获得真理的基础。后者则试图用理性来证明信仰,认为真正的基督教应该具有"神人性",在他看来人是神的一部分,个人不是抽象概念的个人,而是现实的、活生生的个人,具有绝对的神的意义。也就是说,上帝或神与人不是对立的,它存在于人之中,可以通过直觉和内在体验对神的存在进行证明。这种强调内在直觉和体验的认识论与西方强调外在认识的思维方式有着明显的差异。总而言之,俄罗斯的宗教哲学家们反对把认识进行抽象、纯理性的系统化,而主张对存在进行纯内在的、纯直觉的神秘主义化的理解,这种理解往往需要依靠具体的形象,需要借助于想象力和内在生命力。

俄罗斯宗教哲学是在新的历史和思想背景下对东正教传统的全新阐释,推崇人的个性自由和精神追求,它通过自己的研究主题和思维方式,向世界宣告其主要任务是依据各种内在的宗教体验,以基督教原则为指南,构筑关于作为统一整体的世界的理论。俄罗斯宗教哲学的核心内容是寻求本国自身未来发展的理论思考,但它是在西方资本主义文明不断发展的背景下产生的,这难免会使它的思想内容受到西方人本主义观点的影响,驱使它关注人的命运、探究人生的奥秘、追求人生的价值和意义、努力营造人类的精神家园。但与此同时,俄罗斯宗教哲学具有自己独立的立场,在看到西方理性主义文化形成的矛盾和现实困境后,它拒绝承认理性的霸权地位,强调直觉和信仰,试图以此来校正理性主义的偏颇,并解决现实矛盾。就这样,俄罗斯宗教哲学以其独特的思想光芒对世界文化的发展产生了巨大影响。

二 俄罗斯侨民东正教思想

通过对俄罗斯东正教思想发展历史的梳理，我们发现，俄罗斯东正教思想在20世纪初至1917年间经历了一个短暂的"复兴期"[①]。这是俄罗斯思想文化空前活跃和繁荣的时期，在文学史上，为了与普希金的"黄金时代"形成对比，将其称为"白银时代"。在这个时期，涌现出了一大批优秀的宗教思想家，如布尔加科夫、弗洛连斯基、弗兰克、洛斯基、舍斯托夫、别尔嘉耶夫、梅列日科夫斯基等等，他们具有不同的思想风格，或研究教会神学，或研究宗教哲学，或在二者之间徘徊，但相同的是他们都在各自领域取得了丰硕成果。

然而，十月革命毫不留情地打破了这个辉煌时代的平静。革命成功后，苏维埃政权在俄罗斯建立，以无神论为基础的新政权从一开始就与坚持有神论的东正教会和东正教教徒们在政治见解上出现了对立。于是，这场俄国国内的政治变动引发了20世纪俄国历史上一次大规模的移民浪潮，众多俄国侨民分散至世界各地，欧洲、亚洲、美洲、大洋洲、非洲都有俄国侨民，其中又属欧洲的俄国侨民数量最多、层次最高、政治文化活动最活跃，可以说，当时俄罗斯东正教思想界的主要代表们几乎都流亡到了欧洲。在抵达欧洲之后，侨民代表们就在塞尔维亚的卡尔洛瓦茨组建了俄罗斯东正教境外教会，为自己找到了精神上的庇护和安慰，并在其领导下积极开展宗教活动。其中，俄罗斯侨民东正教思想家们为东正教文化传统的延续和在海外的传播做出了巨大的贡献。他们在流亡期间建立了许多宗教学校，致力于教授和研究东正教思想。如1922年旅德俄侨宗教思想家在柏林建立"宗教哲学学院"；发起俄国大学生基督教

---

① 徐凤林：《俄罗斯宗教哲学》，北京大学出版社2006年版，第5页。

运动，召开宗教会议，建立各种宗教小组；建立东正教堂，其中最大的是在法国巴黎建立的亚历山大·涅夫斯基大教堂。1925年，为了使侨民东正教思想家们能够有一个继续研究东正教思想和发扬斯拉夫神学传统的平台，基督教青年联合会在法国巴黎建立了俄罗斯东正教神学院。这个学校不仅是当时俄国侨民界最有影响力的神学院，而且是整个20世纪最有影响力的东正教神学研究机构，它几乎聚集了俄国侨民界所有知名的东正教思想家。他们在这里从事教学和科研工作，在为俄国侨民培养东正教神职人员的同时，继续进行东正教思想方面的研究，取得了许多科研成果，代表了俄国侨民东正教思想研究的最高成就。

从思想本身的逻辑来看，这一时期的侨民东正教思想是俄罗斯白银时代宗教思想脉络的直接延续和进一步发展。由于避开了意识形态的干扰，这批被称作"俄国20世纪第一代侨民"的东正教思想家们成为俄罗斯传统东正教文化的捍卫者和传承人。直到现在，不仅在我国的俄罗斯思想和文化史研究领域，而且在俄罗斯本土的东正教神学、宗教哲学、历史学和文化学等研究领域中，学者们参考得最多的依然是这一批俄国侨民思想家们的学术成果。[①] 虽然当时侨居海外的俄罗斯思想家都是以东正教文化传统为中心来进行学术创作和思考的，但也存在不同的思想流派和观点。

别尔嘉耶夫可以说是俄国有史以来最著名的思想家了，其思想创造涉及哲学、宗教、神学等诸多领域，他被其西方崇拜者誉为"20世纪俄国的黑格尔"，被视作俄罗斯东正教精神的杰出代表。然而，别尔嘉耶夫对上帝的信仰并不是从通常的宗教情感中自然产生的，他

[①] 戴桂菊：《俄罗斯东正教境内外教会恢复统一的意义》，《中俄关系的历史与现实》2009年10月。

从小没有接受过宗教教育，其父亲是个开明的启蒙主义者，家庭中没有浓厚的宗教氛围。1894 年，别尔嘉耶夫进入基辅圣弗拉基米尔大学自然科学系学习，一年后转入法律系，开始系统地研究哲学，并和当时的大多数青年人一样，成为一名马克思主义者，后来因参加这方面的"地下组织"而被捕，并被大学开除，后又被流放到沃洛格达。在流放期间他开始对马克思主义产生怀疑，最终转向唯心主义。从流放地回来后，他积极参加宗教复兴运动，成为"新宗教意识"的创始人之一。在流亡国外之前，别尔嘉耶夫的创作主要是围绕宗教哲学进行的，从 1922 年被驱赶出国直到 1948 年在法国去世，他的思想围绕宗教哲学和神学进一步发展和完善，直至顶峰，他曾在巴黎东正教神学院进行宗教神学方面的教学和研究，写下了大量宗教哲学和神学方面的著作和文章，主要包括《新的中世纪：关于俄罗斯和欧洲命运的思考》《自由精神的哲学：基督教问题及其辩护》《论人的使命：悖论伦理学体验》《精神与实在：神人精神性基础》《论人的奴役与自由：人格主义哲学体验》《俄罗斯理念：19 世纪和 20 世纪初俄罗斯思想的基本问题》《末世论形而上学体验：创造与客体化》《恺撒王国与精神王国》《神与人的生存辩证法》和《真理与启示：启示批判导论》等。除此之外，别尔嘉耶夫还主编过一本著名的宗教思想方面的杂志《道路》，曾吸引众多著名思想家发表文章。但是在俄国侨民思想家中，许多人都对别尔嘉耶夫持保留态度，认为他并不是正统的东正教思想家。俄罗斯东正教会也不认为他是个神学家，最多是个宗教哲学家。但是从别尔嘉耶夫留下的大量著作来看，他其实一生都在探讨基督教神学问题，只不过他受过严肃的哲学训练，特别是对德国古典哲学有深入的研究，因此他敢于以哲学的方式自由地探讨众多神学主题。

别尔嘉耶夫青少年时代最强烈的感受不是人性之罪，而是世界之恶和人世间的不幸，因此他在自己的自由学说中强调人的价值。在他那里，人与神并不是完全对立的，人在面对上帝的时候，不是自己变得卑微渺小，而是因得到提升而变得高大。他最终走向宗教、成为东正教教徒，也不是因为不再相信人、人的尊严和最高使命、人的创造自由，而是希望为自己的这种信仰寻找更深刻更坚实的证明。这样的观点的确与传统东正教思想不同，甚至违背了教义，他也说自己"一生都是反叛者和信神的自由思想者"[①]。但是自始至终，别尔嘉耶夫的思想都没有像西方近代世俗人道主义那样以人来反抗上帝而走向无神论，也没有像尼采那样走向超人，而是借助强调人性的伟大来证明上帝，这是东正教思想研究的一个全新视角，对东正教思想的现代发展有自己的贡献。

可以说，别尔嘉耶夫对于自己的宗教信仰是十分虔诚的，但与一般信徒不同的是，他作为一个具有哲学思辨精神的思想家，他在忠诚于自己的信仰的同时，还在不断地追求和探究自己的信仰。在放弃马克思主义，转向宗教唯心主义后，别尔嘉耶夫对自己的基督教信仰的探索达到了一个高潮。在这个过程中，他发现历史上的基督教忽视了人，因此导致人们不能正确地对待自己的信仰对象，即上帝，他提出了"人正论"，以此与以"神正论"为主的传统基督教神学对抗。这个观点与他此前一直强调人的价值是完全一致的。别尔嘉耶夫认为，在传统的基督教精神中没有人学，无论是在东方教父学说中，还是在经院哲学中，都没有建立起令人满意的人学学说。于是，他提出建立一套以神人和神人类为核心思想的基督教人学。别尔嘉耶夫在自己的学说中关注人，关注人和上帝的关系。在别尔嘉耶夫看来，"人的基本思想就是关于上帝的思想。上帝的基本思想就是关于人的思想。上

[①] 徐凤林：《俄罗斯宗教哲学》，北京大学出版社2006年版，第239页。

帝是人的主题，人则是上帝的主题。"① 他认为，基督教就是关于神人和神人类的神话，神与人的结合是基督教宗教生活的最主要的秘密。这个秘密的结合不能只靠人，也不能只靠神，而是需要神人基督与圣灵结合才能最终完成，这就是别尔嘉耶夫对神人类的基本理解。他认为基督教不能只要求人们信仰上帝，还应要求人们信仰人本身，基督教应当是神人类的宗教。如果说作为人类第一人的旧亚当身上包含着整个后来的人类，那么在新亚当，也就是神人耶稣基督身上应该包含着整个在精神上复兴了的新的人类——神人类。

别尔嘉耶夫在俄国经历过三次革命，因此他特别关注历史，他的历史哲学就是产生于20世纪初处于变革中的俄罗斯。在那样一个特殊的历史时期，人们普遍开始思考民族、文化以及个体的历史命运问题，尤其是当那些具有强烈爱国主义情怀的俄罗斯宗教思想家们流亡海外之后，对于祖国命运的思考成为他们一切学术创作的中心问题。在这个过程中，别尔嘉耶夫也把俄国未来的道路与东正教紧紧地结合在了一起。在他看来，东正教与历史之间有一种在任何宗教、任何世界精神力量中都不具有的联系。东正教带给历史以动力，即历史运动的特殊力量，并为历史哲学创造了可能性。② 这种历史哲学与东正教的密切性首先体现在他认为"天国的历史"是历史哲学的基础这一论断上。天国的历史和天国的命运决定着人在尘世的命运和历史，天国的历史是"历史的真正的形而上学的基础。天国和孕育了历史过程的天国生活，乃是极深层的内在的精神生命。在这深处沉积着与尘世现实生活迥然不同的生活体验，这精神体验扎根至坚存在至深覆盖且

---

① 转引自张百春《别尔嘉耶夫与俄罗斯东正教神学》，《基督宗教研究》2001年10月，第233页。
② 别尔嘉耶夫：《历史的意义》，张雅平译，学林出版社2002年版，第25页。

广,其乃为历史之源"①。更重要的是在天国的历史中,不仅蕴含着历史之源,还蕴含着历史的最终归途。其次体现在对历史哲学的前提的理解上,别尔嘉耶夫认为:"历史哲学的前提在东正教中得到孕育,没有这一前提,历史哲学便根本不可能。"②这里既包括历史对恶的克服,又包括历史意义的实现,这种克服与实现只能在宗教中实现,而非在以理性为支点的进步观念中体现出来。在别尔嘉耶夫看来,上帝是历史的中心,除了走向宗教、走向最终救赎外,历史不可能有别的意义。同时,包括历史对作为人之内涵、本质独特体现的"个性"的加工,也只有在东正教中才能逐步地、真正地完成。正是东正教将人从自然的统治下解放出来,使人克服并摒弃了愚昧的自然状态及其诱惑,走向内心的精神生活,从而造就人的新形象。最后体现在对历史哲学最终归宿的理解上,在别尔嘉耶夫看来,历史哲学的最终目标不在于战胜苦难与不幸,因为这仅仅是恶带来的结果,而是在于战胜恶、战胜客体化、战胜死亡,在于不断地走向上帝之国的运动,这一运动的实现即意味着历史的终结。

谢·柳·弗兰克是20世纪初发生在俄罗斯的那场宗教哲学复兴运动的主要代表人物之一。他出生于莫斯科的一个医生之家,年轻时是一位马克思主义者,后因参加政治学潮而被捕并被驱逐出莫斯科。在此期间,他的世界观发生了重大变化,完成了从唯物主义向宗教唯心主义的转变。从1922年到二战之前,弗兰克一直住在柏林,参加别尔嘉耶夫组织的宗教哲学研究,同时在柏林大学任教。在这一阶段,他出版了一系列社会哲学著作,如《偶像的毁灭》《生命的意义》《社会的精神基础》等。

---

① 别尔嘉耶夫:《历史的意义》,张雅平译,学林出版社2002年版,第34页。
② 别尔嘉耶夫:《历史的意义》,张雅平译,第97页。

作为俄罗斯一个独特的哲学认识论流派——万物统一的认识论的主要代表之一,弗兰克在1939年出版了大部头的哲学专著《不可知物》,在书中他总结和发展了他的万物统一的认识论和宗教本体论。如果说索洛维约夫的万物统一认识论重在对西方抽象理性主义的批判,从普遍综合的观点来论证完整知识,那么弗兰克则是通过对知识与对象的结构本身的深入分析来探究人的认识的统一基础。他进一步确认了认识论的本体论前提,确认了认识中的可知与不可知之间的辩证联系和完整不可分。通过对知识本质的分析,弗兰克认为,所有的知识都可以被划分为对象知识和活知识两类,而非我们通常所认为的感性知识和理性知识。前者是在概念和判断中表达的关于对象的抽象知识,这是第二性的知识,而后者是在对象的元逻辑的完整性和连续性中对对象的直觉,这是第一性的知识。活知识之所以是第一性的,是因为全部知识对象或一切存在物,具有元逻辑的统一性,也就是万物统一的特征。但这个万物统一不是认识主体之外的世界的形而上学基础,而是容纳主体和客体于一身的本原。弗兰克通过可知领域与不可知领域的辩证关系来进一步揭示这个本原。他写道:

> 在我们面前,仿佛有某种不可知的东西,它显然不同于已知的、可以为明确概念所把握的东西。在被我们的冷静意识称之为现实的全部对象世界背后,在对象世界的不为人知的深处,我们可以感到不可知物的实在,它较之逻辑上可知的、与通常周围事物相似的对象世界来说,显然具有某种完全不同的存在尺度。而当我们领悟这一不可知物时,当我们深思于这一存在尺度时,我们会开始突然以另一双眼睛看到我们所熟知的对象世界和我们自己:一切熟悉的、习惯的、日常的东西仿佛消失了,一切又仿佛以改造后的新面貌重现出来,只是增添了神秘的、具有内在意义

的新内容。①

当然,弗兰克所说的不可知物并不是指某种为我们的经验意识或理性认识所不可及的存在领域。这里的"不可知"不是对认识可能性的否定,而是对逻辑理性至高无上的否定。他认为,最高的真知并非全知,而恰恰是对不可知的洞见。弗兰克还把"不可知物"归为本体论的范畴。在这里,一切都是相互交织、相互关联的,这个融为一体的整体不能被认为是具有明确规定性的整体,它是超越一切规定性的。而这个"绝对的不可知物"就是万物统一的本原。弗兰克最终用基督教观念来说明"绝对不可知物"的本体性,他称之为"神性之物",它是超理性的万物本原和原初生命。

二战前夕,弗兰克由于自己犹太人的身份而被迫流亡巴黎,战争促使他深入思考世界之恶的本质和拯救的意义,在此期间他出版了《上帝与我们同在》和《黑暗中的光》两部宗教哲学和伦理学著作。在现实生活中,存在着很多对基督福音的反驳和质疑声。虽然福音宣告说许多人将会得福,但在人类发展的漫长岁月中,福音并没有给世界和人类带来任何显著的改变,战争、疾病、死亡、贫穷仍然像噩梦一样笼罩着世界。与医学发展和某些社会变革所带来的实际成果相比,基督福音似乎成了"空话"和"不切实际的幻想"。面对这样的怀疑,弗兰克持宽容和理解的态度,他认为不能简单地把这种怀疑看作对上帝的亵渎。真正有信仰的人应当坦诚地面对这种不信任。要做到坦诚,首先要承认这种怀疑和反驳是有道理的,是合乎常理的。要承认基督教有其适应范围和受众人群。那些通过医学、科学技术等外部手段得到世间幸福的人并不适合基督教,那些不喜欢深度思考的人

---

① 转引自徐凤林《俄罗斯宗教哲学》,北京大学出版社2006年版,第208页。

也不适合基督教。只有那些在世界上受到蔑视和迫害的生命才适合基督教，因为这样的人才拥有更强大的生命力量，才会执着于去探求真理和生命的意义，进而到达"神的国"，享受到基督的福音。其次，不能狭隘地理解基督的福音，基督的启示和基督教对世界的贡献，并不能简单地用使世人的痛苦减少多少、使世俗的福利增加多少来衡量。福音恰恰是在保留现世生存条件下，带给人生命的新基础和新天地，从而宣告赐予世人心灵安宁和喜乐。再次，获得福音之福的前提是要信仰基督，并且具有一定的精神境界，否则无法受福。面对现实世界，基督教强调的是对心灵的拯救，从这个角度来看，基督所带来的拯救和福音是内在的，是看不见的，但这并不是说基督不救世，它是以另一种从内向外的方式拯救世界的，通过"救灵"来实现"救世"。而基督教拯救世界其实是拯救世界的本体论基础，是在看不见的深处战胜世界灾难的首要根源——罪孽、撒旦的权力。因为基督教是一种人本主义世界观，它透过人心看世界，认为世间一切罪恶的根源就是人心的罪恶。所以，基督教所说的拯救不是对外部世界和社会生活的改造和完善，而是对所有外部形式的内在本体论基础——人心，即人的灵魂的拯救。在基督教看来，这样的救世才是更为彻底的。当然，这样的拯救只有有过亲身宗教体验的信徒才能得到。而这恐怕也是弗兰克在经历人生起起伏伏后最终走向宗教的一个重要原因。

谢·尼·布尔加科夫是享誉世界的俄罗斯思想家，其研究所涉及的范围极其广泛且建树颇丰，尤其是在宗教哲学和神学领域。布尔加科夫出生于俄国奥廖尔省利夫内古城的一个神父之家，童年时代他对历史、文化和艺术的认识都来源于教会和礼拜活动，但这并没有使他直接生成东正教价值观。他像许多俄罗斯知识分子一样，经历了从唯物主义向唯心主义，从世俗向宗教的转变。从 20 世纪初开始，布尔加科夫积极参加了当时的宗教哲学复兴运动,出版了一系列著作。1922年底,布尔加科夫被苏联政府驱逐出境,他辗转布拉格,最终到达巴黎,在这里的东正教神学院担任信条神学系主任,一直到生命的尽头。流亡海外是布尔加科夫人生中重要的转折点,开启了他东正教思想研究的神学时期。他在这个时期的作品中论述了很多东正教神学问题,如对东正教圣母崇拜的教义解释,论东正教对先行者施洗约翰的崇拜,论天使,论基督,论圣灵,论造物主与受造物、教会和末世论等。

布尔加科夫是索洛维约夫创立的俄罗斯第一个统一的宗教哲学派别——万物统一派的主要代表。他继承了索洛维约夫的思想,但又与之不同,在其基础上继续前进,不是把目光投向上帝,而是着重探讨上帝与世界之间的关系,以东正教为基础建立起自己独特而完整的基督教世界观。布尔加科夫首先表述了自己的上帝观,因为一切宗教哲学所面对的中心命题就是神的论证。他批判了哲学史上对上帝存在进行证明的一些理论体系,因为在他看来,无论是哪一种论证方式都不可能得出令人信服的关于上帝存在的结论,因为任何一种证明都只能是对"上帝"的成功设定,或者是从不同角度对"上帝"这一哲学概念进行界定,上帝是否存在的事实不能通过逻辑推理的方式得出,而只能是信仰的产物。布尔加科夫还认为,上帝本身就是一个"悖论"。一方面,上帝是绝对的、超验的,他高于世界、超于世界。上帝作为超验之物,是无限的,是绝对远离并相异于我们的经验世界的。但是,上帝在创造世界的同时,也进入了它所创造的世界中,因此,上帝在一定程度上也具有有限和相对的性质,即内在性。上帝的内在性主要体现在这一方面:上帝是世界的上帝,不是僵死不变的冷冰冰的偶像,他不能脱离世界。因此,上帝是超验与内在、绝对与相对、有限与无限,是一个根本的"二律背反",其中处于决定地位的是超验与内在的对立。上帝的独特本质决定了他对于世界的绝对本体地位。创造是上帝的本性，是上帝对人类之爱的自然流露。上帝从绝对虚无中创造了世界与人，通过这种创造行为，上帝成为造物主。作为造物主的上帝自身拥有存在，而一切被造物的存在又都处在上帝之中，它们自身并不拥有存在，所以它们的基础是非存在。于是，在造物主与受造物之间，在存在与非存在之间，即上帝与世界之间横亘着本体论意义上的鸿沟。而如何跨越这道鸿沟就成了布尔加科夫进一步研究万物统一思想的起点。在他看来，上帝包含万物，创造万物，这实际上说明了上帝对万物的超越性。但从另一方面来看，上帝在派生万物时又把自己的神性赋予了万物，因此，万物又都不同程度地拥有了上帝的本性。从这个意义上说，世界上的万事万物都是具有神性的。于是他得出了这样一个结论：世界具有一定程度的神性，而上帝也具有一定程度的内在性。于是，上帝与万物之间必然存在着联系，哪怕是极其微弱的。但是，由于上帝又具有先验性和绝对性，即便他具有一定程度的内在性，也不妨碍上帝具有超越性，更不会改变上帝超越性的绝对地位。因为上帝是无限的，而万物作为对上帝神性的限定，则是有限的。上帝作为无限完满的实体不可能被任何有限的事物所局限和超越。这就是布尔加科夫对于上帝的存在、造物主与受造物之间关系的基本观点。

而索菲亚论是布尔加科夫东正教思想的核心内容，贯穿于他学术研究的哲学阶段和神学阶段。早在流亡之前，布尔加科夫就通过《经济哲学》《不夜之光——直觉与思辨》《静静的沉思》等论著展现了一个索菲亚神学宇宙论的景象。他把神的圣智慧索菲亚抽象为一个永恒女性，且是介于上帝和世界之间的现实造物主，是代替上帝完成宇宙世界的创造的。那么，既然索菲亚是神与世界之间的中介，在神学上必然会涉及三位一体的问题，因为传统神学是从神的三位一体来说明神与世界之间关系的。那么索菲亚与三位一体又是什么关系呢？布尔加科夫认为，索菲亚是一种位格，一种类似于圣子的位格，他写道：

> 索菲亚作为大爱的爱和对大爱的爱，拥有自己的个性和面孔，是主体，人格，或者用神学术语来说，是位格。当然，它不同于圣三位一体的诸位格，是特殊的、另类的、第四位格。它不参与神的内在生活，不是神，因此不会把三位格性变成四位格性，把三位一体变成四位一体。①

但是布尔加科夫对索菲亚的这种解释遭到了东正教会的严厉批判。1927年，在塞尔维亚召开的东正教主教公会会议指责布尔加科夫的学说具有"现代主义"倾向。于是，他在1933年出版的《上帝的羔羊》一书中对索菲亚与神的位格之间的关系问题做了重新解释。在这里，索菲亚不再处于神与世界的中间地位，而是神性的，存在于神之中，它不再是位格，而是本质。他说："神的圣智慧不是别的，正是这样一种神的本性、本质，它不仅被理解为力量和深度，而且是展开的内容，是万物统一。"② 尽管布尔加科夫对自己的索菲亚论重新做了论述，但是莫斯科东正教会仍然把这一学说判为异端，认为它违背了三位一体教义。布尔加科夫并没有因此而中断自己的研究，他继续在巴黎东正教神学院任教，仍然坚持自己的观点。而俄罗斯东正教会也于1937年废除了关于布尔加科夫的索菲亚论是异端邪说的指责。

至于宗教和哲学的关系，在布尔加科夫看来，真正的哲学是宗教

---

① Булгаков С. Н. Свет невечерний: Созерцания и умозрения. М., 1994. С. 185–186.
② Булгаков Сергей. Агнец Божий. М., 2000. С. 136.

哲学。在整个思想史上，有人认为宗教是一种不完善的哲学世界观，有人认为宗教是一种文化类型，而布尔加科夫则论证了宗教信仰的独立性，肯定了宗教信仰对人的生活和人所创造的文化具有绝对的意义。宗教和哲学从本质上说是两种对立的东西：哲学是对真理的自由探索，有权怀疑一切，把一切都看作有待研究的问题和批判的对象。而宗教的基本规范是信条，是固定不变和不容置疑的教义。对于哲学而言，上帝是否存在是个问题，需要去论证，而对于宗教来说，上帝是确定的存在，是超越证明的，其教义也是现成的，不需要探索和思考，只需要接受。那么，既然宗教和哲学看似矛盾的，宗教哲学如何能够有存在的合理性呢？在布尔加科夫看来，哲学是自由思考，但却不像大多数人所认为的那样毫无信条，哲学的信条就是思维本身。哲学思考的主要动机、哲学体系的基本论题不是凭空想象出来的，而是靠直觉体悟到的，这就使哲学拥有了超哲学的起源。哲学思考是理性对直觉所领悟到的东西的反思。那么既然哲学具有直觉的根源，哲学就与宗教有了一种自然联系，但这种联系只限于最终目标的一致性，而在较为表层的原则和方法上哲学和宗教仍然存在着根本区别。宗教上的启示是具体的生命体验，其表达形式是信条，而哲学上的启示则是论题和问题。哲学不可能达到绝对真理，这就是哲学的悲剧。因此，布尔加科夫认为，独立于宗教之外的纯粹哲学是不可能的，这也就是他后期再也不研究纯粹哲学问题的原因。当然，布尔加科夫也不是站在宗教立场上完全否定哲学的意义。他认为，哲学应当成为宗教的助手和同盟者。所以，在不再专门从事哲学研究之后，布尔加科夫仍是神学家中的哲学家，在进行神学研究的同时借鉴了哲学思考的有益之处。

梅列日科夫斯基是俄罗斯著名的作家、文学家、宗教哲学家和神学家。他一生发表了多部文学著作，得到过诺贝尔文学奖的提名，其大部分作品中都蕴含着神学主题，这些神学思想对新基督教的发展有着重大贡献。梅列日科夫斯基出生于圣彼得堡，在青年时代他迷恋实证主义哲学，后来又接触民粹主义思想，最终转为宗教立场，并坚持一生。由于对十月革命持完全否定的态度，梅列日科夫斯基在1919年的冬天与妻子一起移居波兰。1920年他们又迁移到法国巴黎，并坚持写作，其主要创作方向是政论文章和带有宗教哲学性质的小说。在20世纪30年代后期，梅列日科夫斯基曾在意大利短暂居住，其间多次与墨索里尼会面，而这也许为二战初期他与大多数欧洲俄罗斯侨民的分裂埋下了伏笔。1941年12月9日，梅列日科夫斯基在巴黎去世。梅列日科夫斯基的思想体系过于庞杂，其中有些思想表述不清，有些思想则过于极端，加之其二战期间的反动行为，因此，梅列日科夫斯基经常遭到各方面的指责。但是，作为俄罗斯20世纪初新宗教运动的主要倡导者之一，他通过对传统基督教的批判和对西方教会的批判所建立的一种新的基督教意识，仍是值得后人研究和关注的。

  梅列日科夫斯基的主要著作是三个三部曲：第一个是《基督与敌基督》，包括《诸神的死亡：叛教者朱里安》《诸神的复活：列昂纳多·达·芬奇》和《彼得和阿列克塞》；第二个是《野兽的王国》，包括《帕维尔一世》《亚历山大一世》和《十二月十四日》；第三个包括《三的秘密：埃及与巴比伦》《西方的秘密：大西洲岛与欧洲》和《鲜为人知的耶稣》。其中第三个三部曲是在他因反对十月革命而流亡到巴黎后完成的，是他一生宗教哲学思考的总结。在这些作品中，梅列日科夫斯基把人类历史看作社会文化的历史。在这个基础上，他编造了一个关于人类发展的神话，其核心是上帝思想的自我发展。在《三的秘密：埃及与巴比伦》和《西方的秘密：大西洲岛与欧洲》中，梅列日科夫斯基主要分析了人类历史的过去，揭示了其发展的文化根源。在这里，他把人类历史分为东方文明和西方文明，前者主要指埃及和巴比伦文明,后者主要指大西洲岛、以色列和希腊罗马文明。而这些文明的核心地带就是地中海,它连接着欧洲、亚洲和非洲三个大陆,甚至可以说是地球的中心。如果从埃及到君士坦丁堡画一条线,再从罗马到巴比伦画一条线,就会惊奇地发现,这两条线正好构成一个十字架。梅列日科夫斯基认为,正是这个神秘的十字架决定了人类命运的发展。他把"东方的秘密"称为开始的秘密,把西方的秘密称为终结的秘密,而基督耶稣既是开始,又是终结,人类历史的意义就在于基督耶稣。然而,在梅列日科夫斯基看来,可悲的是人类根本没有认识基督,或者说没有正确认识基督。真正的耶稣是人们所不知道的,他的《鲜为人知的耶稣》一书就是为了向人们揭示真正的耶稣形象,这个耶稣就是拿撒勒的耶稣,是木匠之子,是被钉死在十字架上又复活了的耶稣。

而对于历史上的基督教,无论是俄罗斯的东正教,还是西方的天主教、新教,早就引起了包括梅列日科夫斯基在内的俄罗斯知识分子的怀疑和不满。他们认为,历史上的基督教并不能完全代表上帝的启示,如果再这样下去,未来的俄罗斯,甚至是整个欧洲都会处于卑鄙小人的统治之下,于是有必要建立一个新基督教,或者形成一种新的宗教意识。梅列日科夫斯基认为,新宗教的实质在于它的社会性。在传统的基督教意识里只有个体与社会性的对立,个性完全被忽视了,而梅列日科夫斯基则试图把个性与社会性的和谐关系纳入未来的新基督教意识之中,在这个意识中知识分子、教会和人民将联合在一起,共同抵御卑鄙小人。新基督教或者新宗教意识的主题之一就是关于精神和肉体的问题,这不仅是一个哲学命题,还是所有宗教的基本问题。但在不同的宗教意识里,对这个问题的看法是不同的,有时甚至完全相反。一般来说,早期的多神教比较重视人的肉体,而基督教则比较重视内在的精神。这一点被新宗教意识的代表们注意到了,他们并不认同这种观点，极力恢复肉体的地位。梅列日科夫斯基则通过论述基督复活的问题，揭露了传统基督教对肉体的忽视。他认为，在历史上的基督教意识中，基督的复活仅仅是精神上的复活，而不关乎肉体上的复活。但是在福音书里却清楚地记载着基督在精神和肉体上的双重复活。在梅列日科夫斯基看来，如果基督只是在精神上复活了，那么这个复活就失去了其完整的意义。因为基督死而复活的最重大意义就是证明人性的肉体也可以成为永恒，而与肉体相关的，就是人间的一切事情。因此，人间的事情也应该被神圣化。而历史上的基督教却片面强调精神方面，极力贬低肉体，片面强调天上的幸福，主张放弃地上的欢乐。按照传统的基督教意识，要成为真正的基督教徒，首先就意味着要放弃人间生活，放弃大地，只能爱天。而在新宗教意识中，人既可以爱天也可以爱地。这就是梅列日科夫斯基所创立的新基督教与历史上只强调精神原则而完全忽视肉体的基督教之间的最重要区别。

梅延多夫属于第二代俄罗斯侨民宗教思想家，他在继承前代思想家基本研究主题和使命的同时，结合了现代西方基督教世界的宗教思想，从自身所处的特殊环境出发，尝试进行了新的创造。作为一名身处海外的东正教神父，梅延多夫一直思考着东正教与西方基督教世界的关系问题，尤其是西方世界的世俗化问题。在他看来，西方基督教世界世俗化的根源就在于基督教神圣传统的中断，而造成这种中断最直接的标志性事件就是文艺复兴运动、启蒙运动和宗教改革。在这三次思想运动中，人们反抗教皇统治，认为教皇的权力压制了人作为自然人的权力、人作为信徒的权力和上帝的形象，希望取消教皇的权威。而对于教皇来说，由于人们对自己的权威发生怀疑而出现了危机，他不得不用"愚民政策"来维持自己的统治，具体的做法就是不让人们过多地关心教义问题，这种策略的后果是导致了西方世界对基督教真正传统的偏离，进而引发了它的世俗化。在东正教世界里，始终坚持把教会与圣传结合在一起，而不是与某个人结合在一起，这种对于教会的管理方式可以克服西方基督教世界对权力的争论。因为东正教不把教会当作外在的权威，"教会的建制、教会的见证和教会的牧师都是教会内在生活的表达，所以东正教的教会学说表达在圣餐教会学的形式里，只有在圣餐圣礼中执行和表达救世主形象的人才拥有教会的权力，因为他在圣餐聚会中就像主在最后的晚餐中一样地主持着。这就是内在的教会现实性，这个现实性决定着保卫教会真理方面的权力和威信。"[①] 因此，在东正教会中权力不与某个固定的、现实中的人对应起来，它始终是属于上帝的，每一个信徒都能纯粹地信仰，都能接近最真实的教义。所以，在梅延多夫看来，尽管东正教在西方世界里属于"少数派"，但它能够而且应该利用自己的优势帮助西方基督教克服宗教的世俗化，承担起自己的普世使命。诚然，东正教会本身也不可避免地存在一些弱点和问题，它也需要继续发展和完善，但相对于西方基督教而言，它拥有一个绝对的优势，那就是最大限度地保留了神圣传统。在这个传统里，保存着基督教最实质和最内在的东西，比如自由，因为作为教会中自由的保证者的圣灵永远存在于这个传统之中。可是西方人恰恰是为了追求自由而抛弃了基督教，并将希望寄托于政治、科学、文化、唯物主义等外在力量上，这完全是一种南辕北辙、舍本逐末的做法。

梅延多夫认为，礼拜仪式在东正教神圣传统中占有核心地位，是东正教最本质的东西，东正教信仰就是以日常的礼拜活动为主要内容展现出来的。在他看来，基督教信仰是靠教会保存的，教会外无信仰，而教会又是靠礼拜的传统来保存信仰的。通过礼拜仪式，教会生

[①] 转引自张百春《梅延多夫的神学思想》，《理论探讨》2001 年第 1 期。

活的过去、现在和将来被紧紧地联系在一起，信仰就这样被传承了下来。比如，梅延多夫指出，东正教会圣餐礼上的祷告词一直沿用着二三世纪的版本，甚至是逐字逐句地重复。这种与传统的联系方式使基督教信仰的纯洁性得以保存，同时也是信仰统一、教会统一的主要依据和基本保障。可以说，信仰和礼拜是不可分割的，它们之间存在着理论和实践的关系。在此基础上，梅延多夫还进一步探讨了信仰和礼拜在基督教发展历史上所呈现出来的复杂关系。东正教所理解的信仰不仅仅是通过主教阶层的使徒承传性而得以保存的，还通过全体信徒来保存。同样，礼拜也不仅仅是神职人员的事业，还是全体信徒的事业。但是，如果教会的礼拜仪式僵化，流于形式，在仪式中加入过多的信徒难以理解的象征，信徒就会开始疏远这种礼拜仪式，在极端情况下可能就会离开教会，放弃信仰。或者教会在开始实行某些新的礼拜仪式时，不顾信徒感受，采用自上而下的方式进行命令和强加，那么即使这些形式是符合神学学说的，它们也不能被广大信徒所接受，最终造成教会权力和信徒信仰的对立，导致教会的分裂。在俄罗斯教会发展的历史上，最著名的一次由于礼拜仪式改革而最终引发教会分裂的事件发生在 17 世纪。梅延多夫指出，当时以沙皇和尼康为代表的官方和以旧礼仪教徒为代表的"分裂派"或"旧礼仪派"，都意识到了对教会用书进行改革的必要性，在这一点上双方的立场是一致的，分歧出在根据什么进行改革上。在当时双方都不具备必要的知识和实际的可能性对教会用书进行合理改革的情况下，尼康使用武力把自己的改革方案强加给信徒，但这引起了一部分信徒的坚决反抗，认为尼康的改革完全违背了他们的信仰，引发了此后的教会分裂。关于信仰和礼拜的关系，梅延多夫是这样表述的：首先，礼拜仪式表达的是教会的神圣传统，即圣传，它的使命是在各种文化中、在各个时代里宣传教会的信仰，使其得以延续。其次，礼拜仪式表达的是教会的统一。这个统一既是时间上的,是与教父的过去历史的统一,又是空间上的,是与同时代坚定东正教信仰的人的统一。最后,礼拜仪式是对有意识的信仰的见证,它可以发展变化,但本质上都不应偏离古代教父的神学、信仰、教导和体验。①

作为一名侨民东正教神学家,梅延多夫在向西方世界宣传东正教方面做了很多努力。在他看来,由于俄罗斯东正教徒在西方的出现,并坚持自己的礼拜活动,因此西方基督教徒切身感受到了东正教礼拜仪式的独特风格,对它产生了兴趣。但是,这种关注和兴趣仍然停留在表层,对于东正教精神的真正内核,即东正教神学,西方基督教世界还是知之甚少。因此,梅延多夫把向西方世界介绍东正教神学的基本理论和学说看作自己的使命。他认为,东正教神学不是俄罗斯的,不是东方的,而应该是普世的,因为它始终没有放弃自己的历史根源,它有能力来引领整个基督教世界的历史传承和未来发展。在梅延多夫看来,西方神学虽然经历了变化,但是它的根源始终是奥古斯丁奠定的传统。而他最主要的思想就是把自然与恩典严格地区分开来,在强调恩典的作用和上帝万能的同时,贬低人的自由和价值。天主教会正是利用了这个学说,甚至把它当作自己一切宗教政策的基础。他们宣称,人若想得救,必须依靠上帝的恩典,而天主教会和教皇就是这个恩典在世间的代表,以此来加强对信徒的精神控制。这种人与上帝的二元论不但在天主教神学里一直占统治地位,在新教神学里也是基本的信条。而在东正教神学中,既不试图掩盖人与上帝之间的距离,也不对其进行夸大,其主要任务在于恢复《圣经》中关于圣灵的基本学说。根据这个学说,圣灵是上帝在人们之中的存在,但这个存在并不排斥经验世界,二者并不对立,但前者拯救后者,上帝的存在

---

① 转引自张百春《梅延多夫的神学思想》,《理论探讨》2001年第1期。

把所有的人连接在同一个真理之中，但却赐予不同的人以不同的天赋，这天赋是生命的最高恩赐。同时，上帝就是生命最高恩赐的赐予者，它永远地超越于任何被造物，是教会圣传的保卫者。同时上帝还依靠自己的存在，使人们成为上帝的真正和彻底自由的子民。[①] 梅延多夫认为，基督教的一大创新就是把宇宙非神秘化了，换句话说就是世俗化了。东正教神学也认同这一观点，认为世界不是神圣的，因此需要拯救。但是西方世俗化代表们的错误就在于把教会也世俗化了，并试图用新的偶像来代替教会。这样就导致人们丧失了圣灵赋予人的自由，使其重新陷入世界的决定之中。而古代教父传统所要表达的主要内容就是：使人成为真正的人的那种东西，就是上帝的灵的临在。梅延多夫强调，20世纪的青年一代实际上并不固有世俗化的倾向，他们也渴望真理，正是为了满足这个渴望，他们利用了毒品或心理学这些看似世俗化的方法。这是因为人们忘记了上帝的灵是使人成为人的最根本的东西，当人的真正上帝被剥夺的时候，他就会创造虚假的神，新宗教或宗教代用品也随之产生。因此，梅延多夫认为，建立在圣灵学基础上的基督中心论的东正教神学完全有能力对抗基督教的世俗化。

梅延多夫的神学具有明显的时代特征，他把回应时代的挑战看作神学的任务，一直强调如何用东正教神学来克服西方基督教世界现存的世俗化问题。然而，他的神学又是非常传统的，因为他始终强调东正教神学是以古老的圣传为基础和出发点，是以教父神学为准绳的，因而才是最具力量对抗世俗化倾向的。可以说，梅延多夫是当代东正教神学家中传统与现代结合的典型代表。

除了这几位较为著名的俄国侨民东正教思想家之外，弗·洛斯

[①] 转引自张百春《梅延多夫的神学思想》，《理论探讨》2001年第1期。

基、尼·阿法纳谢夫、格·费多托夫、弗·伊林、安·卡尔塔绍夫、格·弗洛罗夫斯基等也积极进行学术创作，为俄侨东正教思想的繁荣和传播做着自己的贡献。其中，弗洛罗夫斯基是俄罗斯著名的东正教神学家之一，但其神学思想在许多方面都是对传统俄罗斯东正教神学的突破。他指出了俄罗斯东正教神学的危机，并且找到了根源，提出了克服的方法，即"回到教父那里去""跟着教父走"，这就是从他开始的当代俄罗斯神学发展中著名的新教父综合学派。在流亡国外的初期，弗洛罗夫斯基积极参加俄罗斯侨民组织的各种活动。他参加由别尔嘉耶夫召集的学术讨论会，在他主编的杂志上发表文章。但是，不久他就与同行发生了思想上的分歧，与别尔嘉耶夫、布尔加科夫等人的关系也最终到了无法调和的地步。这里既有学术上的纷争，又有生活经历上的差别。弗洛罗夫斯基属于第一代流亡的俄罗斯宗教思想家，但是其年龄最小。当俄罗斯在20世纪初兴起宗教复兴运动时，弗洛罗夫斯基还是个少年，完全没有参与过这项运动。因此，当别尔嘉耶夫和布尔加科夫等人认为流亡海外之后自己的任务是继续这一复兴时，弗洛罗夫斯基所选择的却完全是另外一条更加纯粹的道路。他专注的是东方教父，这是他所认为的东正教本原，而不是俄罗斯的宗教复兴。更重要的是，弗洛罗夫斯基与其他俄侨思想家不同，他从来没有体验过丧失信仰又重新向宗教信仰复归的过程，对教会的态度没有掺杂任何个人的情感，侨居海外又可以使他的学术创作免于意识形态的干扰，因此可以说他是俄罗斯十分正统的东正教神学家之一，他从非常客观的角度、从古老的教父源头看待俄罗斯东正教甚至是俄罗斯国家的发展，深入了解他的东正教思想可以进入最为纯正的东正教世界。

第二章　弗洛罗夫斯基宗教思想的启蒙

弗洛罗夫斯基成长于一个宗教氛围浓厚的家庭，东正教从小就在他的日常和精神生活中占据着重要的位置，他曾立志进入莫斯科神学院接受专业的神学教育，但最终却选择了一所普通大学进行深造。毕业后的弗洛罗夫斯基顺利留校，但十月革命打乱了他的职业和人生规划。俄国社会的动荡和剧变使弗洛罗夫斯基全家选择离开了祖国，但是流亡生活的艰辛和苦闷令原本处于人生上升期的弗洛罗夫斯基倍感挫折。在现实生活中感受到的无望和失落使弗洛罗夫斯基内心的宗教情愫迅速回归，同时作为一个爱国知识分子，他也希望为俄国的发展道路找到一个正确的方向。于是，在多种因素的影响之下，弗洛罗夫斯基走向了欧亚主义，成为欧亚主义思潮的创始人之一，开始以东正教思想为基础对俄国的未来进行思考。

第一节　弗洛罗夫斯基青少年时期对宗教的浓厚兴趣及其危机

格奥尔基·瓦西里耶维奇·弗洛罗夫斯基出生于乌克兰赫尔松省伊丽莎白格勒的一个东正教神职人员家庭。父亲瓦西里·安东诺维奇·弗洛罗夫斯基（В. А. Флоровский，1852—1928）来自俄罗斯文化和传统的北方发源地——大诺夫哥罗德，是一位很有学问的东正教神职人员。从莫斯科神学院毕业之后，瓦西里·弗洛罗夫斯基前往乌克兰担任一个神学校的监察助理，在这里认识了自己未来的妻子，乌克兰神甫和神学硕士的女儿克拉夫季娅·格奥尔吉耶夫娜·波普鲁仁科（К. Г. Попруженко，1863—1933）。1894 年，弗洛罗夫斯基全家迁往乌克兰南部港口城市敖德萨。这是俄罗斯帝国发展最为迅速的城市，它不仅是南俄最重要的经济中心，也是文化和精神生活的发源地。但是比起南方城市的喧闹，弗洛罗夫斯基更喜欢北方大自然的静谧，童年时代的每个夏天他几乎都是在父亲的老家度过的。对自然和古老文化的向往促使弗洛罗夫斯基的内心与宗教亲近，也在一定程度上预示了思想家最终的人生方向。

弗洛罗夫斯基自小就对宗教怀有深厚的感情，教会在他的心中占据着很重要的地位，并在潜移默化中对他的性格形成和生活道路选择产生了极大的影响。从童年时代开始，弗洛罗夫斯基就定期参加教堂的祈祷仪式，这对他来说已经成为一种日常生活需求。与许多神职人员的孩子们不同的是，弗洛罗夫斯基去教堂不是作为诵经士或教会人员来为教堂的礼拜仪式提供服务，而是静静地在一边做祷告，祈求得到内心的平静和充盈。此外，弗洛罗夫斯基不仅被礼拜外在的华丽仪式和教会音乐所吸引，而且他更感兴趣的是祈祷文的具体内容。在他看来，祷文除了饱含信徒对上帝强烈的情感外，还蕴藏着深刻的神学内涵。11 岁时弗洛罗夫斯基就可以牢记祷文，他写道："我潜心阅读祈祷文书，多亏了这些书，它们让我意识到祈祷仪式和神学之间是互相渗透的。"[①] 除了亲身体验教会的祈祷生活外，弗洛罗夫斯基还通过阅读各种宗教文献，包

---

① Блейн Э. Жизнеописание отца Георгия. В: Георгий Флоровский: священнослужитель, богослов, философ. М., 1995, C. 54–55.

括历史、神学和礼拜仪式方面的不同书籍来了解教会的历史,其中对他影响最大的当属博戈斯洛夫斯基(М. И. Богословский, 1807—1884)[①]的《圣经故事》(«Священная история»)一书。用弗洛罗夫斯基的话说,正是这本书奠定了其宗教和神学教育的基础。

这本书虽然有点老,但是在教会史方面绝对是一部很有分量的作品。特别好的一点是书中对《圣经》史进行了论述,但这绝不是《圣经》的儿童简化版。我是在七八岁时在我父亲那里读到这本书的,当时它给我留下最深刻的一个印象就是,基督教不是关于生活的抽象理论,不是一些近似科学真理的体系,而是作为历史事实的上帝启示,以及作为对上帝神启的回应逐渐向信仰的靠近。我知道了旧约和新约中的一些人物名字和事件,知道了旧约和新约讲述的其实也是一些历史事件。这种历史性叙述如此吸引人,以至于在读完这本书之后,我就注定无法走经院哲学的枯燥道路了。可以说,我的历史主义世界观还在童年时代就已经形成了,而且正是受这本书的影响。[②]

健康状况在一定程度上也是促成弗洛罗夫斯基亲近宗教的一个重要原因。弗洛罗夫斯基从小体弱多病,不能像别的孩子那样正常上学,直到九岁时才正式进入敖德萨市第五国立中学的预备班开始学习。但是弗洛罗夫斯基家中的学术氛围非常浓厚,其家族成员几乎都

---

① 米哈伊尔·伊兹马伊洛维奇·博戈斯洛夫斯基(Михаил Измайлович Богословский):俄国陆军和海军的总神甫,神学作家,圣彼得堡神学院硕士,曾任该校的神学教授,也曾在中学教逻辑学、心理学和教会法。

② Блейн Э. Жизнеописание отца Георгия. В: Георгий Флоровский: священнослужитель, богослов, философ. М., 1995, С. 19.

第二章　弗洛罗夫斯基宗教思想的启蒙　　　　　　　　　63

是敖德萨当地的社会精英：父亲是敖德萨神学院院长，并且已经达到了东正教白神品的最高职位等级——大司祭；两个舅舅谢尔盖和米哈伊尔分别是敖德萨大学地球物理学专业和语文学专业的教授；两个哥哥瓦西里和安东尼分别是医生和斯拉夫历史学家，姐姐克拉夫季娅毕业于圣彼得堡的别斯图热夫学校，后来又在法国和意大利进修，是敖德萨大学中世纪史教研室的编外副教授。① 家庭成员如此优良的教育背景无疑为弗洛罗夫斯基的成长创造了极好的文化氛围，正如他本人所说："在父母、舅舅们、哥哥们和姐姐的身边，我只需要坐着听他们谈话就得到了教育。"②

　　弗洛罗夫斯基的童年是在长期的病痛和无尽的阅读中度过的。虽然全家人都极为照顾和关爱这个家中最小的成员，但从客观上说，弗洛罗夫斯基比自己的两个哥哥和一个姐姐分别小12岁、10岁和9岁，年龄上的差距使他无法让兄长们成为自己儿时玩乐的伙伴，只能把他们当作学习上的榜样。弗洛罗夫斯基很早就开始阅读成年人的书籍，加上天资聪颖，他从小就积累了丰富的学识，这为他以后的学术创作奠定了十分扎实的基础。

　　弗洛罗夫斯基在13岁时就读完了谢·索洛维约夫（С. М. Соловьёв，1820—1879）③的29卷本《远古以来的俄国史》（«История России с древнейших времен（в 29 томах）»），14岁

---

① Черняев А. В. Г. В. Флоровский как философ и историк русской мысли. Москва: ИФ РАН, 2010, С. 14 – 15.

② Блейн Э. Жизнеописание отца Георгия // Георгий Флоровский: священнослужитель, богослов, философ. М. : Прогресс, 1995, С. 15.

③ 谢尔盖·米哈伊洛维奇·索洛维约夫（Сергей Михайлович Соловьёв）：俄国历史学家，从1848年起为莫斯科大学教授，1871—1877年担任莫斯科大学校长。

时他读完了戈卢宾斯基（Е. Е. Голубинский，1834—1912）① 的《俄国教会史》（«История Русской Церкви»），15 岁时他又开始攻读克柳切夫斯基（В. О. Ключевский，1841—1911）②、恰达耶夫（П. Я. Чаадаев，1794—1856）③ 和斯拉夫主义者的作品。早在中学时代，弗洛罗夫斯基就开始阅读卡拉姆津（Н. М. Карамзин，1766—1826）④、弗洛连斯基（П. А. Флоренский，1882—1937）⑤ 和布尔加科夫的作品。18 岁时弗洛罗夫斯基考入大学，他被特许不用上课，因为他已经掌握了课本上的所有知识。⑥

然而，这样的生活经历在带给弗洛罗夫斯基掌握知识的喜悦和成就感之外，也给他幼小的心灵造成了深深的创伤，使他在本该尽情玩耍的无忧岁月中就感受到了内心深切的孤独。他曾经写道："我很早就开始从事严格意义上的科学研究，我从来就没有过童年。我甚至没有同学，没有熟人，不知道什么是社会，什么是生活，什么是大自然。"⑦ 18 岁那年，弗洛罗夫斯基写下了这样的文字："现在我感到自己有些特别，我几乎感觉不到周围人的存在，感觉不到与

---

① 叶甫盖尼·叶甫西格涅耶维奇·戈卢宾斯基（Евгений Евсигнеевич Голубинский）：俄国教会史学家，一系列俄国教会史基础研究作品的作者。

② 瓦西里·奥西波维奇·克柳切夫斯基（Василий Осипович Ключевский）：俄国著名历史学家，代表作：五卷本《俄国历史教程》。

③ 彼得·雅科夫列维奇·恰达耶夫（Пётр Яковлевич Чаадаев）：俄国哲学家、作家，西方派的代表人物之一，代表作：《哲学书简》。

④ 尼古拉·米哈伊洛维奇·卡拉姆津（Николай Михайлович Карамзин）：俄国作家、诗人、历史学家，感伤主义代表人，代表作：《苦命的丽莎》。

⑤ 巴维尔·亚历山德罗维奇·弗洛连斯基（Павел Александрович Флоренский）：俄国神学家、宗教哲学家、学者、诗人，代表作：《真理的柱石与确证》。

⑥ Блейн Э. Жизнеописание отца Георгия // Георгий Флоровский: священнослужитель, богослов, философ. М. : Прогресс, 1995, C. 15.

⑦ Сосуд избранный: Сборник документов по истории Русской Православной Церкви / Сост. М. Склярова. СПб. : Борей, 1994, C. 129.

人的亲近感。"① 在这种强烈的孤独感的折磨下，加上家庭的宗教背景，弗洛罗夫斯基只能希望在对上帝的祷告中寻得一丝慰藉。

虽然弗洛罗夫斯基的父亲是神甫，母亲也是神职人员的后代，但他们的家庭从总体上说已经不属于典型的宗教家庭了，因为年轻一代都放弃了对父辈职业传统的继承，而选择加入世俗知识分子的行列。尽管弗洛罗夫斯基从小就对宗教有着极其浓厚的兴趣，但兄长们的职业选择对他产生了很大的影响，他也不愿意继续父亲在教会中的事业，而是希望像自己的哥哥姐姐们一样成为一名学者。然而对弗洛罗夫斯基来说，彻底放弃宗教几乎是不可能的，因为那已然成为他生活中不可分割的一部分。于是，宗教和科学之间的两难选择给年少的弗洛罗夫斯基带来了巨大的痛苦，他需要有人来倾听其内心的思考和焦虑，并向其寻求理解和建议，但是遍寻四周却没有一个人能充当这个角色。可以说，在家庭之外弗洛罗夫斯基几乎没有朋友，在 9 岁以前他甚至从来未曾与同龄人有过正常的接触，而与家人的谈话则多为交流阅读体会，缺少内心情感的沟通。他写道："我想陷入沉思，并希望从别人那里得到支持。但是我感觉孤独，几乎没有人在我的身边，没有人能够在我需要的地方帮助我。所有的一切对我来说都那么奇怪，那么不可理解。"② 在百般无奈之下，弗洛罗夫斯基开始给自己不认识的人写信。他选择的第一位通信人并不是教会的某个长老，而是一位世俗学者、圣彼得堡神学院教授、富有声望的历史学家和圣经学家戈卢鲍科夫斯基（Н. Н. Глубоковский，1863—1937）③。这样的选

---

① Колеров М. А. Письма Г. В. Флоровского к П. А. Флоренскому（1911 - 1914）// Исследования по истории русской мысли：Ежегодник за 2003 г. / М.，2004，С. 55.
② Колеров М. А. Письма Г. В. Флоровского к П. А. Флоренскому（1911 - 1914）// Исследования по истории русской мысли：Ежегодник за 2003 г. / М.，2004，С. 56.
③ 尼古拉·尼康诺罗维奇·戈卢鲍科夫斯基（Николай Никанорович Глубоковский）：俄罗斯东正教神学家，圣经诠释学家，教父学家，教会历史学家。

择在一定程度上决定了从一开始弗洛罗夫斯基的宗教探索道路就是偏向于理性,而非单纯的神秘主义体验。

1910年5月27日,弗洛罗夫斯基给戈卢鲍科夫斯基写了第一封信,在信中这位16岁的年轻人对自己做了这样的介绍:"出生于神职人员家庭,自幼多病使我备受孤独煎熬,崇尚自然——这些都使我对宗教有种特别的情感,甚至连自己的科研活动都具有宗教倾向。"[1] 弗洛罗夫斯基认为自己有足够的能力去进行科研工作,但是他的宗教倾向引起了家庭成员的反感,因为他们大部分都是世俗科学的代表:"我的家庭希望我能像自己的舅舅、哥哥和姐姐一样走学术道路。"[2] 要想从事专门的宗教研究最好的选择自然是进入神学院学习,但同时这也意味着弗洛罗夫斯基必须离开家庭,接受神学院的严格管理,然而他是家中最小的孩子,又体弱多病,是在家庭的关爱和保护中长大的,因此就连其作为神职人员的父亲也不十分赞成这一想法。而弗洛罗夫斯基自己也犹豫不决,他一方面抱怨病痛把自己牵制在家,另一方面又害怕离开家:"我能够离开父亲的庇护而独立生活吗?我能忍受和别人一起住在学校的宿舍里吗?"[3] 他觉得自己还没有做好在中学毕业以后马上进入神学院的准备,希望能有一年的缓冲期,而在这期间暂时做学校的旁听生。但是在1911年2月19日,也就是离弗洛罗夫斯基中学毕业还有不到半年的时间,他给戈卢鲍科夫斯基写了第二封信,表示对自己的人生又进行了重新规划,而家人也已经基本同意他进入神学院学习,并渴望得到戈卢鲍科夫斯基的精神支持。

---

[1] Черняев А. В. Г. В. Флоровский как философ и историк русской мысли. Москва: ИФ РАН, 2010, С. 18.

[2] Черняев А. В. Г. В. Флоровский как философ и историк русской мысли. Москва: ИФ РАН, 2010, С. 18.

[3] Черняев А. В. Г. В. Флоровский как философ и историк русской мысли. Москва: ИФ РАН, 2010, С. 19.

第二章　弗洛罗夫斯基宗教思想的启蒙

此后不久，弗洛罗夫斯基又开始给另一位教会学巨擘莫斯科神学院副教授弗洛连斯基写信。1911年3月16日，弗洛罗夫斯基给弗洛连斯基写了第一封信，表明自己进入莫斯科神学院学习的决心，他认为这是服侍上帝最直接的途径，并希望得到弗洛连斯基的支持：

> 我的内心一直深藏着进入神学院的想法，但是为了实现这一梦想需要克服许多障碍。与普通学校相比，神学院对我来说意味着更多，它应该把我培养成一个基督徒。我向往进入神学院，这样才能让我摆脱痛苦的矛盾，才能让我全身心投入神学探索中，投入为上帝服务的事业中去。我写信给您，把您当作我在这条道路上的前辈。[1]

弗洛罗夫斯基开始与弗洛连斯基通信并不是由于他在与戈卢鲍科夫斯基的交流中感到失望，没有找到安慰。实际上，这两位思想家对弗洛罗夫斯基来说有着不同的意义，因为他们代表了两种截然不同的宗教认识之路：戈卢鲍科夫斯基是从科研和历史学的角度来认识宗教，而弗洛连斯基则是从形而上学和神学的角度来认识宗教。因此，弗洛罗夫斯基与戈卢鲍科夫斯基的通信偏向于对宗教问题的科学探讨，而与弗洛连斯基的交流则更为私密，弗洛罗夫斯基把他看成是神学探索道路上志同道合的伙伴，自己的神秘主义导师。应当指出的是，从1912年秋天起，弗洛连斯基开始担任莫斯科神学院出版物《神学公报》（«Богословский вестник»）杂志的主编，并邀请弗洛罗夫斯基与他合作，这对于刚刚开始写作的年轻思想家来说具有重要

---

[1] Черняев А. В. Г. В. Флоровский как философ и историк русской мысли. Москва: ИФ РАН, 2010, С. 19.

意义。

与弗洛连斯基开始通信的两星期之后,也就是1911年3月30日,弗洛罗夫斯基又给戈卢鲍科夫斯基写了一封信,信中再次充满了痛苦和怀疑。除了对病痛的恐惧之外,弗洛罗夫斯基对宗教的热情也突然减弱了,他开始认为自己真正的使命不在神学,而在科学。

> 马上就要临近毕业考试了,毕业之后的去处成了现在最严峻的问题,疑问和困惑越来越强烈,导致我无法做出决定。如果说一个星期以前我还坚定地想要进入莫斯科神学院学习教义神学和形而上学,那么现在正好相反,我对莫斯科神学院和神秘主义产生了某种恐惧感,我决定学习与宗教相关的历史课程。但是也不一定,也许过一段时间我又会重新燃起对神秘主义的热情。[①]

1911年4月22日,弗洛罗夫斯基给弗洛连斯基写了第二封信,表明了他内心的慌乱和挣扎。"我早就有进入神学院的打算了,并且我坚定这一想法,绝不动摇。"可是接下来他又开始列举自己的疑问、病痛、对家的依恋等。然而,在最后,弗洛罗夫斯基表明这些疑问并没有使他放弃进入神学院的想法:"这些都没有让我犹豫不决,也没有让我改变进入神学院的决定。"[②]

不久,弗洛罗夫斯基便以优异的成绩从中学毕业,但经历了多次内心反复和挣扎的他并没有像此前在信中所说的那样进入莫斯科神学院,而是考入了敖德萨新罗西斯克大学(今乌克兰敖德萨国立大学)

[①] Черняев А. В. Г. В. Флоровский как философ и историк русской мысли. Москва: ИФ РАН, 2010. С. 19–20.

[②] Черняев А. В. Г. В. Флоровский как философ и историк русской мысли. Москва: ИФ РАН, 2010. С. 20.

历史语文系的哲学心理学专业。从弗洛罗夫斯基这一时期的思想变化来看,在普通大学和莫斯科神学院之间的矛盾纠结表明了他在世俗科学和东正教神学两者之间的犹豫徘徊,说明当时的他虽然对宗教充满兴趣和向往,但尚未坚定对神学的信仰,而这也决定了他之后的神学之路十分曲折。

虽然弗洛罗夫斯基在经历了长时间的痛苦之后,最终做出了人生道路上的一个重要选择,但这并没有使他得到精神上的真正解脱。也许是出于对自己摇摆不定的多变性格的羞愧,在进入大学后的将近一年时间里弗洛罗夫斯基暂时中断了与两位精神导师的通信。然而,对大学生活的诸多不满使弗洛罗夫斯基再度陷入了痛苦。1912年夏,弗洛罗夫斯基重新恢复了与弗洛连斯基的通信,希望能得到他的支持和帮助。在信中,弗洛罗夫斯基首先对自己最终放弃莫斯科神学院而选择进入普通大学做了这样的解释:"我的情况使我无法实现自己的愿望,只能进入普通大学。"① 有理由相信,弗洛罗夫斯基在这里所说的"情况"极有可能是指他的健康状况。疾病缠身的确给弗洛罗夫斯基带来了很大的压力,使他的精神几近崩溃。回顾弗洛罗夫斯基1910—1911年写的所有信件,他几乎一直在抱怨自己的病痛:一开始因为肝脏不好几乎不能下床,后来又得了骨髓炎,需要动四次大手术。② 从这个角度来说,病痛也许是他可以为自己的选择做出的最无可辩驳的一种解释,而且由于要接受长期的医疗观察,他确实不能离家太远。接下来,弗洛罗夫斯基开始向弗洛连斯基抱怨自己对大学生活的失望:世俗的气氛,必须浪费时间在不熟悉的、无趣的、繁重的语文学课程上,难于摆脱的孤独。"大

---

① Черняев А. В. Г. В. Флоровский как философ и историк русской мысли. Москва: ИФ РАН, 2010, С. 21.
② Черняев А. В. Г. В. Флоровский как философ и историк русской мысли. Москва: ИФ РАН, 2010, С. 21.

学里的孤独使我心情抑郁，在这里更难找到人来跟我分享对宗教的认识，以至于仅存的一点热情都要完全熄灭了。"①

直到临近大学毕业，弗洛罗夫斯基仍没有搞清楚自己对人生的期待。其实早在中学时代，他就产生了关于自己人生使命的想法，但是这个想法一直很模糊，没有形成具体的轮廓。而在弗洛罗夫斯基的人生使命思想中有一部分内容与弗·索洛维约夫（В. С. Соловьёв，1853—1900）②的完整知识体系有直接的联系并不是简单的巧合。在少年时代，弗洛罗夫斯基就曾被弗·索洛维约夫的"自由神智学"思想所吸引，他最早的创作尝试就是从弗·索洛维约夫开始的：《关于弗拉基米尔·索洛维约夫的新书》（«Новые книги о Владимире Соловьёве»，1912）。根据弗·索洛维约夫的构想：

> 自由神智学应该是神学、哲学和科学的有机综合，只有这种综合才能包含知识的完整真理：没有这种综合，无论科学、哲学还是神学，都仅仅是知识的一个局部或一个方面，是一个脱离完整机体的器官，因而不会与完整真理有任何程度的相符之处。由于真正的科学离开了哲学与神学是不可能的，真正的哲学离开了神学和实证科学是不可能的，真正的神学离开了哲学和科学也是不可能的，所以，三者中任何一者若要达到真正的完满，都必将具有综合性，成为完整知识。在真正的结合中，出发点是哲学思维，自由神智学在这里被看作哲学体系，但我首先应当指出，真正的哲学必须有这种神学性质，或者说它只有成为我所说的自由

---

① Черняев А. В. Г. В. Флоровский как философ и историк русской мысли. Москва: ИФ РАН, 2010, С. 24.
② 弗拉基米尔·谢尔盖耶维奇·索洛维约夫（Владимир Сергеевич Соловьёв）：俄罗斯哲学家、神学家、政论作家和文学批评家，俄国20世纪初宗教复兴的重要代表人物之一。

神智学或完整知识时才是可能的。①

在弗洛罗夫斯基的人生中，科学、哲学和宗教这三个因素对他来说恰巧是极其重要的。弗洛罗夫斯基从小就显示出了极强的科研天赋，学习成绩非常优异，具备从事科学研究的能力。从这个角度看，他进入普通大学是完全合理的。至于哲学，弗洛罗夫斯基认为它应该成为科研工作的内在动力，使科研工作具有更强的完整性，并为自己指出思想的方向。而宗教则是弗洛罗夫斯基人生使命中最重要的因素，但是一开始他并没有把宗教使命和接受神职直接联系起来，只是希望在神学院里进行学术性的宗教研究。这一点可能是受到从事科研工作的家庭成员的影响。

在弗洛罗夫斯基人生使命形成的过程中，上述三个因素的影响是同时发生的，而且主要来自于家庭：父亲是神甫和神学家，是宗教的代表；舅舅和兄长是科研人员，是科学的代表；而弗洛罗夫斯基本人的专业则属于哲学的范畴。毫无疑问，家庭的影响对年轻的弗洛罗夫斯基来说意义重大，因为这几乎是他全部生活的重心所在，而他所有的才能和知识也在很大程度上应归功于家庭。然而，作为一个富有思想的年轻人，弗洛罗夫斯基不可能完全服从和局限于家庭。而且由于家人所受教育和工作领域不同，他们对弗洛罗夫斯基的影响也不是单一的，但唯一的共同点是他们都极为爱护这个家中最小的孩子，弗洛罗夫斯基对他们自然也都非常尊敬。因此，即使弗洛罗夫斯基可以在两种家庭传统和与其相关的价值观面前自由选择，他也无法做出极端的决定，因为他不愿意否定任何一种传统或者完全偏离家庭定位，但与此同时他又希望能遵从自己的内心。在这种情况下，弗洛罗夫斯基

---

① 转引自徐凤林《俄罗斯宗教哲学》，北京大学出版社 2006 年版，第 115—116 页。

做出了自己的选择。他既没有否定也没有接受任何一种家庭成员的价值观模式，而是在他们的基础上开创了属于自己的独特版本。弗洛罗夫斯基从小受家庭的宗教环境所熏陶，又被兄长的科研道路深深影响着，而他自己则选择了一条偏向哲学的道路，于是他巧妙地利用了这三者之间的关联，将哲学作为纽带将宗教和科学结合起来。这样一来，他既保留了家族传统又有了自己的独创性。但是与弗·索洛维约夫将完整知识体系界定为哲学性质不同的是，在弗洛罗夫斯基的人生使命中，宗教才是最为根本的精神驱动力。

少年弗洛罗夫斯基的宗教情结具有理性特征，他是作为一个哲学家而非神秘论者来探讨宗教问题的。这一点可以从他对通信对象的选择中反映出来，戈卢鲍科夫斯基是圣彼得堡神学院的教授，而弗洛连斯基是莫斯科神学院的副教授，虽然后者对宗教的认识是形而上学的，但在与弗洛罗夫斯基通信时他还没有成为真正的神职人员。意识到自己的理性倾向，弗洛罗夫斯基同时渴望神秘主义经验，但这两者之间的矛盾又给他带来了痛苦："我希望成为基督教的信徒，能信仰上帝并爱他，但实际上我是一个唯理论者。神秘宗教主义和唯理科学主义的斗争在我心中已经持续很长时间了，我觉得我没有能力自己解决这个问题。"[①] 这个问题困扰了弗洛罗夫斯基很长时间，在俄罗斯时他就曾经想要成为一名教会神职人员，但始终没有走出这一步，直到1932年他才最终在巴黎接受神职。因此，少年弗洛罗夫斯基对上帝的信仰其实是一种对宗教的哲学理解。不管是在理论上，还是在实际生活中，弗洛罗夫斯基都力求把教会的宗教禁欲主义理想和科学认识的理想结合起来，但在这个过程中他也同样遇到了难以解决的问题："我希望我的世界观是在教会基础上发展起来的，把所有其他的智力财富都与教会思想进行对比，为世界牺牲。但实际上，我又无法拒绝

[①] Колеров М. А. Письма Г. В. Флоровского к П. А. Флоренскому (1911 – 1914) // Исследования по истории русской мысли: Ежегодник за 2003 г. / М., 2004, C. 52；55.

生活的美好和喜悦。"① 可以说，弗洛罗夫斯基虽然信仰东正教，但是在如何对待宗教和科学在自己生活和学习中所占位置的问题上，他始终处于矛盾和纠结的状态。

弗洛罗夫斯基被尼·洛斯基认为是所有俄罗斯宗教哲学家中对东正教最为忠诚的，因为他从来没有像布尔加科夫那样经历过从马克思主义到唯心主义的大转折，他对东正教的信仰是始终如一的。尽管如此，东正教并不总是弗洛罗夫斯基生活和创作的中心。在大学高年级阶段，弗洛罗夫斯基经历了一段短暂的宗教危机，先前对宗教的兴趣大大减弱。这与他在大学期间取得的优异成绩有关，而且他的兴趣也逐渐从宗教转向了科学："他向戈卢鲍科夫斯基承认道，最近我最感兴趣的是现在正流行的科学研究和科学理论问题。过去的宗教热情已经减弱了，发生这一转变的原因除了经常接触科学实验之外，还有就是受到周围环境的影响。"② 当时心理学被认为是一门实验性科学，因此弗洛罗夫斯基所在历史语文系哲学心理学专业的教学大纲里除了学习历史和语文外，自然科学课程也占有重要地位，学生们必须拥有实验室工作的经历。而弗洛罗夫斯基本人对实验课程非常感兴趣，甚至在这一领域取得了一定的成绩："我完整地上完了大学化学课程，学习化学使我得到了极大的精神满足，它不仅有助于我理解实验研究本质的认识论解释，还使我养成了用批判的眼光来看待不同评价和见解的习惯。在生理学研究中我还得到了一些新的数据。"③ 以这些实验数据为基础，弗洛罗夫斯基完成了《生物学中的生机论和机械论》（《Витализм и механицизм в биологии》）和《论反射性唾液分泌机理》（《О механизме рефлекторного слюноотделения》）

---

① Сосуд избранный: Сборник документов по истории Русской Православной Церкви / Сост. М. Склярова. СПб.：Борей, 1994, С. 126 - 127.

② Сосуд избранный: Сборник документов по истории Русской Православной Церкви / Сост. М. Склярова. СПб.：Борей, 1994, С. 134.

③ Сосуд избранный: Сборник документов по истории Русской Православной Церкви / Сост. М. Склярова. СПб.：Борей, 1994, С. 134.

两篇论文。除了生理学之外，大学时代的弗洛罗夫斯基对数学和逻辑学也非常感兴趣，《当代推理学说》（«Современные учения об умозаключениях»）就是他在这一领域取得的研究成果。①

1916年，弗洛罗夫斯基以优异的成绩从大学毕业并作为储备师资力量留校接受培养，开始在该校著名心理学家兰格教授（Н. Н. Ланге，1858—1921）②的指导下从事哲学研究。1919年，弗洛罗夫斯基成为该校哲学和心理学系的编外副教授，并开始讲授自己的第一门课程——自然科学逻辑（Логика науки о природе）。与此同时，他开始硕士阶段的学习，并选择赫尔岑（А. И. Герцен，1812—1870）③的历史哲学作为自己的研究对象。可以说，弗洛罗夫斯基的人生道路似乎完全偏向了科学和哲学，相比之下，宗教因素则没有像先前那样凸显了。虽然在新罗西斯克大学求学期间，弗洛罗夫斯基仍没有找到内心的真正平静和满足，但正是这段经历使得这位未来的东正教思想家积累了丰富而严谨的历史语文学知识，并成为哲学和神学研究中形而上学法的坚定反对者和历史学方法的忠实追随者。④

---

① Блейн Э. Жизнеописание отца Георгия // Георгий Флоровский：священнослужитель，богослов，философ. М.：Прогресс. С. 22 – 24.

② 尼古拉·尼古拉耶维奇·兰格（Николай Николаевич Ланге）：俄国心理学家，俄国实验心理学的创始人之一。曾任圣彼得堡大学哲学系编外副教授，后被派往敖德萨，先后任新罗西斯克大学哲学教研室编外副教授和教授，并于1896年在该大学内成立俄国第一个实验心理学实验室。

③ 亚历山大·伊万诺维奇·赫尔岑（Александр Иванович Герцен）：俄国哲学家、作家、革命家。少年时代受十二月党人思想影响，立志走反对沙皇专制制度的道路。1829年秋进入莫斯科大学哲学系数理科学习，在校期间组建政治小组，研究社会政治问题，宣传空想社会主义和共和政体思想。代表作：《谁之罪?》《克鲁波夫医生》《偷东西的喜鹊》和《往事与随想》。

④ Lewis F. Show, "The Philosophical Evolution of Georges Florovsky: Philosophical Psychology and the Philosophy of History," Saint Vladimir's Theological Quarterly. N. Y., 1992. Vol. XXXVI, No. 3, p. 242.

第二节　弗洛罗夫斯基走向欧亚主义的原因

一　俄国革命的影响

20世纪初，沙皇俄国是帝国主义一切矛盾的焦点。20世纪初前20年的俄国可谓风云变幻，发生和参与了一系列震惊世界的大事：1904—1905年的日俄战争、1905—1907年的第一次资产阶级革命、第一次世界大战、1917年的二月革命和十月革命。日俄战争中俄军的惨败和由此产生的权益割让、第一次资产阶级民主革命的失败以及俄国军队在第一次世界大战中的溃败，这些都使俄国第二次资产阶级民主革命的形势趋于成熟。1917年2月，粮食短缺和大规模解雇工人引起了彼得格勒劳动人民的骚动，人们随即举行示威和罢工，连那些本来被政府派去镇压游行的士兵也加入了反抗游行的行列。为平息动乱，尼古拉二世颁布退位诏书，统治俄国长达300年的罗曼诺夫王朝宣告结束。在二月革命过程中，起义者按照1905年革命的方式成立了彼得格勒工兵代表苏维埃。但是，当时的苏维埃政权还没有做好夺权的准备。革命胜利后，俄国的立宪民主党及其他改良派政党在杜马的支持下成立了由各资产阶级政党代表组成的临时政府。临时政府得到了在彼得格勒工兵代表苏维埃中占大多数的孟什维克和社会革命党人的承认。但是，苏维埃并不服从临时政府的命令，还对政府起到监督作用。在这种情况下，俄国出现了两个政权并存的局面，国家的实际权力掌握在代表资产阶级利益的临时政府手中。但是临时政府的成员多为崇尚西方代议制度的政治家，他们在掌权后便不再思考改变俄国的经济和社会体制问题。临时政府宣称，俄国的一切问题都将等待即将召开的制宪会议来解决。这显然不符合人民的要求，人民已经不想再等待了。在人民群众对临时政府的不满情绪加剧的同时，布尔什维克党的影响却在急剧扩大。当时列宁提出了从资产阶级民主革命过渡到社会主义革命的任务。根据列宁的指示，布尔什维克党在广大人民群众中积极宣传社会主义革命路线，并领导彼得格勒工人和士兵举行了多次示威游行。

1917年10月10日（旧历，公历10月23日），布尔什维克党举行中央全会，通过了列宁提出的关于立即举行武装起义的决议。同年10月25日（旧历，公历11月7日），布尔什维克党领导彼得格勒的工人和士兵进行了武装起义，推翻了资产阶级临时政府。当晚全俄苏维埃第二次代表大会召开，次日通过了将全国各地的政权都归工兵代表苏维埃所有的决定。大会还通过了《土地法令》与《和平法令》，选出了新的全俄中央执行委员会，成立了以列宁为首的第一届苏维埃政府。这些都宣告着一个新时代的到来。彼得格勒武装起义的胜利揭开了俄国社会主义革命的序幕。随之，莫斯科和其他城市也相继发动了起义，到1918年3月红色苏维埃政权几乎已经遍及俄国全境。但是十月革命遭到了旧俄统治阶层和政治派别的反对，并由此引发了国内战争。为了保证内战的最终胜利，布尔什维克组建了自己的军队，采取"红色恐怖"来对抗"白色恐怖"，坚决镇压反革命分子的破坏活动。此外，红色政权还采取了所谓的"战时共产主义"来管理经济。1922年，红军最终取得了内战的胜利，苏联作为世界上第一个社会主义国家正式成立。

在短短20余年间，统治俄国长达三百年之久的罗曼诺夫专制王朝寿终正寝，具有自由主义倾向的临时政府未能控制住局面，苏维埃得以掌权，俄国开始了人类历史上一个全新的尝试，朝着无产阶级专政的道路前行。这一系列重大事件的连续发生，使俄国的社会生活发生了翻天覆地的变化。然而，并不是所有人都对革命表示欢迎，俄罗斯东正教会和神职界就对十月社会主义革命持强烈的否定态度。从20

世纪初开始,作为国家机器的一部分,东正教会就配合沙俄政府抵制革命,教化人民放弃反抗。十月革命后,教会的土地和财产被苏维埃政权没收。1918年1月23日,列宁颁布了《关于教会同国家分离和学校同教会分离》的法令,意味着东正教会不再是国家教会了,东正教失去了作为国教的地位。苏维埃政权的这一做法不仅使教会界人士的不满情绪愈演愈烈,还引发了俄罗斯知识分子的担忧。从罗斯受洗以来,东正教作为国教在俄罗斯已经存在了近千年,它早已内化为一种思维方式和生活习惯。而对俄罗斯知识分子来说,东正教更是他们的精神家园和灵感之源。因此,苏维埃政府对待东正教的态度是他们所无法接受的。当几乎所有与临时政府有关的各界人士和白军官兵都败逃出境时,对新生政权不满的大批代表宗教和自由主义思想的知识分子也纷纷流亡国外。

弗洛罗夫斯基正是在这样的社会大变革之中成长起来的,20世纪的历史变迁清晰地反映在他的命运中,并深刻影响了其思想观念的形成。十月革命爆发时,弗洛罗夫斯基刚刚开始在科研领域展露才华,但是这一重大的历史事件打乱了弗洛罗夫斯基的职业和人生规划。虽然当时弗洛罗夫斯基的主要工作是在大学的哲学系从事教学,但是在内心深处他从来没有离开过教会。在比较自己与布尔加科夫、别尔嘉耶夫、卡尔塔绍夫(А. В. Карташёв,1875—1960)[①]等宗教复兴运动代表的思想历程时,弗洛罗夫斯基写道:"他们都经历了回归信仰的道路,对他们来说需要重新面对教会,这有很大的心理意义。他们不可能忘记这段经历,这对他们来说有决定性意义。而我的经历则是另外一种,因为我从来没有对教会失望,认为它是真理的柱石和确证。对我来

---

① 安东·弗拉基米罗维奇·卡尔塔绍夫(Антон Владимирович Карташёв):俄罗斯圣主教公会时期最后一任总监(自1917年7月25日至8月5日),资产阶级临时政府宗教信仰部部长,自由主义神学家,俄罗斯教会史学家,教会和社会活动家。

说，基督教的真理始终在教会中。"① 正是因为对东正教的无限忠诚，弗洛罗夫斯基无法忍受东正教文化作为社会生活主要方面地位的丧失。1920年，弗洛罗夫斯基举家永远地离开了祖国，开始了长达近60年漂泊于欧洲和美国的侨居生活。关于俄罗斯，弗洛罗夫斯基后来这样回忆道："我确定我再也不会回到我的祖国了。这不是我主观上产生的想法，而是内心中一种冥冥的感觉。我知道将跟它永别，而且我有信心可以在我将要去的另一个世界中找到属于自己的某一种事业。"② 从弗洛罗夫斯基之后的人生经历来看，这里所提到的事业正是东正教事业。

二 俄侨知识分子思想的影响

十月革命引发的所谓"俄国侨民第一浪潮"不管是在俄罗斯历史上，还是在整个世界史上都是极具特色的一个现象。这些人在欧洲各地迅速形成了一股庞大的侨民潮，并产生了一个术语——"境外俄罗斯"。这不仅是一个政治现象，也是一个社会文化现象。流亡海外的知识分子在经历了一系列社会变革后，对个人、民族和国家的命运进行了深刻反思，对俄国所发生的一切展开了理论上的梳理，并积极探索俄罗斯未来的发展道路，期待有朝一日能重返祖国思以致用。尽管这些流亡知识分子的政治观点不尽相同，但是他们都有一个共同的看法，即反对十月革命所带来的暴力和破坏。这些爱国知识分子无法忍受革命中血淋淋的互相杀戮，不能理解当外国武装干涉者和国内反动势力妄图把刚刚诞生的苏维埃政权扼杀在摇篮里的时候，苏维埃政权选择用革命暴力来反抗反革命暴力的激烈手段。在他们看来，社会的

---

① Блейн Э. Жизнеописание отца Георгия. В: Георгий Флоровский: священнослужитель, богослов, философ. М., 1995, С. 54 – 55.
② Блейн Э. Жизнеописание отца Георгия. В: Георгий Флоровский: священнослужитель, богослов, философ. М., 1995, С. 28.

变革应该以改良主义的方式进行，应该和平过渡。他们对待十月革命的态度是矛盾的：一方面他们憎恨俄国的旧制度，因为腐朽的沙皇政权是残暴的、不人道的，因此他们期待社会的改变。但是当残酷的革命暴力到来时，他们又对革命产生了反感。当发现恢复旧秩序的希望越来越渺茫直至最后落空时，一部分俄侨知识分子认为，无论是西欧派的自由主义还是斯拉夫派的保守主义都无法适应新的历史条件，必须从新的角度审视俄国现实，探索其未来发展道路。最终，基于东正教思想的长久影响，他们决定从宗教的角度尝试解决这一问题。可以说，对俄国历史思考的非政治性，是只有俄罗斯的知识分子才具有的对世界和对生命的独特体悟方式，而这正得益于俄罗斯知识分子所特有的宗教情怀。

1920年，弗洛罗夫斯基全家来到保加利亚首都索非亚，父亲瓦西里·弗洛罗夫斯基成了当地神学院的督察员，使全家有了稳定的住房和生活来源。但是弗洛罗夫斯基却没能马上找到合适的工作，他只能暂时忘却自己曾经的职业理想，做一些临时家教，同时在俄罗斯—保加利亚出版社做兼职校对员。命运的骤变使弗洛罗夫斯基感叹世事无常，深埋在内心的宗教情愫迅速抬头。同时，面对战争和革命中的俄国现实，弗洛罗夫斯基也试图在宗教层面对其进行思考，他的人生方向又重新回到了宗教轨道。于是，同样也在思考俄罗斯未来命运的流亡知识分子特鲁别茨科伊（Н. С. Трубецкой，1890—1938）[1]、萨维茨基（П. Н. Савицкий，1895—1968）[2] 和苏符钦斯基（П. П. Сувчинский，1892—1985）[3] 便成了弗洛罗夫斯基的同路人，他们一

---

[1] 尼古拉·谢尔盖耶维奇·特鲁别茨科伊（Николай Сергеевич Трубецкой）：俄罗斯著名语言学家、哲学家，欧亚主义思潮的创始人之一。

[2] 彼得·尼古拉耶维奇·萨维茨基（Пётр Николаевич Савицкий）：俄罗斯地理学家、经济学家、地缘政治学家、文化学家、哲学家、诗人、社会活动家，欧亚主义思潮的创始人之一。

[3] 彼得·彼得罗维奇·苏符钦斯基（Пётр Петрович Сувчинский）：俄罗斯音乐家、政论家，欧亚主义思潮的创始人之一。

起开创了以东正教文化传统为理论基础的欧亚主义思潮。

　　从弗洛罗夫斯基的成长经历和流亡之后走向欧亚主义的原因来看，他对东正教的信仰是从未改变的。弗洛罗夫斯基从小就对宗教怀有特别的情感，家庭背景、对自然的崇尚，以及由于缺乏交流而产生的极度孤独，都是促使他亲近宗教的原因。然而，令人担忧的健康状况和矛盾纠结的性格使弗洛罗夫斯基最终没能进入神学院，而是选择了一所普通大学学习更靠近历史和哲学的专业。但这并不意味着弗洛罗夫斯基宗教情怀的泯灭，相反他在试图建立一个属于自己的价值观模型：通过哲学将科学和宗教结合起来，用科学而非神秘主义的方法来研究宗教，并以此作为自己的人生使命。进入大学以后，弗洛罗夫斯基的兴趣逐渐转向了科学研究，毕业以后留校任教更使他的人生轨迹偏离了自己最初的设定。然而，在内心深处，弗洛罗夫斯基从来没有丧失过对东正教的信仰，更没有怀疑和离开过教会。由十月革命导致的流亡生活从客观上唤醒了弗洛罗夫斯基内心的宗教使命。因为对身处国外的俄罗斯侨民来说，强调俄罗斯文化主题是非常重要的，他们希望找到一个能把他们联合起来的思想和保存自己精神认同的基础。而对所有俄侨来说，尤其是对弗洛罗夫斯基而言，这种思想和基础是与宗教紧密相连的，因为他们认为东正教是俄罗斯历史和文化的内在精神支柱。此外，侨居生活的艰难和郁闷也促使他们不得不从宗教信仰中寻找心灵上的慰藉。因此，弗洛罗夫斯基有足够的动机重回宗教主题和自己的宗教使命，而欧亚主义思潮恰好给了他一个以俄罗斯侨民宗教思想家的姿态来表达自己对世界认识的平台。

第三章　弗洛罗夫斯基宗教思想的初步形成

20世纪20年代初期，刚开始经历流亡生活的弗洛罗夫斯基内心承受了巨大的折磨和痛苦，这促使他试图在宗教中寻找精神上的慰藉。在这一过程中，弗洛罗夫斯基结识了特鲁别茨科伊、萨维茨基和苏符钦斯基等几位侨民思想家，他们一起开创了以东正教文化传统为精神之源的欧亚主义思潮。作为20世纪俄罗斯侨民社会中的一个重要思想流派，欧亚主义思潮在其发展的早期阶段，是一个对俄国现实和未来进行宗教性思考，以期使俄国走上健康发展道路的社会思潮。但是随着时间的推移，该思潮中的政治倾向越来越明显，致使其内部发生了严重的分裂，也受到了外部的质疑，最终它走向了瓦解。作为创始人之一，弗洛罗夫斯基参与了欧亚主义思潮几部重要文集的创作，对其思想体系的形成起到过积极的作用。但是在有了短暂的交集之后，弗洛罗夫斯基因不满该思潮中凸显的政治倾向而宣告与欧亚主义决裂，甚至将其称为是一种"诱惑"。这种转变不仅是弗洛罗夫斯基本人思想发展的必然结果，也受到了诸多外部因素的影响。而在离开欧亚主义以后，弗洛罗夫斯基在布拉格结识了布尔加科夫，并逐渐开始了自己的东正教神学研究之路。

第一节 弗洛罗夫斯基与欧亚主义的短暂交集

一 欧亚主义思潮的发展历程及其主要内涵

1917年十月革命结束了旧俄的统治，阻断了俄罗斯原有的道德基础和文化传统，新生的布尔什维克政权试图建立一种全新的国家制度——社会主义。在这一撼动俄国社会生活基础的大变革中，大批知识分子或为逃避战乱，或因与新政权格格不入，而纷纷流亡国外。在远离祖国的异乡，这些流亡知识分子对个人、民族和国家的命运进行了深刻反思，并积极探索俄罗斯未来的发展道路。显然，旧的思想方法已经无法适应新的历史条件，必须从新的角度、用新的方法审视俄国社会的历史和现实。于是，具有俄罗斯民族特色的欧亚主义思潮便应运而生了。

率先发起这一思潮的是一群刚刚在学术界崭露头角的年轻流亡学者。特鲁别茨科伊出身于贵族世家，曾在莫斯科大学历史语文系哲学心理学专业任教，并从事哲学、民族学和文化学研究，那时他就认为斯拉夫人在精神气质上与东方更为接近，而与西方的联系则更多地表现在物质文化方面。1920年，特鲁别茨科伊流亡保加利亚，在那里他对自己的历史文化思想进行了归纳整理，出版了一本小册子《欧洲与人类》（«Европа и человечество»）。该书问世之际正是大批俄国难民涌入欧洲寻找庇护的高峰，许多知识分子都将保加利亚当作前往西欧的中转站。在这里，一批志同道合的年轻学者对特鲁别茨科伊的思想做出了积极回应，进而产生了一个新的思想流派——欧亚主义。最早对《欧洲与人类》做出反应的是萨维茨基，他于1921年初发表了评论《欧洲与欧亚洲》（«Европа и Евразия»），启用并定义了"欧亚洲"这一术语，认为就地理位置和自然条件而言，俄罗斯既不同于欧洲，也不同于亚洲，应该命名为"欧亚洲"。萨维茨基对俄罗斯的这一定位为欧亚主义者从历史、文化和民族人种学角度考察俄罗斯的独特性提供了重要参考。1921年8月，《走向东方：预言与现实——欧亚主义者的主张》（«Исход к Востоку. Предчувствия и свершения. Утверждение евразийцев»，下文简称《走向东方》）在保加利亚首都索非亚问世，标志着欧亚主义流派的正式诞生。该书是欧亚主义者的第一部文集，收录了特鲁别茨科伊、萨维茨基、苏符钦斯基和弗洛罗夫斯基四位作者的十篇文章。1922年和1923年，欧亚主义的文集《在路上》（«На путях»）和《俄罗斯与拉丁世界》（«Россия и латинство»）先后在柏林出版。1923年，欧亚主义小组成立了自己的出版社，定期出版文集《欧亚主义学刊》（«Евразийский временник»）。

随着欧亚主义思想日渐成熟，该思潮吸引了更多的俄罗斯流亡知识分子，包括卡尔塔绍夫、伊里因（В. Н. Ильин，1891—1974）[1]、卡尔萨文（Л. П. Карсавин，1882—1952）[2]、维尔纳茨基（Г. В. Вернадский，1888—1973）[3]、谢·弗兰克（С. Л. Франк，1877—1950）[4]等。其中，卡尔萨文和维尔纳茨基对欧亚主义思潮的发展和该学说的理论架构影响重大，是欧亚主义哲学和历史理论的重要阐述

---

[1] 弗拉基米尔·尼古拉耶维奇·伊里因（Владимир Николаевич Ильин）：俄罗斯文化史家、文学批评家和神学家。

[2] 列夫·普拉东诺维奇·卡尔萨文（Лев Платонович Карсавин）：俄罗斯宗教哲学家、文化史学家、诗人，精通欧洲中世纪的宗教学说。

[3] 格奥尔基·弗拉基米罗维奇·维尔纳茨基（Георгий Владимирович Вернадский）：俄罗斯著名历史学家，《俄国史概述》的作者。

[4] 谢苗·柳德维戈维奇·弗兰克（Семён Людвигович Франк）：俄罗斯宗教哲学复兴运动的主要代表人物之一，1922年被驱逐出境。经历了从唯物主义和马克思主义到宗教唯心主义的转变，主要思想为万物统一的认识论和宗教本体论，代表作：《偶像的毁灭》《生命的意义》和《社会的精神基础》。

者。卡尔萨文是俄罗斯著名的史学家，于1922年被苏联政府驱逐出境。在流亡之前他就出版过《东方、西方与俄罗斯思想》（«Восток, Запад и русская идея»）一书，从书名就可以看出他的研究兴趣与欧亚主义者有一定的吻合之处。然而，刚开始卡尔萨文并没有对欧亚主义者表现出特别的关注，他认为欧亚主义者在理论思考和哲学修养方面还相当薄弱，但同时他也从不批评欧亚主义者的观点，反而认为其中包含了不少有价值而且新颖的内容。卡尔萨文对待欧亚主义的这种态度为他后来成为该思潮的实际参与者和理论导师奠定了基础。从1925年起，卡尔萨文的作品开始发表在欧亚主义刊物上，1926年他以欧亚主义小组的名义回应别尔嘉耶夫等人对欧亚主义的批判，并在巴黎领导"欧亚主义讲习班"。也正是在这一时期，欧亚主义思潮的哲学论证基础得以加强，形成了更加全面的理论体系。至于维尔纳茨基，他的欧亚主义思想产生于革命前，早在1914年他就发表过文章，形象地描述了俄罗斯民族面向东方的历史进程。从1923年起，维尔纳茨基开始在欧亚主义文集和刊物上发表文章，以一系列术语和概念丰富了欧亚主义的历史理论，如"俄罗斯即欧亚洲""欧亚洲即发展地"，以及要把整个欧亚洲各民族之间的关系都纳入俄国历史的考察范围中的思想。

  1921—1928年是欧亚主义发展的主要阶段，在此期间，欧亚主义小组开展了积极而卓有成效的宣传活动。学术出版是欧亚主义者进行理论宣传的主要途径，在不到十年的时间里，欧亚主义小组的出版物达四十余种，除重点阐述欧亚主义的历史哲学理论外，还刊登有关文学、艺术、政治、经济的理论探讨文章和时事评论，在侨民知识界引起了巨大反响。[①]此外，公开演讲和座谈也是欧亚主义者的一种重

---

① 伍宇星：《欧亚主义历史哲学研究》，学苑出版社2011年版，第9页。

要宣传形式。在索非亚、布拉格、柏林、贝尔格莱德、巴黎和布鲁塞尔等地进行的演讲和座谈,使欧亚主义思想在捷克斯洛伐克和巴尔干半岛的侨民界迅速普及开来,在南斯拉夫和比利时等国家也陆续形成了欧亚主义中心。除了中东欧地区外,欧亚主义思想还随着小组成员的移居渗透至英美等国。虽然最初的欧亚主义思想是试图从哲学的角度探讨俄罗斯发展的未来方向,但随着该思潮影响力的扩大,它开始游走于学术和政治之间。到了20年代中期,政治运动的倾向越来越明显。1928年是欧亚主义思潮发展的转折点。从这一年开始,政治倾向在欧亚主义的发展方向上占据了主导位置,这为欧亚主义思潮的最终瓦解埋下了伏笔。

20世纪30年代初,欧亚主义运动重新清理内部队伍,同时也开始吸引年轻人加入,希望为这一思潮注入新的活力。但成员的急剧更新以及年轻化反而使之后的一些欧亚主义文集的水平远不如前,一些成员力图通过政治化来弥补学术水平的不足,甚至公开承认自己是政治党派,这使它在侨民界引起了更大的反感。此外,30年代的苏联和世界局势也发生了巨大的变化:一方面,列宁提倡的新经济政策被斯大林废除,国内极权主义开始盛行,欧亚主义者指望苏联政府带领国家走上健康发展之路的幻想落空;另一方面,法西斯德国在欧洲引起的动荡使侨民的生活处境日趋艰难,许多欧亚主义者迫于生计无暇再顾及先前的理想抱负。而欧亚主义精神领袖特鲁别茨科伊的去世对该思潮的发展而言无异于雪上加霜。这样一来,欧亚主义思潮失去了继续发展的外部环境和内部动因,最终于30年代末期消失。

欧亚主义运动只持续了不到20年的时间,在不同发展时期有着不同的主题和重心。其中,最初的五年是欧亚主义理论探索和思想不断成熟的时期,也是整个欧亚主义思潮发展过程中学术水平最高的一个时期,虽然此后的欧亚主义思想随着成员的流动而有所变化和丰富,但这一阶段形成的思想内涵始终是整个欧亚主义运动的理论指导。

欧亚主义学说的核心内容是：反对欧洲中心论以及非欧洲民族的欧化；欧亚洲是俄国历史文化的发展地；俄罗斯—欧亚洲文明是一个独特的文明模式。欧亚主义者通过比较俄罗斯与欧洲历史文化发展的内容和特征，总结了两者之间的异同，强烈否定欧洲文化的普世性，得出了以下结论：俄罗斯文化不属于欧洲，而是属于独立于欧洲和亚洲的欧亚洲，俄罗斯在过去和将来都有着不同于欧洲的发展道路。在考察了俄罗斯民族世代栖息的地理环境和历史进程之间的关系后，欧亚主义者认为俄国特殊的地理位置、地形和气候条件在很大程度上决定了它的经济活动方式和生活方式，草原与森林的争斗与和解使农耕和游牧两种不同的民族在冲突中相互交融，形成了欧亚洲大陆上统一、分裂、再统一的历史态势。欧亚洲历史文化统一体具有相对的整体性、稳定性和独特性，使其成为人类世界一个独立的文明模式。在这一模式里，被欧亚主义者称为图兰民族的蒙古鞑靼和斯拉夫的俄罗斯族一样，也是欧亚洲历史进程的主体。在这种历史文化观的指导下，欧亚主义者认为十月革命是已经发生的历史事实，它是彼得一世改革及其之后一系列欧化政策的必然后果，也是俄国摆脱欧洲桎梏、寻求有自身特点的发展道路的开始。而苏联的成立则在一定程度上保持了欧亚洲的统一，只是还需要欧亚主义思想的指导才能完成自己的历史使命，因为在共产主义意识形态中缺乏东正教基础，而欧亚洲统一的依据及其实质就在于东正教。①

二 弗洛罗夫斯基的欧亚主义思想

尽管弗洛罗夫斯基在欧亚主义思潮中的参与时间并不长，他本人

---

① 伍宇星：《欧亚主义历史哲学研究》，学苑出版社2011年版，第9—11页。

后来甚至不太愿意提及这段往事，但事实证明，作为欧亚主义思潮的创始人之一，他的确参与了欧亚主义最初几部重要文集的创作，直接参与了该思想体系的形成，对其发展起了重要的作用。这无疑是弗洛罗夫斯基生命中很重要的一个阶段，对他人生观、世界观和价值观的形成产生了不可磨灭的影响。这一点可以从弗洛罗夫斯基在欧亚主义重要文献中所阐述的观点中体现出来。

对欧洲文化的否定拉开了欧亚主义者探讨俄国文化特色的序幕。欧亚主义的第一部文集《走向东方》，不仅历数欧化的负面影响，坚决反对模仿欧洲，其书名本身也暗示了一个即将到来的文化迁徙现象：世界文化中心将从欧洲向东迁徙，而脱离了欧洲的俄国正是这次文化迁徙的目的地之一。弗洛罗夫斯基在其收录于该文集中的《理智的阴谋》（«Хитрость разума»）[1] 一文里对西方的空想主义进行了批驳。他认为，欧洲空想主义的实质是，盲目相信自己可以给生活带来全新的品质，相信可以在短时间内完成历史的跳跃，并希望把自己的思维和生活方式强加给别人。弗洛罗夫斯基把空想主义的这种专横独裁归结于罗马希望建立全世界帝国的想法。为实现这一目标，罗马当局努力使律法深入人民的生活，对方方面面都做出严格和详细的规定，甚至规定每个人都应该如何思考和感受。因此，植根于这一土壤上的空想主义自然就带有了一定的独裁主义色彩。此外，弗洛罗夫斯基还认为，空想主义在社会思想和活动上的纸上谈兵式做派应该被彻底根除。国家活动的目标不应该是不着边际的空想，而应是切实维护国家的完整、实现国家的强大。在他看来，空想主义的宣传说明，不仅是西方的社会哲学，而且西方的整个世界观都出现了深刻的

---

[1] Флоровский Г. В. Хитрость разума // Исход к Востоку. Предчувствия и свершения. Утверждение евразийцев. Кн. 1. София：Рос. – Болг. кн. издательство，1921.

危机。西方人对自己的文化和生活产生了怀疑,所以只能寄希望于不切实际的空想。弗洛罗夫斯基认为,欧洲已经无法依靠自己的力量找到摆脱困境的精神源头,自由精神的思潮只有在欧洲思想之外才能听得到。

在收录于该文集的另一篇文章《论非历史民族》(«О народах неисторических»)[①] 中,弗洛罗夫斯基则批判了欧洲中心主义,驳斥了欧洲所提出的文化历史独特性。他认为,立足于欧洲中心论展望世界发展前景,是西方学者在历史思考上的最大局限。事实上,许多民族和文化共同体真正的发展路线暂时还不为人所知,而在研究某一民族社会文化实践的当代片段时,不应该排除整个发展进程中可能出现的意外和曲折。西方的文化自觉性已经站不住脚了,欧洲文化正在变成一个困难重重的神话。在弗洛罗夫斯基看来,俄国文化正是欧洲文化的替代者,而东正教精神则是俄罗斯最为主要的文化传统。

对待俄国十月革命的态度是欧亚主义者集中论述的又一个重要问题。欧亚主义者坚决反对在俄国发展共产主义,但与那些全盘否定十月革命并希望重建旧秩序的人不同,他们接受了俄国革命的现实,并在革命中看到了一定的建设性意义。欧亚主义者认为,十月革命摧毁了彼得大帝的欧洲主义,使俄国重回其所固有的欧亚源头成为可能。弗洛罗夫斯基在《走向东方》文集的《断裂与联系》(«Разрывы и связи»)[②] 一文中提出了自己对俄国革命的看法。弗洛罗夫斯基认为,在很长一段时间里,革命几乎成了俄国人唯一的理想,革命者的形象自然也成了爱国主义者的最高追求。在这个形象里凝聚着志向的崇

[①] Флоровский Г. В. О народах неисторических // Исход к Востоку. Предчувствия и свершения. Утверждение евразийцев. Кн. 1. София: Рос. - Болг. кн. издательство, 1921.

[②] Флоровский Г. В. Разрывы и связи // Исход к Востоку: Предчувствия и свершения. Утверждение евразийцев. Кн. 1. София: Рос. - Болг. кн. издательство, 1921.

高、对人民的爱，以及为全人类的幸福而随时准备牺牲自我的无私。人们愿意为爱的伟大事业而牺牲，希望确立一种完善的文化社会制度。在这个过程中，有人认为必须伪装成欧洲人的样子，有人认为要脱去西方外衣，还有一部分人则认为要进行阶级重组。每个人都认为自己掌握了真理，只有自己才负有救世使命。在这种情况下，十月革命便爆发了。

弗洛罗夫斯基对十月革命显然是持反对态度的。在弗洛罗夫斯基看来，仇恨和自相残杀被掩盖在了为人类最大幸福而战的口号之下，而实际上则是在用一部分人的死亡来换取另一部分人的生命。但是革命者却抛出了一种极具诱惑力的说法：这是最后一场战争，是为和平而进行的战争。战争结束后就会有无上幸福的时刻，那就是永久的和平。于是，为了实现这个美好的愿望，人们心甘情愿地进行杀戮或自我牺牲。然而，俄罗斯却在革命之后消失了。消失的不仅是俄罗斯的国家性，不仅是世代相传的生活习惯，还有国家的统一和所有的社会联系。当然，并没有人蓄意制造这场革命，也不能把革命带来的恐怖和灾难归咎到某个具体的人身上。革命是自己发生的，是不可避免的，是俄罗斯历史发展的必然结果。俄罗斯人民只能憧憬未来，但只有当未来不是美好的愿望而是一种切实的义务时，只有当把内心的期望变成对功勋的强烈渴望时，未来才是有意义的。在过去的很长一段时间里，俄罗斯人都生活在仇恨中，甚至有人把自己的仇恨说成是神圣的。这是非常可怕的。要改变这种状况就应该净化俄罗斯人的精神，而这只有在带泪的忏悔和紧张的祈祷中才能实现。

但是，在批判十月革命的同时，弗洛罗夫斯基同样也认为其中存在着合理的一面。在收录于欧亚主义第二部文集《在路上》的另一篇文章《论虔诚和罪恶的爱国主义》(«О патриотизме праведном и греховном»)① 中,弗洛罗夫斯基继续阐述自己对待十月革命的立场。在他看来,首先应该弄清楚十月革命的历史意义。弗洛罗夫斯基认为革命是不可避免的,因为俄国早就处在疾病和痛苦的状态中了。但是弗洛罗夫斯基反对过于简单地看待俄国所发生的一切,他认为这场革命有其深刻的历史根源,是整个俄国发展进程的必然结果。弗洛罗夫斯基提出要在历史中寻找问题的根源,他认为俄国社会的疾病和痛苦的起源可以追溯到彼得大帝时代。在他看来,彼得大帝的欧化是表面的,它实际上仅仅宣扬了一种现成的文明标志,而这是与俄国社会的精神文化基础脱节的,因此它无法被真正接受和充分内化。而在这个过程中,东正教文化从国家层面被排挤出去了,只能在普通民众中苟延残喘,遭受限制和曲解。这样一来,旧文化被迫毁灭了,新文化却没能及时地真正建立起来,这对俄国的社会生活产生了极大的负面影响,埋下了动荡的隐患。

此外,弗洛罗夫斯基还在该文中指出,要在东正教教会性的坚实基础和对教父遗训坚定不移的遵循上建立宗教文化,但这不是简单地恢复拜占庭或东方的古老性,而是要创造性地寻找一种新的形式。在这个过程中,最重要的是从教会体验出发,从中找到解决问题的指引。而伟大的俄罗斯只有在开始建设俄罗斯东正教文化之后才能复兴,也只有东正教事业、以宗教精神并在宗教护佑下的创造,才是虔诚的俄国的事业。可见,弗洛罗夫斯基把俄国未来的所有希望都寄托在了东正教的精神拯救上。

---

① Флоровский Г. В. О патриотизме праведном и греховном // На путях. Утверждение евразийцев. Кн. 2. Берлин: Геликон, 1922.

第二节 从欧亚主义到东正教神学研究

一 个人思想发展的内部逻辑

可以说，在欧亚主义发展之初，弗洛罗夫斯基与其他欧亚主义者在强调将东正教信仰作为俄罗斯历史文化之根方面是保持一致的。但是不久他们之间就出现了分歧，特别是在对待宗教的态度上，弗洛罗夫斯基与其他欧亚主义者有着本质的区别。在特鲁别茨科伊、萨维茨基和苏符钦斯基等人看来，宗教仅仅是一种文化、历史和地理因素，是为政治游戏服务的一种手段。而弗洛罗夫斯基的家庭背景和宗教情怀使他无法接受欧亚主义者对待宗教的这种实用主义态度，他更希望把欧亚主义变成一个以宗教为优先方向的运动，希望它能对俄罗斯侨民的宗教思潮产生影响。他在1924年给特鲁别茨科伊的一封信中写道："我并不是认为只有宗教问题才是最有现实意义的，但是对我来说，宗教问题确实是第一位和最主要的，甚至可以说是唯一的。在我看来，宗教问题中包含了一切，所以我认为我们应该从宗教出发来考虑问题。"[①] 然而，欧亚主义者最终还是走上了与弗洛罗夫斯基相反的道路，其思想体系中的宗教内容越来越少，政治色彩却越来越浓。弗洛罗夫斯基对此感到非常不满，最终于1928年发表了《欧亚主义的诱惑》（«Евразийский соблазн»）一文，宣告与欧亚主义者彻底决裂。

在这篇文章中，弗洛罗夫斯基对欧亚主义进行了深刻的反思，从自己的宗教角度出发对该思潮进行了评价。他写道：

[①] Письма Г. В. Флоровского 1922 – 1924 гг. // История философии. М., 2002, No. 9. C. 169 – 171.

欧亚主义的命运是一种精神失败的尝试。我们不应该刻意隐瞒欧亚主义的真理，但也必须清醒地认识到，他们只提出了问题，却没有给出问题的答案。也就是说，虽然欧亚主义者可以看到比别人更多的问题，但是他们却没有能力来解决这些问题，只能靠虚空的幻想来给人以安慰。而一旦幻想被当作现实来接受时，它总是有诱惑力的，但同时也是危险的。因此，在欧亚主义者虚幻的真理中，其实更多的是骗局。[①]

弗洛罗夫斯基认为，欧亚主义的初衷是正确的，它希望能唤起人们的精神觉醒。但问题在于，欧亚主义者自己还没有从梦中醒来，显然他们是无法叫醒别人的。所以，欧亚主义者最终还是没能成功，没能给革命后的俄罗斯指出一条明确的前进道路，反而把它困在了东西方矛盾的死胡同里。如果欧亚主义者能够真正践行自己最初的主张，或许确实可以为俄罗斯找到一条崭新的、可靠的发展之路。

弗洛罗夫斯基和欧亚主义者都认为十月革命无法避免，应该积极面对这一现实。但在谈到革命后的俄国未来时，他们之间便出现了分歧。欧亚主义者寄希望于党派，而弗洛罗夫斯基却转向了宗教。欧亚主义者坚决否认共产主义的意识形态，认为它在俄国没有稳定发展的可能，因为它是欧洲文化的果实。在欧亚主义者看来，为了拯救俄国革命和巩固已有的革命成果，应当用新的系统化的思想来取代现有的共产主义意识形态，而要实现这一目标，就必须建立新的党派。这应该是一个统一和独一无二的党派，它不是出于个人原因或为了个人目标而结成的一个简单的联盟，而是一个坚固和严格的国家意识形态联

[①] Флоровский Г. В. Евразийский соблазн // Современные записки. Париж, 1928, No. 12. С. 312.

盟，是一种表达全体人民共同意愿的政治联盟。但是在弗洛罗夫斯基看来，欧亚主义者过于盲目地相信人民共同意愿的力量，以至于他们没有意识到，人民意愿是最容易动摇，也是很难达成一致的。在分歧和争论中，人民意愿的多样性便显现出来了，而且这种多样性是永恒存在的。弗洛罗夫斯基认为，在所有的斗争中都蕴含着道德对抗的真理，但是在道德对抗中必须有精神依据，这是一种依存于内在苦修和不眠的精神力量，绝不能被愤怒的激情或贪婪的报复心理所替代。一部分人认为，在历史崩塌的混乱中聚精会神地思考和回归自我内省似乎是不合时宜的，因为这可能会被看作消极的无所作为或是拒绝战斗。但在弗洛罗夫斯基看来，在不经思考、只图报复的仇恨极端主义中表现出来的只能是急躁，而在这样的忙乱中是没有任何力量和真理的。原来的俄罗斯已经在布尔什维克的大火中被烧毁了，革命后的俄罗斯被反基督教政权掌控着，到处充满着怨恨。

弗洛罗夫斯基认为，旧俄的崩溃是有着深刻的根源的，这是长久的精神危机和病态的内部分裂逐渐积累的结果。十月革命暴露了俄罗斯的弱点，承认这些并不可怕，沉浸在过去的辉煌中并把所有过错都推给别人才是可耻的。只有在忏悔和精神的觉醒中才能在罪恶的漩涡中找到出路，只有在祈祷的不眠和沉默中才可以积蓄真正的力量，也只有这样，被击垮和被凌辱的俄罗斯大国之躯才能得以复苏。但这必然是一条曲折的道路，没有任何捷径。面对这一现实，欧亚主义者试图把被毁灭的人们的注意力转移到另一个地方，即所谓的欧亚主义思想上，以为这样就能解决问题。"但是我们不禁要问：难道心灵就像是一个空的容器，可以轻松、随意地更换里面的东西吗？"[①] 答案当然

[①] Флоровский Г. В. Евразийский соблазн // Современные записки. Париж, 1928, No. 12. C. 318.

是否定的。所以，在弗洛罗夫斯基看来，欧亚主义者最终正是被对快速胜利的渴望、被幻想中的捷径所毒害了。

欧亚主义思想中最重要的内容就是强调俄罗斯的独特性。为了证明这种独特性，欧亚主义者极力把俄罗斯和欧洲完全对立起来。欧亚主义者认为，俄罗斯属于欧亚洲。这里包含两层意思：第一，欧亚洲意味着俄罗斯既不是欧洲也不是亚洲，而是第三个洲；第二，欧亚洲意味着俄罗斯既是欧洲又是亚洲，是个混合体。但是欧亚主义者自始至终都厌恶欧洲，倾向亚洲。说起与亚洲的亲缘关系时，不论是血缘上的还是精神上的，欧亚主义者总是带着热情，甚至是陶醉其中。在苏维埃的现实中，欧亚主义者从国际主义中首次看到了俄罗斯的民族独特性，这是一张非欧洲、半亚洲的面孔。欧亚主义者认为，俄罗斯与亚洲的关系更为亲密，因为他们是有亲缘关系的，俄罗斯是成吉思汗的遗产。俄罗斯文化和亚洲文化更为接近，要想使其有更长远的发展，必须完成向亚洲的转变。对于欧亚主义者的这一观点，弗洛罗夫斯基认为，俄罗斯和亚洲的历史联系确实不容否认，但是目前人们对此还知之甚少，至今为止还很少有人研究俄罗斯的亚洲部分，而这正是欧亚主义的意义所在。至于在发掘俄罗斯的民族独特性方面，弗洛罗夫斯基同样也对欧亚主义者表现出的观察力给予了肯定。他认为，俄罗斯的确是一个独立的、活生生的机体，具有特殊的文化个性。事实上，每个民族乃至整个人类社会在本质上都是一个个活的机体，而且这些机体是封闭的，是不能相互理解的。因此，每个机体都有自己独特的类型，都有属于自己的历史命运，正是这些独一无二的民族命运的交替构成了人类历史。然而，虽然欧亚主义者发现了俄罗斯的这种独特性，但却始终没有理解其真正内涵。

在弗洛罗夫斯基看来，俄罗斯确实不是欧洲，二者存在着区别，但不至于完全对立，原因在于它们之间有着宗教起源上的统一和宗教发展上的传承。他认为，在论述俄罗斯的独特性时，欧亚主义者把过多的精力放在了地域特征上，虽然他们并不否认存在地域之外的原因，但是这些原因也是通过地域因素折射出来的，甚至包括宗教。欧亚主义者认为，就像人类共同的生命起源最终在各种形式中得以实现那样，宗教也在不同的地域因素影响下获得了不同的表现形式。但是，他们的错误之处就在于把注意力放在了多样性上，一味强调区别。最终，东正教在欧亚主义者眼中也散落成了多种信仰，在他们看来每个民族都有自己的东正教。而弗洛罗夫斯基则认为，尽管每个人信仰宗教的方式各不相同，都是独一无二、不可替代的，但这并不能被称为是个人信仰。在他看来，欧亚主义者没能正确理解俄罗斯和欧洲之间的关系。弗洛罗夫斯基提出了所谓的"统一中的和谐多样性"思想，也就是说，俄罗斯和欧洲虽然存在差别，但这个差别是以统一为前提的，因为它们有着共同的宗教起源，它们是统一的基督教世界中的两个组成部分——东方和西方。老一辈斯拉夫主义者感受到了西方的悲剧，并为其感到痛心，他们不认为西方是异己的，即使是它的罪恶和堕落。而欧亚主义者却没有看到这一点，他们把精力都集中在了俄罗斯和欧洲对立的问题上，甚至是宗教方面。欧亚主义者认为俄罗斯是抽离于整个基督教世界的东方，欧洲对于俄罗斯来说是异己的，所以他们最终也没能理解西方的悲剧命运，没能明白西方没落的普世意义。而在弗洛罗夫斯基看来，这个意义就在于俄罗斯和西方之间的宗教传承关系，在于俄罗斯在西方面前的宗教历史责任感，在于西方没落以后托付给俄罗斯的东正教真理，也就是俄罗斯东正教的普世使命。

在肯定俄罗斯和欧洲之间的统一和传承的同时，弗洛罗夫斯基指出，它们二者之间的区别体现在深刻的宗教界限上，具体来说是东正教的俄罗斯和非东正教的欧洲之间的界限。他认为，欧亚主义者过于沉迷俄罗斯的自然、地理和民族特征，反而忘了其唯一最明确的特征是宗教。作为一个东正教国家，俄罗斯既不同于拉丁天主教的欧洲，也不同于非基督教的亚洲，而这才是俄罗斯最本质的民族独特性。在弗洛罗夫斯基看来，欧亚主义者感觉到了东正教的力量，并把它看作俄罗斯的历史财富，但遗憾的是，他们没有根据东正教这个精神核心来确定欧亚主义发展的具体任务。他们一再强调亚洲，强调蒙古鞑靼人在俄罗斯国家形成中的历史作用，实际上是想把俄罗斯从基督教的历史图景中抽离出来，使其进入非基督教的亚洲的命运轮回中。弗洛罗夫斯基认为，这是一种非常危险的做法，因为蒙古鞑靼的遗产和欧亚洲的国家性会掩盖拜占庭的遗产和东正教的国家性，而后者才是俄罗斯的本来面目。然而，欧亚主义者却始终没有意识到，俄罗斯从拜占庭承袭的不仅仅是一种思想体系，更是丰富的教会生活。这是一种恩赐，一种使命，一种职责，正是它们决定了俄罗斯的历史使命。总而言之，在弗洛罗夫斯基看来，偏离东正教作为精神核心的指引作用，把俄国重生的希望寄托在某个政治联盟上，是限制欧亚主义发展最为主要的原因。而这恰恰也是促使他最终选择离开欧亚主义，转而进行东正教神学研究的最大动力所在。

二 外部客观因素的推动

回顾弗洛罗夫斯基在欧亚主义思潮中的积极参与和最终的决裂，除了受个人思想发展的内部逻辑影响之外，这种戏剧性的转变在一定程度上也与一些外部客观因素有关。也正是在内外多重力量的推动下，弗洛罗夫斯基才更加坚定了自己的宗教思想之路，真正成为一位东正教神学思想家。

首先，为现实生活所迫是促使弗洛罗夫斯基与欧亚主义者亲近的一个重要原因。初到索非亚时，弗洛罗夫斯基原本前景光明的大学执教生活被迫终止，在此后的两年中他无法找到合适的工作，这使他内心备受煎熬。而参与到欧亚主义思潮中去不仅可以使他在有影响力的刊物上发表文章，为自己赢得名声，又可以有相对稳定的收入，这对当时的弗洛罗夫斯基来说意义非凡。而且，在流亡索非亚的那段时间里，作为一位作家，弗洛罗夫斯基的生活在很大程度上确实依赖于欧亚主义者。因为后者控制着当时俄罗斯侨民界的大部分出版资源：苏符钦斯基是俄罗斯—保加利亚出版社的负责人，弗洛罗夫斯基曾在该出版社担任校对员，而后来的欧亚主义文集也是由该出版社出版的；萨维茨基则是《俄国思想》（«Русская мысль»）杂志的负责人，弗洛罗夫斯基也曾在该杂志上发表文章。[1] 此外，欧亚主义运动在其发展之初并不是一个政治组织，对弗洛罗夫斯基来说，它更像是一个由一些教育水平相当、生活经历相似的同龄人组成的思想交流小组，他们因为对俄罗斯文化主题的共同强调而联合在一起。当发现大家的兴趣和观点相似之后，他们便组建了这样一个团体，希望能够借助集体的力量使自己的思想为世人所知。这样的平台对身处国外无法实现理想抱负，同时又急需寻找文化归属感的年轻思想家来说自然极具吸引力。然而，个人性格、家庭出身和社会地位的巨大差异，在一定程度上注定了弗洛罗夫斯基和欧亚主义者之间的分歧。"在性格上他是最不合群的，从小就没有与家庭以外的人进行过正常交流，导致他无法胜任团队工作。而就出身而言，他是该运动创始人中唯一的一个普通外省人，而非贵族。"[2] 因此，在《走向东方》文集出版以后，他很快就失去了在欧亚主义思潮团体决策中的

---

[1] Колеров М. А. Братство Св. Софии： "веховцы" и евразийцы (1921 – 1925) // Вопр. философии. 1994, No. 10. С. 144 – 145.

[2] Соболев А. В. О Г. В. Флоровском по поводу его писем евразийском поры // История философии. М., 2002, No. 9. С. 151.

实际影响力。

　　1921年底，弗洛罗夫斯基从索非亚迁居布拉格，地理上的疏远进一步加深了他与欧亚主义者之间的隔阂。在布拉格完成硕士论文答辩后，弗洛罗夫斯基便开始在布拉格查理大学俄国法律系和高等商学院讲授俄国文学史，但这与他的学术兴趣相差甚远。1923—1926年，对自己的职业现状深感不满的弗洛罗夫斯基曾试图重新恢复他在欧亚主义思潮中的地位。他对特鲁别茨科伊如是说道："不管我和您在一些原则性问题上有多少不同意见，我始终坚信我们是在同一个阵营中的。"① 弗洛罗夫斯基还在《道路》（«Путь»）杂志上发表《麻木的冷漠》（«Окаменное бесчувствие»）一文，回应针对欧亚主义者的反对意见，并用"我们，欧亚主义者"② 这种说法把自己归入欧亚主义者的队伍之中。然而，对于弗洛罗夫斯基来说，欧亚主义思潮的发展方向已经与他的宗教思想相去甚远了，因此他的回归显然缺少强有力的精神支撑，只是出于现实所迫。而对于欧亚主义者来说，他们从1923年起就开始积极寻找可以在哲学神学研究方面代替弗洛罗夫斯基的人了，诺夫戈罗德采夫（П. И. Новгородцев, 1866—1924）③、卡尔塔绍夫、伊里因和卡尔萨文的相继加入就是最好的证明。因此，欧亚主义者并没有给予弗洛罗夫斯基积极的回应。特鲁别茨科伊甚至在1923年写给苏符钦斯基的一封信中说道："弗洛罗夫斯基的回归把事情搞复杂了。从他给您的信中可以明显看出来，在他的内心深处跟我们是相隔甚远的。像您经常说的那样，在我们眼中《欧亚主义学刊》

---

　　① Письма Г. В. Флоровского 1922 – 1924 гг. // История философии. М., 2002, No. 9. С. 160.
　　② Флоровский Г. В. Окаменное бесчувствие // Путь. Париж, 1926, No. 2.
　　③ 巴维尔·伊万诺维奇·诺夫戈罗德采夫（Павел Иванович Новгородцев）：俄国法学家、哲学家、社会和政治活动家、历史学家，俄罗斯自由主义的代表人物之一。

是多么充满激情,但是弗洛罗夫斯基却完全没有对它产生共鸣。"① 的确,如果说弗洛罗夫斯基在前两部欧亚主义文集中共发表了四篇文章,那么从出版《欧亚主义学刊》开始,他在该运动中的实际参与行动其实已经结束了。在这种情况下,弗洛罗夫斯基的所谓回归最终也就不了了之了。

其次,由于成员的政治见解日益分化,欧亚主义思潮的内部出现了严重的分裂。实际上,欧亚主义在创立之初就不是一个思想统一的组织,萨维茨基曾经写道:"在欧亚主义第一个文集的五位作者中,至少有两种完全不同的政治倾向:我的民族布尔什维主义和弗洛罗夫斯基执着的反布尔什维主义。"② 在这一思潮中,特鲁别茨科伊、萨维茨基和弗洛罗夫斯基等代表了右翼立场,而苏符钦斯基则是左翼立场的代表人。随着时间的推移,后者开始逐渐接近苏联的一些国家政治思想。包括卡尔萨文和苏符钦斯基在内的巴黎欧亚主义小组甚至在自己编辑出版的《欧亚报》(《Евразия》)上公开号召与苏联布尔什维克政府合作,从而引发了欧亚主义组织内部的激烈纷争。布拉格欧亚主义小组和贝尔格莱德欧亚主义小组对《欧亚报》的思想倾向发出谴责,认为其与欧亚主义反对共产主义的基本立场背道而驰,要求其回到欧亚主义的真正轨道上来。特鲁别茨科伊、萨维茨基和伊里因也纷纷宣告与《欧亚报》决裂。与此同时,苏联政府趁机渗透进欧亚主义运动内部,向外界过度渲染欧亚主义的亲苏联倾向,引起了俄国侨民强烈的敌对情绪,使它作为一个思想流派在侨民界的影响力大大降低。在这种情况下,随着内部矛盾的加剧和外部环境的变化,欧亚主义赖以存在和发展的基础已逐渐不复存在,曾经在俄国侨民界轰动一

---

① Флоровский Г. В. Из прошлого русской мысли. М., 1998, С. 153.
② Омельченко Н. А. Исход к Востоку: Евразийство и его критики // Евразийская идея и современность. Москва, 2002, С. 11.

时的欧亚主义在内忧外患中迅速走向了瓦解。而弗洛罗夫斯基幻想可以借助集体的力量，通过欧亚主义这一平台使他的思想观点为世人所知的希望也落空了。

最后，弗洛罗夫斯基在布拉格遇到和结识了众多俄罗斯侨民知识分子，他们给予了弗洛罗夫斯基很多帮助，尤其是布尔加科夫，对其人生道路的选择产生了重大影响。由于感到自己的人生理想无法实现，1921年12月弗洛罗夫斯基移居布拉格，那里是俄罗斯侨民的一个重要聚居地。而且当时捷克斯洛伐克正在进行一项大型的政府活动——"俄罗斯行动"（Русская акция），目的是保证俄罗斯侨民界的科学和教育活动。正是得益于这个活动，20世纪20年代侨居布拉格的俄国知识分子人数要远远多于其他欧洲城市，其中包括布尔加科夫、尼·洛斯基、弗·洛斯基（В. Н. Лосский，1903—1958）[①]、诺夫戈罗德采夫和斯图卢威（П. Б. Струве，1870—1944）[②]等著名学者。捷克斯洛伐克政府还成立了一个由俄罗斯侨民代表组成的委员会，根据代表的建议分配科研资助，委员会的副主席正好是弗洛罗夫斯基的好朋友诺夫戈罗德采夫。"我和诺夫戈罗德采夫最早是在敖德萨认识的，他当时作为难民从北方过来，还要去更南边的地方。后来我又在索非亚见到他，他正准备去布拉格。"[③]在诺夫戈罗德采夫的帮助下，弗洛罗夫斯基顺利拿到了捷克斯洛伐克政府发放的助学金，这使他得以前往布拉格继续硕士学业和科研工作，并最终完成硕士论文，顺利通过答辩且拿到学位。在布拉格，弗洛罗夫斯基与诺夫戈罗德采夫、

[①] 弗拉基米尔·尼古拉耶维奇·洛斯基（Владимир Николаевич Лосский）：俄国著名宗教哲学家尼·洛斯基之子，著名神学家，新教父综合理论的奠基人之一。

[②] 彼得·伯恩加尔多维奇·斯图卢威（Пётр Бернгардович Струве）：俄国哲学家、历史学家、经济学家、政治家、社会活动家和政论家。

[③] Блейн Э. Жизнеописание отца Георгия // Георгий Флоровский: священнослужитель, богослов, философ. М.: Прогресс, 1995, С. 35.

斯图卢威和布尔加科夫的关系十分密切。1922年4月，在弗洛罗夫斯基与妻子西蒙诺娃（К. И. Симонова,？—1977）[①]的婚礼上，由于父母的缺席，斯图卢威和诺夫戈罗德采夫按照俄罗斯习俗为新人致祝福词。而布尔加科夫则是弗洛罗夫斯基在布拉格查理大学俄罗斯法律系的同事，前者是教会法和神学专业的教授，后者则讲授俄国文学史。

其实，早在少年时代，弗洛罗夫斯基就把布尔加科夫当作自己的偶像，他十分钦佩布尔加科夫从马克思主义走向唯心主义，并最终回归教会成为神职人员和神学家的人生经历。因此，在与布尔加科夫认识以后，弗洛罗夫斯基便把他当作了自己的精神之父。1923年，对欧亚主义感到失望的弗洛罗夫斯基加入了由布尔加科夫领导的圣索菲亚兄弟会（Братство Святой Софии）。这是一个现代主义[②]侨民组织（Модернистская эмигрантская организация），全名为圣索菲亚神智东正教兄弟会（Православное Братство во имя святой Софии-Премудрости Божией）。该组织早在俄国国内战争期间就已在俄罗斯境内出现，但后来由于大批知识分子流亡海外而解散。1924年，兄弟会以俄罗斯侨民宗教哲学家和作家联合会的形式在布拉格得以重建，其主要任务是对成立于1923年的俄罗斯基督教学生运动（Русское Студенческое Христианское Движение）进行精神领导。除布尔加科夫和弗洛罗夫斯基以外，兄弟会的主要成员还包括津科夫斯基、别尔嘉耶

[①] 克谢尼亚·伊万诺夫娜·西蒙诺娃（Ксения Ивановна Симонова）：出生于教师家庭，在十月革命前一直生活在位于圣彼得堡西北部、邻近芬兰的港口城市维堡。她接受过良好的教育，毕业于圣彼得堡的别斯图热夫学校，是一位画家、翻译家。十月革命在俄国爆发后，西蒙诺娃曾先后侨居于索菲亚和布拉格。与弗洛罗夫斯基结婚后，便一直随丈夫侨居海外。

[②] 现代主义（Модернизм）：19世纪末20世纪初天主教及20世纪基督教新教内的一种神学思潮，这是基于现代科学发展的一个产物，是基于人类当前精神生活的一种需要。该思潮认为要在顺应当代社会发展的前提下捍卫宗教信仰，克服社会变化的危机，使神学面向未来。

夫、卡尔塔绍夫、弗·索洛维约夫、斯图卢威和谢·弗兰克等。布尔加科夫在自己的日记《来自心灵的记忆》（«Из памяти сердца»）中写道：

> 昨天（1923年9月26日），也就是圣使徒神学家约翰日，在我这里聚会的卡尔塔绍夫、津科夫斯基、诺夫戈罗德采夫、斯图卢威、别佐布拉佐夫（С. С. Безобразов, 1892—1965）[①]和弗洛罗夫斯基提议建立圣索菲亚东正教兄弟会（前提是得到教会的同意），并推荐我做兄弟会的首领。愿上帝保佑，愿圣索菲亚亲自来教导我们！真难想象我们完成的这个创举。这是个历史性事件，甚至是世界范围内的历史性事件。似乎这幅圣索菲亚的圣像画是故意放在我的房间里的，她重新照亮了我早已死去的心灵……[②]

圣索菲亚兄弟会每月举办一次会议，听取成员提交的有关教会和历史主题的报告并进行讨论，同时也关注当下重大的教会和社会事件。从组成来看，圣索菲亚兄弟会中的成员大多属于20世纪初的俄国自由主义知识分子，在目睹了俄国社会连续发生的革命和动荡后，他们认为要向上帝求救，到《圣经》和教义书中为自己和俄国的解脱寻找真理和出路。这部分知识分子认为十月革命破坏了俄罗斯文化传统，玷污了俄罗斯人民的心灵，将俄国推向灾难性的境地。他们强调宗教对人的行为的指导意义，在他们看来只有宗教原则才能保证俄罗

[①] 谢尔盖·谢尔盖耶维奇·别佐布拉佐夫（Сергей Сергеевич Безобразов），又称卡西安主教（Епископ Кассиан）：君士坦丁堡牧首区管辖下的主教，神学家、圣经诠释学家。
[②] Братство Святой Софии. Доступ сервиса：http：//antimodern. ru/sophia-brotherhood/，27. 03. 2013.

斯文化的正常延续，保证俄罗斯社会和国家的正常发展。与当时政治倾向凸显的欧亚主义思想相比，索菲亚兄弟会成员们的观点无疑与弗洛罗夫斯基更为契合，而与这些宗教思想家的接触和交往也使他更为坚定地把东正教作为俄国精神救赎的唯一出路，促使他更加专注于对东正教文化传统的研究和挖掘。

与此同时，发生在俄罗斯侨民界的另一个重要事件也影响着弗洛罗夫斯基未来的人生道路。20世纪20年代，随着白军的失败和苏联的建立，身处国外的俄罗斯侨民逐渐意识到，流亡生活可能不是暂时的，也许他们永远都无法回到祖国了。于是，一系列与此相关的现实问题便出现了：俄罗斯东正教会在境外应该如何运作？如何维持稳定的教区生活？如何培养教区神职人员？如何在新的条件下开展东正教神学教育和神学研究工作？在此背景下，俄罗斯侨民知识分子界的宗教氛围越来越浓厚，对宗教生活的需求也日益突出。不久，侨民界便产生了开设一个专门培养神职人员和从事神学研究工作的神学院的想法，这个想法很快就得到了都主教叶夫洛基（Митрополит Евлогий，1868—1946）[①]的大力支持。1923年初，在叶夫洛基的邀请下，美国著名教会活动家约翰·穆德（J. P. Mott，1865—1955）[②]来到布拉格，与提出在西欧建立俄罗斯东正教神学院想法的俄罗斯神学家们进行会谈，弗洛罗夫斯基参加了会议。随后，在俄罗斯基督教学生运动于捷克斯洛伐克和法国举行的大会上，与会代表继续对该问题进行了讨论。最终，成立神学院的决定在1924年的俄罗斯基督教学生运动

[①] 都主教叶夫洛基（Митрополит Евлогий，俗名 Василий Семёнович Георгиевский）：俄罗斯东正教主教，从1921年起负责管理莫斯科牧首区俄罗斯东正教西欧教区。

[②] 约翰·雷利·穆德（John Raleigh Mott）：美国基督教领袖及社会工作者，世界基督教会联合会终身荣誉会长。长期领导基督教青年会和学生志愿宣教运动，组织国内外青年投入宣教及社会服务工作。1946年获得诺贝尔和平奖。

法国大会上被正式通过。同年，神学院选址工作完成，定在巴黎，因为那是叶夫洛基工作和生活的地方，对于建立神学院来说各方面条件都比较成熟。1925年4月30日，巴黎圣谢尔吉神学院正式建成。

圣谢尔吉神学院建成后，圣索菲亚兄弟会的很多成员先后都受聘前往巴黎任教，其中包括布尔加科夫。至于弗洛罗夫斯基，他因与布尔加科夫产生思想分歧，于1925年提出离开兄弟会，并表示无法确定是否能前往巴黎神学院工作。弗洛罗夫斯基的这一决定使布尔加科夫非常痛心，他写道：

> 凭良心说，我非常重视你在兄弟会和在巴黎神学院中的作用。尽管在某些问题上我们的观点不同，但我很喜欢你敢于坚持自我的个性。这种喜欢不仅仅是长辈对晚辈的关爱，更是出于对一个独立的人和思想家的欣赏。我竭尽所能用宽容的态度来面对你的离去，但从内心深处来说我非常不高兴，我为此感到哀痛。①

尽管如此，弗洛罗夫斯基和布尔加科夫的友谊并没有走向终结，他们之间依旧保持着通信。

离开圣索菲亚兄弟会之后，弗洛罗夫斯基失去了精神上的依托。此外，对自己在布拉格查理大学工作状态的不满意使弗洛罗夫斯基更加后悔当初拒绝接受巴黎神学院邀请的决定。他于1926年写给布尔加科夫的新年贺信中涉及了两个主题：圣索菲亚兄弟会和巴黎神学院。对于前者，弗洛罗夫斯基表示自己仍然坚持原先的立场："这并不是出于固执，而是因为我实在无法用另一种态度来对待它。我不想

---

① Колеров М. А. Письма Булгакова С. Н. к Г. В. Флоровскому（1923 – 1938）// Исследования по истории русской мысли：Ежегодник за 2001 – 2002 гг. / М.，2002，С. 197 – 200.

再深入谈这个话题，因为这不仅是重提我自己的伤痛，也是别人的伤痛。"① 而对于巴黎神学院，弗洛罗夫斯基的态度则完全转变了，他认为神学院的工作非常有成效："这样的成果其实是可以想见的，但在最初的时候要把一群完全不一样和各自并不熟悉的人联合在一起总是有些困难的。"② 随后弗洛罗夫斯基开始抱怨自己的孤独，并对自己没有加入这个群体而感到遗憾：

  说实话，在内心深处我很羡慕您，并且真切地感觉到我现在没有和您在一起，也无法在生活和工作中找到慰藉。孤独使我不堪重负。我所有的时间都用在了封闭和孤单的书本工作上，我无时无刻不在阅读和写作。这当然有好处，但是这使我的性格越加孤僻，我已经完全不习惯与人交流了。③

很明显，其实在这封信里弗洛罗夫斯基表达了他对失去在巴黎神学院工作机会的遗憾，并向布尔加科夫传达了他已经准备好随时修改自己过去错误决定的信号。布尔加科夫对弗洛罗夫斯基的来信给予了积极的回应，并建议他研究教父学，因为当时神学院正好缺少这方面的人才。在布尔加科夫的力荐下，弗洛罗夫斯基于1926年秋正式成为巴黎圣谢尔吉东正教神学院教父著作研究教研室的教授，真正走上了自己的东正教神学研究之路。

  通过上述分析，我们看到在弗洛罗夫斯基宗教思想的形成过程

---

① Черняев А. В. Г. В. Флоровский как философ и историк русской мысли. Москва：ИФ РАН，2010，С. 48.
② Черняев А. В. Г. В. Флоровский как философ и историк русской мысли. Москва：ИФ РАН，2010，С. 48.
③ Черняев А. В. Г. В. Флоровский как философ и историк русской мысли. Москва：ИФ РАН，2010，С. 48.

中，他经历了欧亚主义时期的探索，之后才坚定地走向东正教神学的研究。弗洛罗夫斯基与欧亚主义思潮之间的关系至今仍是个值得讨论的问题，甚至连弗洛罗夫斯基本人对待欧亚主义的态度也是反复多变的。1924 年，弗洛罗夫斯基对俄罗斯的哲学文献包括特鲁别茨科伊的《欧洲与人类》进行了整理和点评。在简评中，弗洛罗夫斯基毫不忌讳欧亚主义这个术语，并肯定了该思想流派的功绩："欧亚主义在最初的时候是对当代现实的文化哲学和宗教哲学的理解，并尝试提出历史哲学问题。"[1] 而在 1965 年写给俄罗斯诗人、文学批评家、俄罗斯文学史家尤里·巴普洛维奇·伊瓦斯克（Ю. П. Иваск, 1907—1986）的一封信中，弗洛罗夫斯基虽然承认了欧亚主义思潮作为一个团体的存在以及自己在该团体中的参与，但是他否认了该团体的欧亚主义性质："特鲁别茨科伊在写《欧洲与人类》的时候还不是欧亚主义者。而且，并不是所有成员都同意他的观点。至少我是反对的，甚至还写了批评文章，只是当时没有发表，后来有一部分内容用在了《欧亚主义的诱惑》一文中。"[2] 到了晚年，弗洛罗夫斯基的态度又发生了巨大变化，他非但不愿意提及曾经与欧亚主义之间的联系，甚至完全否认自己是欧亚主义者，还把他在欧亚主义文集中的参与解释成"为了发表文章找个平台而已""根本不存在什么团体或者党派，根据最初的设想，这只是几个人一起出一本文集罢了。在我们出版的文集中，每个作者都只是单纯地表达自己想要表达的东西。但是后来有一些人试图把它变成某种党派和纲领。"[3] 由此可见，弗洛罗夫斯基在不同的

---

[1] Флоровский Г. Философская литература // Русская зарубежная книга. Ч. 1. Прага, 1924, С. 30 – 31.

[2] Из писем о. Георгия Флоровского Ю. Иваску // Вестник РХД. 1979, №. 130. С. 45.

[3] Блейн Э. Жизнеописание отца Георгия // Георгий Флоровский: священнослужитель, богослов, философ. М. : Прогресс, 1995, С. 31.

人生阶段对欧亚主义的评价和理解是相互矛盾的,这与欧亚主义思潮自身的发展历程和弗洛罗夫斯基本人矛盾纠结的性格不无关系。但不管弗洛罗夫斯基承认与否,他在欧亚主义最初几部文集中的参与是不容否认的事实。

欧亚主义思潮最终没有经受住时间的考验,在短暂的辉煌之后迅速走向瓦解。而作为一个对东正教怀有深厚感情的宗教思想家,弗洛罗夫斯基也确实无法容忍欧亚主义者对待宗教的实用主义态度。因此,在经历了与欧亚主义的短暂交集之后,弗洛罗夫斯基清醒地意识到,在对待革命后的俄国前途和俄罗斯与欧洲的关系问题上,他与欧亚主义者的观点有着根本性的区别:在欧亚主义者眼中,宗教性只作为一种表面的民族地理和文化历史因素而存在,而不是像他所认为的那样,是俄罗斯民族区别于其他民族最为本质的特征。最终,弗洛罗夫斯基选择了与欧亚主义决裂,在对其思想进行深刻反思和批评的同时,强调了东正教传统对俄国未来发展的重要性。离开欧亚主义以后,弗洛罗夫斯基开始在东正教神学中寻找革命后俄国的出路。在这个过程中,布尔加科夫成为弗洛罗夫斯基的精神导师和神学研究道路上的领路人。前往巴黎圣谢尔吉神学院任教是弗洛罗夫斯基人生规划的一次重大修正,使他离少年时代设定的宗教使命又近了一步,而神学院的工作环境和教学内容也在客观上使弗洛罗夫斯基能够开始真正意义上的神学研究。

第四章 弗洛罗夫斯基宗教思想的最终形成

　　离开欧亚主义以后，弗洛罗夫斯基更加坚定了自己的宗教研究之路，他希望能在对东正教的信仰中找到俄罗斯的未来。还在布拉格时，弗洛罗夫斯基就开始了自己的神学探索，对教会和基督教统一问题有了初步的看法。在巴黎圣谢尔吉神学院的教学工作使弗洛罗夫斯基有机会系统地研读古代教父著作，对其思想进行了深入的体悟，并在此基础上对一些神学问题有了更为深刻的见解。在巴黎，弗洛罗夫斯基出版了一生中重要的神学专著：《四世纪的东方教父》《五至八世纪的拜占庭教父》和《俄罗斯神学之路》。除此之外，他的主要神学思想散见在大量论述某一特定神学问题的文章中，具有很强的专业性和现实性，如创造论、化身问题、马利亚论、十字架、复活和末世论等。虽然弗洛罗夫斯基关注的神学方面复杂而繁多，但是这些具体观点都统一在一个最根本的思想认识之下，即关于教会和基督教统一的理解，而这也正是他东正教神学思想的核心，以及一切理论和实践活动的出发点。与此同时，弗洛罗夫斯基还对俄罗斯的东正教思想发展史进行了回顾和批判，为其指出了未来发展方向，并提出了一套自己的方法论，即新教父综合理论。然而，与布尔加科夫关于索菲亚论的学术争论既把弗洛罗夫斯基推到了风口浪尖上，又在神学研究的实践层面为他打开了另一个更为宽广的前景——普世教会合一运动。

第一节 布拉格时期的神学探索

弗洛罗夫斯基最初的神学探索开始于布拉格，在与欧亚主义者产生思想分歧之后，他便更加坚定地把俄国未来的希望寄托在东正教传统上。于是，这位年轻的思想家开始着手研究东正教神学，希望能挖掘其中的思想精髓。这一时期，弗洛罗夫斯基在东正教神学研究方面较有代表性的作品是《圣父之屋》（«Дом отчий»）。[1] 虽然这部作品于1927年才在《道路》杂志上正式发表，但其实弗洛罗夫斯基早在1925年身处布拉格的时候就开始该文的写作了。

弗洛罗夫斯基在文中提到，教会是耶稣在人世间的事业，是其救赎功勋的客观结果，是他在世间神性逗留的方式。教会就是上帝的家，是唯一的生活之门，是与真理相关的一切事物的丰富宝库。因此，只有在教会中和通过教会才能开启通往基督教行为和笃信宗教的真正道路。基督教不是通过外部培训就可以理解的理论，而是需要真正体会的生活。那些对基督教知之甚少、没有基督教的思维方式的人应该成为基督教徒，在基督中生活，而这只能通过在教会中的生活才能实现。因为基督教是一种真实的体验。所有的基督教理论从其起源来说都是教会理论，都是对教会体验的描述，都是对教会作为信仰的保证的见证。只有通过这种具有超凡能力的教会证实，才能听到圣灵和上帝本身的声音。教会是基督教生活和基督教理论的唯一来源，因为基督教只以教会的形式在世间出现。教会是整个基督教的核心，它只能从内而外地通过神性生活的体验来理解，而不能通过某个定义来理解。在弗洛罗夫斯基看来，基

---

[1] Флоровский Г. В. Дом отчий // Путь（Париж），1927，№. 7. С. 63 – 86.

督教不是一种理论,不是理论知识的综合,也不是道德规范的汇编,而是活生生的教会。人们只有在教会中才能信仰基督,因为它是基督的身体。在可见的教会中有着不可见的基督身体或称作不可见的教会。基督教不仅是关于拯救的理论,它本身就是拯救。在东正教意识中,基督是救世主,是世界的主宰和人类灵魂的拯救者,而不仅仅是神圣的导师和先知。这种拯救只能在教会中,只有通过受圣灵恩赐的圣事与基督进行交流才能实现。在圣事中,信徒不仅是观看者,而且是基督力量的共同体验者。

在弗洛罗夫斯基看来,圣餐礼是基督教教徒宗教虔诚行为的集中体现,是教会生活的集中体现,也正是圣餐礼隐秘地体现了教会的统一。因为在每一次圣餐礼中基督都会以完整的身体到场,人们领受的是统一的体血。虽然很多地方都举行圣餐礼,但这并不意味着有很多个基督。基督是唯一的,因为他的受难是唯一的。基督只有一个,只不过他被使徒们带到了不同的地方,使他随处可见,但是无论哪里的基督都是完整的。由于教会就是基督的身体,因此就其神人属性来说,教会也是唯一的,而且是普世教会。统一的教会是使徒的教会,只有使徒教会才是统一、普世和神圣的,因为只有通过使徒所有的使命才能联合起来。教会的普世性质不是某种外部的、数量上的、空间的或地理上的属性,也不取决于信徒的分散性,只有精神的统一才是教会普世性的真正基础。教会可以接纳来自任何民族和地域的信徒,因为它是普世教会。但是教会的各地性是其普世性的结果,而不是基础。空间上的全世界性是教会发展派生出来的特性,这个特性在最初的基督教中是没有的,但是对普世教会来说这个特性又是必不可少的。教会的普世性并不体现在其把自己的所有成员或所有地方教会集合起来,这个普世性存在于每一个地方教会和每一个教堂中。

在《圣父之屋》一文中,可以说弗洛罗夫斯基在人生中第一次公开阐述自己对教会的认识和对基督教统一问题的理解，即统一是教会和基督教的本质属性。而这个观点正是弗洛罗夫斯基整个东正教神学思想体系中最基本和最核心的一点。此外，他还写了一些论述其他神学问题的文章，如《人的智慧与神的圣智慧》《陀思妥耶夫斯基和欧洲》《宗教体验与哲学意识》《论古代俄罗斯基督教的特征》《普世传统和斯拉夫理念》等。

第二节 巴黎时期神学思想的逐渐成熟

在巴黎的时光对弗洛罗夫斯基来说是弥足珍贵的，这是他一生中创作成果颇丰的一段岁月，先后出版了专著《四世纪的东方教父》《五—八世纪的拜占庭教父》和《俄罗斯神学之路》，发表了论文《被造物和被造性》《奥利金主义的矛盾》《圣餐礼和聚合性》《基督曾经生活过吗？》《论十字架之死》《陀思妥耶夫斯基的宗教主题》《论拜占庭和俄罗斯对神的圣智慧索菲亚崇拜》《教会中的基督徒》《基督教重建问题》《论教会的界限》和《论死人的复活》等。这些作品为他奠定了作为俄罗斯新一代东正教神学家主要代表人物的重要基础。弗洛罗夫斯基在巴黎时期在东正教神学研究方面所取得的成绩在很大程度上应归功于他在巴黎圣谢尔吉神学院的工作。自1925年建立以来，圣谢尔吉神学院很快就发展成为俄罗斯境外重要的东正教神学院之一。为庆祝神学院成立25周年而出版的宣传册中的数据显示，当时神学院四分之一的毕业生都成为主教，在教会和青年组织中工作的许多教师、编辑和其他普通信徒都在此接受过培训。[1] 而神学

---

[1] Блейн Э. Жизнеописание отца Георгия // Георгий Флоровский: священнослужитель, богослов, философ. М.: Прогресс, 1995, С. 42.

院教授们在神学领域的科研成果及其在各种基督教会议中的积极参与，更使它的影响超越了俄罗斯东正教会，使它获得了国际名声。可以说，巴黎神学院出色地践行了自己的使命，成为当时西欧俄罗斯侨民界的一个东正教神学研究中心。弗洛罗夫斯基是在神学院成立第二年，也就是1926年来到巴黎工作的。他在神学院主要从事教父学的教学与研究，此外还教授希腊语、哲学导论和牧师神学等课程。巴黎神学院的工作环境和教学内容大大促进了弗洛罗夫斯基东正教神学思想的成熟。他后来这样回忆这段时光：

> 当我被邀请去教授教父学时，我其实还完全不知道自己能否胜任这一工作。为了更好地完成教学任务，我只能自己先学习相关内容。在巴黎工作的最初两年时光里，我系统阅读了教父作品，其中有原文也有译文。我首先选择原著进行研究，而非我的同时代学者的科研成果。这种研究方法使我一生都免于公式化的生搬硬套，力求尽可能准确地把握前人的思想精髓。①

从弗洛罗夫斯基的主要神学观点来看，对教父学说的理解和体悟正是他一切神学思想形成的基础。

一　主要神学思想

（一）对"创造论"的阐释

《圣经》认为"神创造天地"，但是很多哲学家，甚至是基督徒都很难接受基督教的这个观点。弗洛罗夫斯基指出，世俗哲学家之所

---

① Блейн Э. Жизнеописание отца Георгия // Георгий Флоровский: священнослужитель, богослов, философ. М.: Прогресс, 1995, С. 154.

以不接受基督创世的思想，是因为在古希腊哲学中，"存在"被认为是永恒的、自足的、给定的。尽管"存在"本身也会发生变化，但相对于它的永恒性，它所发生的一切变化只是一种循环，周而复始，无始无终。而在基督教的创世思想中，世界不是永恒的，不是自足的，不是给定的，而是被造的，是有开端、有原因的，是从虚无中被造的。《圣经》详细记载了关于上帝创世的故事。在弗洛罗夫斯基看来，对《圣经》要进行解释，而不能仅仅停留在阅读的层面，他根据古代希腊教父对创世的解释阐述了自己对这个问题的看法。他认为，世界被造的标志就是它在时间中的存在，世界的产生就是时间的开端。显然，"在时间之前的不是时间"①。在时间之中的就是被造物。时间既然有开端，就一定有结束。

> 时间的序列将被终止，在这个序列里将有一个最后的点。但这个终点以及时间变化的终止并不意味着消除与时间一起开始的存在，在时间中存在的，并在时间中生成的东西，不意味着向非存在的复归和堕落。现实的时间将不再存在，但被造物将被保留，被造的世界可以不在时间中存在。②

这样的思想在古代教父那里也有过表述，而且引发了关于世界存在必然性的讨论。一部分人认为世界的存在不是偶然的，而是不依赖于任何东西而必然存在的。著名教父奥利金就是这样肯定的，他断定世界是永恒存在的，他从上帝的万能出发，认为如果世界不曾存在，这就是对上帝的一种限制。因此，他认为世界的存在是必然的。但有

---

① 转引自张百春《弗洛罗夫斯基神学思想概述》，《哈尔滨学院学报》2002年第1期。
② 转引自张百春《弗洛罗夫斯基神学思想概述》，《哈尔滨学院学报》2002年第1期。

一些古代东方教父反对奥利金的这个论断，他们认为世界开始存在，而不是永远地存在。弗洛罗夫斯基也持这样的观点，他认为："在世界的存在里没有任何必然性。被造的存在不是自足的和自然而然的。在被造的世界里没有产生和存在的任何基础。被造物以自己的存在所见证和证明的是自己的被造性，自己的被产生性。"① 而与世界的必然性直接相关的问题是上帝如何创造世界，是在一种"完全自由"的状态里创造的，还是在一种必然的状态里创造的？创造是上帝的一种需求吗？弗洛罗夫斯基根据教父的思想，认为上帝是在完全的自由中创造世界的，并借助了圣阿法纳西的观点，阐明了"生"和"创造"、"本质"和"意志"等概念。即创造是意志的行为，而生是本质的行为。如圣子的"生"与上帝的本质是不可分割的，"生"是上帝的本质属性，而作为上帝意志行为的创造则与上帝的本质无关。这意味着在本质上，上帝完全可以不创造，但他必须生。因此，圣子是没有"开端"的，他永恒地生于圣父，与圣父同质，但被造物却是有开端的，它依赖于上帝的意志而被创造，其本质与上帝根本不同。上帝在完全的自由中，而不是在任何必然性中创造世界。在这个意义上，世界完全可能不被创造，它完全取决于上帝的意志。圣阿法纳西的这些思想为圣三位一体学说的建立奠定了基础。

弗洛罗夫斯基还在教父神学里发现了神化的概念，他完全接受基督徒的使命就是宣扬神化的思想，认为这个思想符合教会的传统。被造物的使命是在自由中与上帝结合，参与上帝的生命，"这个使命只有通过被造物的自我规定和修行来实现"②。弗洛罗夫斯基本人就十分注意"修行"问题，这是东方教父神学的另一个主题。"修行"是个

---

① 转引自张百春《弗洛罗夫斯基神学思想概述》，《哈尔滨学院学报》2002年第1期。
② 转引自张百春《弗洛罗夫斯基神学思想概述》，《哈尔滨学院学报》2002年第1期。

十分复杂的概念，不是指完全的个人行为，而是指人在教会里的行为，应当放在东正教的传统之内去理解。在那里，修行不是简单的苦行，而是自由地创造，是产生新事物，是人的个性的自我完善，是本质上的更新。只有这样，被造物才能真正成为上帝生命的参与者。

(二) 对"十字架与复活"的阐释

根据基督教思想，人类最大的悲哀就是原罪所导致的人与神的分离，也就是死亡。而"道成肉身"成了基督教教徒最大的追求，因为在这里神和人的联系从某种意义上说获得了恢复。这就是化身的秘密，化身是对神的显现，"但化身只是神的道的福音历史的开始……这个历史在死亡中实现，而且是在十字架上的死亡中实现的。生命是通过死亡向我们显现的……基督教信仰的神秘悖论就在这里"[①]。在化身行为中，基督接受的是人的本质，但他没有被人的罪污染，基督永远是无罪的，只是因为他爱人类而担负了人类的罪。化身只是拯救行为的开端，顶峰是十字架上的死亡，通过这种方式基督消灭了人类的罪。

人的死亡是一场灾难，它给人带来了巨大的恐惧。人本来是可以不死的，只是人由于自由而犯罪，这个原罪自身就是死亡，其本质是偏离永恒生命的根源，偏离上帝。基督本来与死亡无关，他和人一样，本可以不死。基督在死的问题上是绝对自由的，没有任何人能够夺走他的生命，他在十字架上的死是完全自愿的。为了拯救人类，基督自愿选择了死亡。在十字架上死的不是人，而是化身了的神，就人的本质而言，基督死亡了，但就神的本质而言，基督是不可能死的。基督死后，他的灵魂和肉体也分离了，但神性既没有离开他的灵魂，也没有离开他的肉体。死后的基督在肉体上没有腐烂，而他的灵魂则进入了死亡的领域，作为生命的源泉，战胜了死亡。基督"在死亡的

[①] 转引自张百春《弗洛罗夫斯基神学思想概述》，《哈尔滨学院学报》2002年第1期。

黑暗中燃起了不灭的生命之光，这是神的生命之光。'下地狱'是充满死亡的绝望中的生命的显现，这是对死亡的胜利"①。虽然在人间仍然存在着死亡，死亡的现实没有被消灭，但死亡的无能已经被揭示了。基督不但死了，而且复活了，与他一起复活的是整个人的本质。基督通过自己的死，证明了人的死亡是无力的，死亡是可以被战胜的，这是基督徒全部的希望。教父们已经注意到了十字架上的死和复活之间的有机联系。他们认为，如果说死亡是从亚当开始传遍整个人类的，那么通过基督的复活，永生也传遍了整个人类。复活是救赎事业的历史过程中的最后一步，是化身的结局。在这个问题上，弗洛罗夫斯基强调的是，"十字架上的死成了对死亡的胜利，这不仅仅因为在死亡之后是复活，更因为十字架上的死就是胜利自身。复活只是十字架胜利的一个结果和显现，这个胜利在神人刚刚死后就实现了"②。如果说整个人类通过基督的复活而获得了复活的可能性，那么具体到每一个人，情况就复杂了。在本质上，基督复活使整个人的本质复活了，任何一个具体的人在本质上都不能再成为永远死亡的，每个人在本质上都被拯救了。然而，尽管复活是普遍的恩赐，但是真正获得无上幸福的毕竟是少数人，因为具体的个人都是有意志的。罪与恶都在意志里，而不在本质中。人必须自愿参与获得完善和永生，人的意志应该自愿地归向上帝。"人的意志只有在修行和自由中才能被医治。"③ 因此，人应该充分发挥自己的积极作用，背起十字架，跟从基督的脚步去完成拯救的事业。

（三）对"化身和马利亚论"的阐释

关于"化身"问题，弗洛罗夫斯基认为应该将其放在创世的学说

---

① 转引自张百春《弗洛罗夫斯基神学思想概述》，《哈尔滨学院学报》2002 年第 1 期。
② 转引自张百春《弗洛罗夫斯基神学思想概述》，《哈尔滨学院学报》2002 年第 1 期。
③ 转引自张百春《弗洛罗夫斯基神学思想概述》，《哈尔滨学院学报》2002 年第 1 期。

体系内来理解。在这个体系中，被造物的使命是与上帝结合从而实现神化。但作为被造物的人由于原罪而丧失了与上帝结合的可能性，靠人自身已经无法实现这个使命。幸而上帝完成道的化身，他可以帮助人最终实现神化的使命。然而，在阅读教父著作的过程中，弗洛罗夫斯基发现，教父们一直强调化身的救赎意义，却很少谈及化身的原因。这让他产生了疑问，也引发了他进一步研究的兴趣。通过大量阅读文献，弗洛罗夫斯基从中世纪神学家们的论述中发现了这样一个观点，即化身是创世计划最初就设定好的一部分，它与人的原罪无关，其自身就是目的，而不是拯救的手段。大阿尔伯特（1200—1280）等13世纪著名的神学家们都坚持这个观点，约翰·邓·司各脱（1266—1308）则进一步发展了这个观点，并对它进行了论证。他"首先强调的是化身是上帝的最原初的，不依赖于任何事物的意图，这个意图包含在创世的整个图景之中"[①]。关于化身原因问题的两个观点，即化身与原罪无关和化身直接依赖于原罪，长期存在于基督教世界，至今仍没有统一的说法。弗洛罗夫斯基在古代东方教父中找到了一个对此问题进行过研究的人，那就是忏悔者马克西姆。他认为，基督的本质与他的化身相关，这就意味着无论人是否有原罪，基督都要化身，这是神的永恒计划中的一部分。马克西姆把上帝创造的历史分为两个阶段：第一个阶段在逻各斯的化身里达到了顶峰，这是上帝通过化身向人的下降；第二个阶段是人向神化的荣耀的上升，把化身的秘密传递给所有的被造物。弗洛罗夫斯基倾向于这个立场，但是他同时也客观地指出，无论如何，关于化身的最初原因的所有解释都带有猜测性，它与许多神学论断一样其实只是一种假说。

尽管人们对化身的最初原因的看法存在分歧，但是化身本身是被

[①] 转引自张百春《弗洛罗夫斯基神学思想概述》，《哈尔滨学院学报》2002年第1期。

所有基督徒都认可的一个无可争辩的事实,而它的实现离不开圣母马利亚。童贞女马利亚无染怀孕,生下耶稣基督,帮助上帝完成了道的化身,她是上帝的母亲。鉴于她的重要性,在基督教神学里有一个部分就是马利亚论。弗洛罗夫斯基特别强调马利亚论的重要性,在他看来,如果没有关于基督母亲的教义,那么基督论的学说就不可能获得准确的表述。但与此同时他又认为,马利亚论不是独立的学说,而只是包含在化身理论中的一部分,当然这是其中至关重要且最具实质意义的一部分。上帝之母马利亚是人,但是她所生的是神的儿子,是三位一体中的圣子。圣子本来是由圣父所生,但在马利亚这里圣子"第二次"诞生了,这就是化身。圣母马利亚生了一个永恒的神子,神子与上帝之母之间不可能仅仅是血缘关系,还有精神上的联系。关于神子和圣母马利亚之间的关系问题,弗洛罗夫斯基写道:

> 耶稣是永恒的上帝,然而他化身了,马利亚是他真正意义上的母亲,否则化身就是谎言。这就意味着,人的本质是以特殊的和非常密切的方式与主相连的。也就是说,对马利亚而言,耶稣不但是主和救主,而且是儿子。所以,马利亚是自己孩子的真正母亲,她是人的母亲,这不亚于她是上帝之母。只不过马利亚的孩子是上帝,但是这并不影响她成为一位母亲,正如基督的神性并不影响他成为真正的人并体验儿子的情感,来回应马利亚的母性之爱。[①]

当然,由于身份的特殊性,马利亚和圣子之间的关系注定是人类所不能彻底认识的秘密。在弗洛罗夫斯基看来,马利亚被上帝选中并获得了恩赐,而上帝则通过她实现了化身的秘密,但这绝不意味着马

[①] 转引自张百春《弗洛罗夫斯基神学思想概述》,《哈尔滨学院学报》2002年第1期。

利亚仅仅是上帝实现化身的"工具"。马利亚在被选为圣母之前,一直过着有信仰的生活。当得知神的意志后,她积极回应,恭顺地接受了上帝的决定。在早期东方教父那里,马利亚一直被拿来与夏娃进行比较,马利亚对上帝的服从抵消了夏娃的不服从,因此她也被称为"第二夏娃"。而当马利亚在上帝化身的过程中起到关键作用时,她更是参与了拯救的事业。因此,在东正教里马利亚备受信徒崇拜,她是身体和精神上的童贞圣母,是人类的代表,却又高于整个人类,因为她作为"第二夏娃"开始了全新的人类。

(四) 对"末世论"的阐释

弗洛罗夫斯基指出,当代神学轻视末世论的传统可以追溯到启蒙运动时期,原因在于当时末世论被看作过时和应该被放弃的东西。而在俄罗斯东正教思想界,无论是宗教哲学家还是神学家一直都很重视末世论。弗洛罗夫斯基既是宗教哲学家,又是神学家,同时又是一位历史学家,在他的神学思想中一直体现着历史主义。拥有这些多重身份的弗洛罗夫斯基对末世论问题自然是十分关心的,因为末世论问题首先是个关乎时间的历史问题,而后才演变为神学问题。弗洛罗夫斯基认为,历史问题实际上就是时间问题,时间是从创世开始的,它有终点,因此历史也是有终点的。创世问题也是弗洛罗夫斯基关注的神学主题之一,他认为,有关最后事件的秘密已经包含在了创世里。在创世行为里,上帝创造了一个与自己在本质上完全不同的世界,这个世界的使命就是神化,与上帝结合。时间是这个世界的属性,是它的存在方式。时间不可逆地向前运行,但它不是简单地、循环地流逝着。时间应该有终结,因为上帝创造世界不是没有目的的,时间应该朝着这个目的运动,这个目的无疑就是永恒,那么永恒就是时间的结束。因此从这个意义上说,创世既是时间的开始,同时也预示着时间的终点。人类的历史就是在时间中展开的,因此人类的历史必然也要终结。但是，这并不代表人类历史就是无意义的，是虚幻的，相反它是现实的，基督就是在这个历史中实现化身的，基督的教会也存在于这个历史中。这个现实的历史有其目的和终点，那就是永恒。和时间的终点一样，历史的终点也属于历史事件中的一个环节，但同时它也是对这个环节的破坏，因为在终点之后不会再有历史和历史事件。对人而言，关于这个终点之后的一切只能是猜测。我们知道基督的第二次来临就发生在历史终结的时候，他是历史环节的最后事件，也将结束一切历史事件，但究竟什么是基督的第二次来临，这是无法想象的，没有人知道这个事件会发生在什么时候。我们只知道，与创世一样，这个发生在世界时间序列里的最后事件的中心还是基督自身。在这个最后事件中，将完成上帝的审判。这将是罪恶的人类和神圣的上帝的相遇，是每一个人及整个人类的本真状态的展现。人和人类的一切历史都将赤裸裸地展现在上帝的面前，人的自由在这里有了结果，这个结果就是责任，人的最后的责任就是服从上帝的审判。然而，弗洛罗夫斯基针对最后的审判提出了自己的疑问：

> 在最后的审判中，所有的人都服从上帝的意志吗？有没有抵抗的可能？人的反抗在审判之后能否继续存在？被赋予了自由的存在物能不能继续以自己的自由与上帝对抗，就像他一直对抗到现在那样？反抗上帝的意志，与之对抗，在上帝的拯救之外的存在物还能够存在吗？人可不可以不回应上帝的呼唤？福音书里关于好坏的区分就是对人类的最后审判吗？被造自由的现实地位是什么？"上帝的意志将被实现"究竟是什么意思？[①]

[①] 转引自张百春《弗洛罗夫斯基神学思想概述》，《哈尔滨学院学报》2002 年第 1 期。

弗洛罗夫斯基提出的所有这些问题都涉及人的自由意志。上帝是万能的，但是悖论就在于，上帝尊重人的自由，从不剥夺人的意志自由，而人却又要无条件地服从上帝。因此，素来在神学研究中强调个性研究法的弗洛罗夫斯基认为，拯救也应该是个性的问题，而不是普遍抽象的存在，虽然所有的人都将遭到审判，但上帝会按照不同的方式来完成审判，没有统一的拯救模式。可以说，在最后的事件中到处充满着矛盾和悖论，而其根源就是创造的秘密。这样，弗洛罗夫斯基把最初的事件——创世和最后的事件——上帝的审判联系在了一起，可以说，他的神学思想始于创世终于末世。

（五）对"教会论和基督教统一理论"的阐释

对教父著作的研读使弗洛罗夫斯基对早期基督教教父们的个人生活经历和思想内涵有了系统而全面的认识。作为早期基督教会中受到尊重的作家，教父们是新约圣经最早的读者，当他们研读完《圣经》后便把自己所领会到的心得用当时还不是很有系统、很有规范、很严谨明确的语言编写成书，作为基督徒信仰生活的养料。尽管后来因教会的分化，教父也因自己所属的教会而被划分为拉丁教父和希腊或东方教父，他们在对待具体神学问题时的观点不尽相同，有时甚至会发生冲突和矛盾，但两方教父都承认教会的唯一性和统一性。弗洛罗夫斯基的教会观与古代教父思想是一致的，而这也使他更加坚定自己的观点，因为他认为这是有史可依的。

1929 年，弗洛罗夫斯基在《道路》杂志上发表了文章《圣餐礼和聚合性》（«Евхаристия и соборность»）[1]，更为具体地阐述了关于基督和教会在圣餐仪式中的启示。弗洛罗夫斯基认为，圣餐礼中隐秘

---

[1] Флоровский Г. В. Евхаристия и соборность // Путь（Париж），1929，No. 19. С. 3 - 22.

地体现了聚合性和教会的神圣性（Тайность）。每一次圣餐礼都是统一的伟大的圣餐礼的完整体现，都是完整的牺牲，代表统一的基督永远和到处存在。上帝建立了自己的教会，并用自己的受难来教导信徒，这就是统一和爱的圣事。在教会中，信徒通过爱的力量，通过身体和血的圣事，实现与基督的结合，从而得到上帝的拯救。圣餐礼是教会的圣事，是聚集的圣事，是交流的圣事。圣餐礼的交流不仅是精神或道德的统一，也不仅是意志和感觉体验的统一。这是真实和本体论的统一，因为在基督中实现了统一的有机的生活。在圣餐礼中，基督通过圣事的恩典使信徒与自己真正结合，使信徒体验了统一的神人生活，实现了与基督在圣事中的交流，得到了精神的复活和统一。在圣餐礼中，信徒个人的独特性被弱化，信徒成为基督中的共同成员，通过这种共同关系，彼此之间又成为共同成员。在此基础上，一个带有基督属性的全世界性的人类社会便建成了。这个人类社会代表的是一个完整的基督，是由许多成员组成的一个统一的身体。

弗洛罗夫斯基认为，圣餐礼是全世界性的圣事，是和平与爱的圣事，是统一的圣事。基督通过自己的受难告诉信徒：我爱你们，因此你们也要彼此相爱。基督祈祷信徒能在他的身体中实现统一：让所有人都统一起来，你中有我，我中有你。这种结合只能在基督中实现，在他的爱中实现，在他身体的统一中实现。教会的这种统一和聚合性只能在圣餐礼中实现。因为圣餐礼是一种共同和集体的祈祷仪式，每个参与者都在为所有的信徒祈祷，所有信徒都同时进行着祈祷。可以说，这是信徒的大集合。当然，祈祷者的数量并不是最重要的，最重要的是这样的祈祷代表着教会中精神的统一。因为这是所有信徒异口同心的祈祷，而不是简单地把各自的祈祷机械地捆绑在一起。在圣餐礼中，作为教会成员的每个信徒都不是在为自己祈祷，而是认识到自己是教会身体的共同成员，他们的祈祷摆脱了各自的局限性，转变成了共同和聚合的祈祷。教会在宗教仪式中号召人们走向爱，这不是通常意义上人与人之间的爱，而是关于基督的爱，是在基督中的爱，以及为了基督的爱。在教会中，人们像爱自己那样去爱别人，而这样的爱只有在基督中才得以存在。可以说，在圣餐礼中世界是一个真实的宇宙，是统一和联合的，教会以基督的身体来呈现统一和完整。

基于对教会统一的认识，弗洛罗夫斯基一直对基督教世界的分裂感到担心，通过参与别尔嘉耶夫座谈会（Коллоквиум Бердяева）以及圣阿尔巴尼亚和圣谢尔吉兄弟会（Братство св. Албания и св. Сергия），他也对这个问题有了更为直观和切身的体会。1933 年初，弗洛罗夫斯基发表了《基督教重新联合的问题》（«Проблематика христианского воссоединения»）[①] 一文，表达了自己对恢复基督教统一问题的认识。在弗洛罗夫斯基看来，教会只有一个，统一是教会的本质，教会正是因为统一和联合而在世间建立的。教会是基督的身体，是一个统一的有机体。只有在教会中，在基督爱的圣事中，在圣灵的力量中，才可以实现真正的联合和统一。但是这个统一在基督教历史中还没有出现，这是个尚待完成的任务。基督教世界始终处在分裂状态，不仅是分裂，还有纷争和暴乱。然而，教会在自己的统一上却是不可战胜的，甚至教会这个词从严格意义上说是不可能有复数形式的。基督教世界由于对基督的不同认识而分裂了，但是教会却没有分裂，遗憾的是统一的教会没能阻止基督教世界的分裂。

弗洛罗夫斯基指出，基督教的统一和联合问题已经成为时代主题，而且令人感到欣喜的是，全世界的基督教徒都形成了走向统一的共识。但是在他看来，这种统一的共识不应该只是某种模糊的内心骚

---

① Флоровский Г. В. Проблематика христианского воссоединения // Избранные богословские статьи. Издательство «Пробел», Москва, 2000, С. 171 – 185.

动，它应该在忏悔的苦修和信仰的功勋中得到坚定和进一步明确，因为基督的统一只有在精神的清醒中才能实现。在通往基督教重新联合的道路上，最重要的困难不是讨论基督教是否应该统一，而是应该回答什么是联合和统一，如何实现统一。在历史上有很多恢复基督教统一的尝试，遗憾的是都没有成功，但这并没有妨碍其真正的亲近和联合。无论如何都应该弄清楚基督教分裂的意义和本质是什么，它是由什么原因引起的，应该克服的问题是什么。关于分裂和联合的问题不应该在单纯的道德范畴里解决，把这个问题纳入道德范围是一种曲解和简单化处理。人类的不能相互容忍、傲慢、爱好权利或本性卑劣等原因确实在基督教的分裂中有所体现，但这些道德缺陷绝不是基督教分裂的首要原因。分裂的源头在于对基督的不同认识，在于缺少爱。这个爱不是对亲人的爱，而是对上帝的爱。人的精神视野由于爱的缺乏而变得模糊，导致他无法认识上帝，因为只有通过纯净的心灵才能看到上帝。而不认识上帝，自然也就不认识自己的教会兄弟。换句话说，基督教分裂的源头是对真理的不同理解，因此基督教世界的分裂具有教义意义。这是信仰的分裂，而不仅是某些具体表述的分裂。因此，克服分裂不仅需要温柔和如兄弟般的关爱，而且需要意见一致和见解相同，需要精神的洞察和真理的统一。应当像爱兄弟那样爱敌人，但是这样的爱还不能促成真正的统一，真正的统一是离不开信仰统一的。在对基督教分裂的道德性解释中有一个默认的前提，那就是分裂只是由于某种悲剧性的误解，分歧是因为对互相的关爱不够，不愿意去理解对方，而不是没有能力去爱。在这种前提下，在基督教的分裂中其实是存在着足够的统一和一致的。

　　弗洛罗夫斯基认为，基督教分裂的道德解释总是带有教义最低纲领主义，这是由于持这种观点的人根本不关心教义。但这是违背真理的，只有在真理中才有真正的精神之爱。道德解释者把爱的层次降到了个人层面，他们追求的不是真正的意见一致，而是在沉默和避而不谈中达成和解。他们理解的统一是通过降低条件来实现的，建立的是最薄弱的基础，而真正的统一反而需要提高条件，建立最坚固的基础。在这里需要的是最高纲领主义，只有通过这种途径实现的统一才是最稳固、最长久的。这是信仰的统一，而不只是爱的统一。并且信仰的统一也不是教会统一的全部。因为教会的统一是生活的统一，是圣事的统一和交流。真正的统一只能在神秘主义的体验中，在充足的不分裂的信仰中，在圣事的完整中实现。弗洛罗夫斯基还指出，道德解释者的另一个缺点是太自满和乐观。他们认为基督教之间的和解是很快就能实现的，一点都不困难，这源于他们对分裂的理解缺少足够的严肃。在弗洛罗夫斯基看来，重新联合只能通过解决尚未解决的问题来实现，而不能一味地回避，在这个过程中还有很多未知的问题等待界定，因为分裂本身就意味着问题的存在。因此，实现基督教的重新联合是一条困难的道路，需要勇气和胆量。

正如弗洛罗夫斯基所说，解决基督教分裂问题、实现教会的重新联合是一条困难而漫长的道路。在他看来，其中最主要的困难就在于如何确定教会的界限。弗洛罗夫斯基随后发表的文章《论教会的界限》（«О границах Церкви»）[1] 就是对这个问题的专门阐述。弗洛罗夫斯基在文章开篇就表示很难对基督教的分裂做出一个准确的界定。在他看来，教会分裂始终是一种矛盾和反常的现象，因为教会的本质应该是统一的。这个统一的标准是全世界性或聚合性，个人的意识在志同道合的集体意识中减弱甚至消失了。相反，分裂就是孤立和否定聚合性，这是与教会性直接对立的。弗洛罗夫斯基指出，早在3世纪时，著名拉

---

[1] Флоровский Г. Прот. О границах Церкви // Путь（Париж），1933，No. 44. C. 15 – 25.

丁教父居普良（Киприан Карфагенский，约200—258）[①]就教会分裂的性质和意义问题进行过深入的研究。居普良认为，任何的分裂都是没有神性的，他的依据是确信圣事只能在教会中举行，因为只有那样才有交流，才有聚合性。所有对聚合性的破坏就是对统一的破坏，应该坚决摒弃。对居普良来说，分裂就是离开教会的堕落。他提出了"在教会之外没有救恩"的论断，因为只有在教会中才能喝到拯救之水。在弗洛罗夫斯基看来，居普良教会理论的神学前提是无法推翻的，即圣事只能在教会中进行，但是他提出的"教规是具有超凡能力的教会界限"的定义太过狭窄。弗洛罗夫斯基认为，教会作为神秘的有机体，作为基督的秘密身体，不可能只用一种教规术语或范畴来描述。从其神秘存在上看，教会已经完全超越教规标准了。教规界限经常是具有超凡能力的，但并不总是这样。教规的差异并不意味着神秘主义的消失，因此真正的教会界限不应该只根据教规来界定。但是，居普良关于教会统一和圣事的理论无论如何都是应该被认可的，只是不应该仅仅根据一种教规观点就确定教会的整体轮廓。

居普良的教会理论影响了很多古代教父，其中包括圣奥古斯丁（Августин Блаженный，354—430）[②]。在关于教会统一和爱的统一是圣事拯救的必要和决定性条件的论断中，圣奥古斯丁和居普良的思想几乎是一致的，但是在教会界限的问题上前者有自己的思考。圣奥古

[①] 居普良（Киприан Карфагенский）：对基督教教会论影响深远的拉丁教父。他的教会合一观念是促成拉丁教会统一在罗马主教之下的重要思想力量。他的名言："不以（大公）教会为母的，就没有上帝为父"和"在教会之外没有救恩"，都极力强调大公教会在信仰上的必要性。但他所主张的体制却又不是天主教的教宗制，而是主教联盟，就是以各地主教组成的团契为全教会的最高领导中心。其代表作为《论教会合一》。

[②] 圣奥古斯丁（Августин Блаженный）：古罗马帝国时期基督教思想家，欧洲中世纪基督教神学、教父哲学的重要代表人物。在罗马天主教系统，他被封为圣人和圣师，并且是奥斯定会的发起人。著有《忏悔录》《论三位一体》《上帝之城》《论自由意志》《论美与适合》等。

斯丁认为，在分裂派和异教中也有教阶和使徒继承，因此分裂派教徒甚至异教徒也可以举行圣事。对圣奥古斯丁来说，教会通过两种联系建立：内在的精神统一和外在的世界联合。世界联合在分裂中被切断了，但是精神统一仍在圣事中保持着连续。这样就出现了一个奇怪的现象：分裂派在圣事中还与教会联合着。在他看来，在分裂派的圣事中教会也起着作用，因为教会不仅在其内部起作用，还通过精神统一在外部起作用，因此分裂派教徒所进行的圣事也是有重要意义的，那就是作为分裂派回归全世界性完整和统一的圣事的前提和保证。但是分裂派的圣事是起不到拯救作用的，因为在分裂中没有爱，而在爱之外是不可能有拯救的。圣奥古斯丁认为，教会的界限就是拯救的界限，在聚合性之外是没有拯救的，在这个意义上他和居普良的教会外无救恩的思想是一致的。

在对比了居普良和圣奥古斯丁的教会理论之后，弗洛罗夫斯基认为这两位教父关于教会统一的思想都是正确的，但在对教会界限问题的看法上，弗洛罗夫斯基更认可圣奥古斯丁的观点。他认为，教会的界限不是教规性的，而是精神性的，教会中存在的是聚合的爱，分裂派中存在的则是分离主义和相互疏远，而这就是圣奥古斯丁所说的拯救的界限。然而，即便弗洛罗夫斯基同意圣奥古斯丁关于分裂派教徒也可以举行圣事的说法，但是他坚决反对把这种现象解释成教会分支理论（Теория церковных ветвей）。他认为，教会不存在平等的分支，分裂派中虽然也有圣灵和圣事，但这些还不能作为建立教会正常体系的基础，只有基督的拯救才能建立起教会，而这个拯救是唯一的，因此教会也是唯一的。正如居普良所说：

  教会也是一个，她由生养众多扩展普遍到四方成了群。日头虽有许多光线，却只是一个光体；树木虽有许多枝子，却只有一个从坚韧的根里发出的力量；从一个充沛的水泉虽涌出许多支流，却只有一个源头，然而在源头里仍保存着合一。若要把太阳的一线光从它的光体分离，它的合一并不容光分离；若把一枝子从树身折断，它就决不能发芽；若把支流从源头断绝，它就必定干涸。教会也是这样。她既被主的光照亮，就放射她的光线到全世界，然而分散到各处的是一个光，而全体的合一也并不被分离。教会伸展她的枝条到全世界。教会扩展她的江河，充分地涌流着，然而教会的头只有一个，而她的源头也只有一个。她是惟一的母亲生养众多。[1]

二 新教父综合理论的提出

随着在教会和基督教分裂问题上的研究越来越深入，弗洛罗夫斯基关于教会统一的理论逐渐成熟，而且在他看来，这个统一的教会之根就是从拜占庭继承而来的俄罗斯东正教会。弗洛罗夫斯基的这种观点蕴含着复杂的历史根源，是由其信仰直接决定的。基督教在其产生后不久，就逐渐分化成了拉丁语地区的西派和希腊语地区的东派。当基督教成为罗马帝国国教后，教会依照罗马行省建立教区，而在各教区中尤以罗马和君士坦丁堡两个城市的主教地位最高，后来又因使用语言的不同而形成了以罗马为中心的拉丁教会和以君士坦丁堡为中心的希腊教会或东方教会。330年，罗马帝国迁都君士坦丁堡，极大地提高了希腊教会的地位。395年，罗马帝国分裂为东、西罗马帝国，这一历史事件更加强化了教会的分歧。但在帝国两分后，西罗马帝国不出数十年即告崩溃，而东罗马帝国即拜占庭帝国却一直延续到15

---

[1] 《尼西亚前期教父选集》，中国基督教三自爱国运动委员会、中国基督教协会，2006年，第301—302页。

世纪中叶。因此，拜占庭认为自己才是罗马帝国的唯一继承者，是"第二罗马"，而希腊教会也自称"正教"，意为"正宗的教会"。1054年，基督教世界正式分裂为对立的两极——希腊东正教和罗马天主教。罗斯于988年从拜占庭接受基督教，因而在基督教大分裂后便跟随拜占庭成为东正教的一员。1453年，拜占庭帝国灭亡，俄国随后出现了"第三罗马"理论，宣称自己是继罗马、拜占庭之后的"第三罗马"，是基督教信仰的捍卫者和保护者。作为一个虔诚的东正教徒，弗洛罗夫斯基坚信自己所信仰的东正教就是保留了最正统教义的基督教，而这个教义的最初源头就是希腊教父们的思想。但在弗洛罗夫斯基看来，俄罗斯东正教会及其东正教神学在历史的发展中已经慢慢迷失在了西方哲学的影响之下，逐渐丢失了拜占庭的基督教精神传统。

在阅读东方教父的著作时，教父们的坚定信仰、圣洁生活和独立思维给弗洛罗夫斯基留下了深刻的印象。1931年，弗洛罗夫斯基根据自己在巴黎神学院讲授教父学课程时的讲义，整理并出版了两部关于古代东方教父的书——《四世纪的东方教父》和《五至八世纪的拜占庭教父》。作者在书中对8世纪之前的东方教父们进行了系统梳理，介绍了他们的生平、著述和主要神学思想。其中包括亚历山大里亚的圣阿法纳西（Святой Афанасий Александрийский，298—373）、耶路撒冷的圣基里尔（Святой Кирилл Иерусалимский，315—386）、圣大巴西勒（Святой Василий Великий，330—379）、圣神学家格里高利（Святой Григорий Богослов，326—389）、圣金口约翰（Святой Иоанн Златоуст，347—407）、亚历山大里亚的圣基里尔（Святой Кирилл Александрийский，376—444）、忏悔者圣马克西姆（Преподобный Максим Исповедник，580—662）和大马士革的圣约翰（Преподобный Иоанн Дамаскин，675—753）等。弗洛罗夫斯基在《四世纪的东方教父》一书的序言中写道：

> 我努力在书中刻画出这些伟大教父们的形象。对我们来说，他们是统一的全世界信仰的见证者，是普世传说的保存者。但是，教父文献不仅仅是不可侵犯的圣传说的宝库。传说就是生活，因此传说只有在活生生的再现和感同身受中才能原原本本地被保存下来。教父们在自己的作品中证明了这一点。他们向我们展示了，信仰的真理是如何使人的精神复苏和重生的，人的思想是如何在信仰的经验中复兴和更新的。他们在完整和富于创造性的基督教世界观中为我们开启了信仰的真理。从这个层面上说，教父作品是我们创作的灵感之源，是基督教式英勇和智慧的典范。这是一个基督教思想的流派，一个基督教爱智慧的流派。我希望能通过自己的介绍将大家带进这个富于创造性和思辨性的永恒世界。我坚信，只有在教父作品中才能找到当代所追寻的通向新的基督教综合的正确道路。使自己的理智回归教会、恢复教会思想的神圣传统的时刻已经到来了。[1]

1937年，弗洛罗夫斯基出版了其人生中最重要的一部作品——《俄罗斯神学之路》，可以说这是他创作的顶峰。在这本书里，弗洛罗夫斯基通过描述和评价两种手法，表达了自己对俄罗斯神学的基本看法，带有明显的主观性。作为对11—20世纪俄罗斯宗教思想史的系统梳理，该书通常被界定为弗洛罗夫斯基在思想史方面的代表作，但其实书中无处不体现着作者的东正教神学思想，即认为俄罗斯神学发

---

[1] Георгий Флоровский. Восточные отцы Церкви. М.：Издательство АСТ，2003，С. 5.

展所遇到的一切问题都归结于精神文化认同的缺失,而这个认同就蕴藏在从拜占庭因袭而来的古老东正教传统中。弗洛罗夫斯基在书的前言中表述了自己对俄罗斯神学思想史进行评判的原则:"研究俄罗斯的过去使我坚定了一个看法,那就是我们这个年代的东正教神学家只有在圣传说中才能找到创造性的灵感的正确标准和活生生的源头。脱离教父学和拜占庭主义是俄国发展中所有断裂和精神失败的主要原因。"[1]

弗洛罗夫斯基在《俄罗斯神学之路》的第一章中阐述了自己对"俄罗斯拜占庭主义的危机"的理解。他指出,15世纪拜占庭的衰落使其在罗斯的威望急剧下降,与此同时,"第三罗马"理论的提出使罗斯人的民族自信心迅速膨胀,加上罗斯与西方的关系越来越密切,最终导致了拜占庭的东正教传统在俄罗斯逐渐被遗落。这就是所谓的俄罗斯拜占庭主义的危机。在此背景下,俄罗斯发生了一场约瑟夫派和禁欲派的争论。该争论具体表现为对是否保留修道院经济和教会财产的辩论,而其实质是两种宗教构想、两种宗教真理之间的冲突。约瑟夫派支持保留教会财产,禁欲派则相反。弗洛罗夫斯基支持后者,他认为这是一场使俄罗斯精神回归拜占庭教父的运动,因为禁欲派所倡导的彻夜祈祷、内省禁欲和体验修行正是拜占庭禁欲主义的实质。但是,这场争论最后以约瑟夫派的胜利而告终,意味着拜占庭传统在俄罗斯的进一步丧失。在谈及教会合并问题时,弗洛罗夫斯基明确表达了自己的反对立场,他认为这其实分裂了俄罗斯西部的教会,意味着东正教将被纳入西方传统,而且这是没有得到民众普遍同意而做出的决定,是一种教权运动。在弗洛罗夫斯基看来,只有通过对拜占庭

---

[1] Прот. Георгий Флоровский. Пути русского богословия. Москва: Ин-т рус. цивилизация, 2009. Авторское предисловие.

和教父学传统的忠诚才能抵御教会合并的诱惑。

在《俄罗斯神学之路》关于17世纪诸多矛盾的论述中，弗洛罗夫斯基重点强调了对尼康改革以及由此引发的分裂运动的态度。弗洛罗夫斯基认为，尼康的亲希腊行为不是源于普世教会的视野，也不是回归教父本原，更不是复兴拜占庭的文化特色，他只是被希腊宗教礼仪的华丽所吸引，以此出发来实行礼仪改革。在弗洛罗夫斯基看来，尼康改革的激烈性在于生硬和不加区分地否定了全部旧的俄罗斯礼仪，在除旧布新的同时还宣传旧的是假的，是异教徒的，这严重伤害了民众的感情。弗洛罗夫斯基批评尼康改革，但批评的不是改革内容，而是改革本身，也就是说，他认为改革是没有必要的。弗洛罗夫斯基在书中提到尼康曾写信给拜占庭牧首，提出了一些关于宗教礼仪的疑问。牧首在回信中指出，最重要的是在信仰问题上保持一致，宗教礼仪和表面规范存在差异是可以容忍的，也是不可避免的。但是尼康并没有采纳牧首的意见，仍然坚持进行礼仪改革。至于分裂运动，弗洛罗夫斯基同样也持否定态度。他认为分裂运动是社会政治异见的爆发，是一场社会运动，而非宗教运动。分裂派刻意追求与世隔绝的感觉，选择自我封闭，这不是保存和复兴传统，而是一种由于眼界太过狭隘而导致的精神疾病。

弗洛罗夫斯基在该书中还谈到了对18世纪彼得改革的看法。他认为改革最大的特点不是西方化，而是世俗化，它使俄国发生了根本改变——政权和教会分离，教会服从于政权，国家世俗化。弗洛罗夫斯基批评彼得的教会改革，他认为改革是表面的暴力，并没有群众基础，人为地降低了教会的地位，使俄罗斯宗教界一直处在恐惧之中。在他看来，彼得宗教改革是教会的乌克兰化，因为当时神学校中的教师几乎都是乌克兰人，而他们宣扬的是拉丁理论。在弗洛罗夫斯基看来，建立神学校本身是具有积极意义的，但不应该把拉丁学校的教学模式直接搬到俄罗斯来，这意味着教会意识的脱节，容易造成双重信仰。弗洛罗夫斯基肯定亚历山大一世时代为发展神学所做的努力，包括推行宗教学校改革，制定神学院改革章程，否定拉丁语在神学教育中的作用，把希腊文列为必修科目。弗洛罗夫斯基认为，19世纪前50年的俄罗斯神学发展取得了很大的进步，它使希腊语重新回到了教学大纲中，加入了对东方教父著作的阅读，唤醒了神学研究中的历史感，使人们回归了古老的教会体验。

至于20世纪40年代发生的西方派和斯拉夫派的争论，弗洛罗夫斯基也在《俄罗斯神学之路》一书中表明了自己的立场，即赞同基列耶夫斯基（И. В. Киреевский，1806—1856）[①]等老一辈斯拉夫主义者的观点。因为他们不是盲目地否定西方文化的价值，甚至对西方的衰落感到痛心。这与欧亚主义者对西方的否定态度是截然不同的。弗洛罗夫斯基认为，老一辈斯拉夫主义者是在整个基督教世界中进行思考，俄罗斯是基督教范围中的东方，它的东方性是相对于普世基督教中的天主教来说的，而不是与基督教世界相对立的东方性。对于俄罗斯宗教哲学，弗洛罗夫斯基认为要依靠自身所有的东方教父传统来实现其强大，但回归教父传统不是简单重复，教父传统只是俄罗斯宗教哲学的萌芽，它应该有属于自己的新发展。弗洛罗夫斯基提出要在神学研究中使用历史方法，要重视对教会历史的考察和对教父著作的研究。但弗洛罗夫斯基始终强调，忠于教会传统绝不是维护旧的模式，而是以此为基础不断向前发展。

弗洛罗夫斯基对俄罗斯神学发展道路的评价是十分苛刻的，他不但按照西方的影响来划分俄罗斯神学发展的阶段，而且认为俄罗斯神

[①] 伊万·瓦西里耶维奇·基列耶夫斯基（Иван Васильевич Киреевский）：俄国著名的宗教哲学家、文艺批评家和政论家，早期斯拉夫派的杰出代表之一。

学自身是混乱的,在发展过程中出现了断裂。由于受到西方的影响,俄罗斯的东正教知识分子信仰的实际上是神学科学,而非真正的神学,对神学的冷淡进而导致了自由思想,造成了对信仰的偏离。这使得俄罗斯失去了神学发展和探索的基础。但是弗洛罗夫斯基并没有停留在这些悲观的论调上,他进一步得出了自己的结论:俄罗斯神学到了这样的地步,西方的影响固然重要,但这也只是外在的原因,还有更深层的内在原因,那就是俄罗斯神学丢失了拜占庭的东正教神学传统,即教父传统。因此,在该书的最后,弗洛罗夫斯基指出,恢复教父风格是俄罗斯神学复兴的第一要义。东正教神学要摆脱西方影响,恢复自己的独立性,只有通过向东方教父源头及其精神的回归这一个途径。这就要求俄罗斯神学家了解东方教父们的著作,在创造中遵循教父原则,而不是机械地模仿。此外,摆脱西方的影响也不是疏远它和与它决裂,而是要克服西方的错误并超越它。在谈到俄罗斯的东正教神学使命时,弗洛罗夫斯基认为,它的广阔前景蕴藏在普世教会合一运动中。只有积极参与这一运动,并抵制基督教西方的诱惑和冲击,东正教才能真正融入基督教大家庭中,体现自己的价值并在其中占据属于自己的精神领导地位。也只有这样,基督教的重新统一才能最终实现。

《俄罗斯神学之路》一书出版之后在巴黎侨民界得到了两极化的评价。褒奖者认为,弗洛罗夫斯基学识丰富,而且敢于对俄罗斯思想史进行批判性分析。贬低者则认为,他在书中对俄罗斯宗教思想史的整体发展和诸多人物的评价过于严苛,而他的这种负面评价与当时在俄罗斯侨民中占主导地位的宗教民族主义明显是对立的。俄罗斯白银时代最著名的代表人物之一别尔嘉耶夫就指出这本书中的观点过于主观和偏激。针对弗洛罗夫斯基提出的重返教父传统的理论,别尔嘉耶夫认为,他是宗教保守主义者,重复希腊和拜占庭的教父学思想表明他根本就没有弄清楚 19 世纪俄国宗教思想的主题——在宗教层面上思考全世界的人道主义和自由。因为在别尔嘉耶夫看来，拜占庭的经验太过于局限，它只适用于其所处的时代，缺乏永恒性，而在全新的宗教主题面前需要的自然是一种全新的经验和视野，而不是沉迷于过去。

尽管《俄罗斯神学之路》一书饱受争议，但这并不影响该书在俄罗斯宗教思想史上的地位。因为，无论如何这都是弗洛罗夫斯基用自己的世界观和价值观对俄罗斯宗教思想史进行的一种评判，是他试图为其找到未来发展方向的一种积极尝试。在弗洛罗夫斯基看来，俄罗斯神学思想最大的缺陷就是与教父传统的断裂，而他正是根据这一传统来写这部书的，他从古代教父那里接受了一套评判的规范和标准，并以之研究俄罗斯东正教历史。弗洛罗夫斯基与俄罗斯宗教哲学和神学的传统"决裂"，与所有的俄罗斯宗教哲学家和神学家"决裂"，主张"回到教父那里去"，不是为了与俄罗斯宗教哲学和神学自身"决裂"，而是为了找到真正属于俄罗斯的宗教哲学和神学。可以说，《俄罗斯神学之路》的问世标志着弗洛罗夫斯基东正教神学思想的最终形成，他为俄罗斯神学的发展找到了一条"新教父综合"之路。

尽管弗洛罗夫斯基在分析俄罗斯东正教思想史时，指出了很多令人沮丧的事实，但最后得出的结论却是乐观的。他认为："俄罗斯神学的时代又将展现。我们的时代注定还是走向神学的。"[1] 这并不是凭空想象的，而是他研究俄罗斯神学发展之路后得出的必然结论，"走向神学"这一乐观结论的前提就是俄罗斯神学要放弃西方神学传统，从东方教父传统出发。"对俄罗斯过去的研究使我坚定了这样一个信

---

[1] 转引自张百春《弗洛罗夫斯基的新教父综合》，《基督教研究》2000 年 10 月，第 164 页。

念,今天的东正教神学只有在教父传统内才能为自己找到正确的尺度和创造灵感的活生生的源泉。我坚信,与教父学和拜占庭主义在思想上的割裂是俄罗斯发展道路上的所有中断和精神上失败的主要原因。"① 因此,弗洛罗夫斯基认为,俄罗斯东正教神学家的使命是通过恢复东方教父的思想来重建俄罗斯东正教神学与拜占庭神学的联系,而这也是他潜心研究教父学的动力所在。

其实,早在《俄罗斯神学之路》问世之前,弗洛罗夫斯基就已经提出了关于建立基督教综合的想法。他表述了一种全新的原则,那就是完整准确地表达东方基督教话语,即东方希腊教父思想,并提出要按照这一原则为俄国宗教思想制定新的战略和找到新的发展道路。弗洛罗夫斯基认为,要创造性地对待古代教父的思想遗产,对遗产进行现代化理解,而不能盲目和保守地一味保卫它。但在此之前,首先要对古代教父的思想进行完整而准确的恢复与表达。弗洛罗夫斯基认为,教父们是按照使徒的方式,而不是按照亚里士多德的方式来进行神学思考的。这种神学思考其实就是布道,使徒们通过讲经台,用祷告的语言和神圣的仪式,对信仰进行辩护和宣传。尽管他们的神学思想也是有逻辑地表达出来的,但其本质是对信仰的见证,任何神学的论断都与在基督里的生命有关,而不是空洞的思辨。弗洛罗夫斯基特别强调东方教父传统的连续性,他反对在这个传统内部划分明显的阶段。他认为,从本质上说,无论哪个时代的神学都是对之前教父传统的有机延续,但这种延续绝不是简单的重复,而是包含着属于自己时代的新东西。

基于对东方教父传统的这种理解,同时结合当代现实,弗洛夫

---

① 转引自张百春《弗洛罗夫斯基的新教父综合》,《基督教研究》2000年10月,第164页。

斯基提出了新教父综合理论。之所以要综合，是因为不能简单地重复和模仿教父，而是要挖掘教父传统的精神，从教父出发解决现代问题，这是一种创造，是一种综合。这实际上是一种方法论，一种对待东方基督教话语的全新态度。在这种态度的指导下力求避免两个极端立场：一方面摆脱纯粹的保守主义，防止一成不变地保留遗产和盲目服从旧规范；另一方面摆脱纯粹的现代主义立场，尊重古代遗产，杜绝根据自己的意愿随意使用并歪曲遗产。与此相对应，弗洛罗夫斯基的理论也包含两个层面，其中第一个层面就是"教父综合"论题。他认为，要想正确对待东方基督教话语，就应该精确而完整地保留古代东方教会的精神遗产，即所谓的教父综合。在他看来，这个精神遗产的主要内容就是东方希腊教会的教父思想遗产，而且在任何时代，它都应该成为宗教思想的基础、支柱和方针。与此同时，弗洛罗夫斯基坚决反对对过去的盲目崇拜，认为最重要的不是过去，而是现在。由此，便引出了第二个层面，即"新"。弗洛罗夫斯基认为，向传统的返回，向古代东方教会教父思想的返回，不是针对其词句，而是针对其精神。换言之，保留精神遗产不应该逐字逐句地重复教父的某些具体观点和理论，而是要重复教父们对待问题的态度和方法。在他看来，教父学说是一种无所不包的基督教思想标准，但绝不是对所有问题的现成回答，而是不断更新的精神财富。对教父学说的忠诚不仅要求对其遗产有形式上的了解，而且要掌握其内在的神学风格和思维方法。也就是说，必须创造性地遵循传统，而且这种创造必须面向自己所处的时代，回应现代性所提出的挑战，这就是新教父综合理论的实质所在。正如弗洛罗夫斯基自己所强调的那样："这不应该是简单地把教父的意见和主张汇集起来。这应该是一种综合，是对古代圣人洞察力的一种创造性重新评价。这种综合应该具有爱国主义性质，并忠于教父的精神和观点。同时，它应该是一种新的教父综合，因为它是面向新世纪的。"①

弗洛罗夫斯基的新教父综合理论是他一生中最重要的学术创造,对俄罗斯东正教神学的发展有着重大意义。综观他的一生,在其新教父综合理论形成之后,弗洛罗夫斯基的几乎一切学术创作、思维活动,以及实践活动都是以该理论为指引的。

第三节 独具东正教特色的文化哲学思想

弗洛罗夫斯基毕生遵循《圣经》和教父哲学的传统,在教父神学研究方面成绩卓著。不仅如此,弗洛罗夫斯基才能卓著,兴趣广泛,在古典语文学、逻辑学、认识论、历史方法论、拜占庭学、斯拉夫学和文化学等方面都颇有建树,而且在这些领域中所取得的成果都体现着他的东正教思想。其中,文化哲学问题在弗洛罗夫斯基的创作中占有重要的地位,由他提出的带有东正教色彩的文化哲学思想因其明显的宗教性而在众多文化学理论中独树一帜。

文化学,简而言之,就是研究各种文化的学科。该领域内影响十分广泛的理论之一就是"文明形态论",又称"文化形态史观"或"历史形态学"。德国著名哲学家和历史学家奥斯瓦尔德·斯宾格勒(О. Шпенглер)就是文明形态论杰出的代表人物之一。他于1918年出版了自己的代表性著作《西方的没落》,并在该书中提出了这一文化学理论,创造性地将生物学的有机体概念引入了文化研究之中。斯宾格勒把文化的形成比作一种自然变化,认为世界上各种文化的发展是一个起伏不定的循环过程。在他看来,每一种文化均为一个有机体,都具有生、长、盛、衰等规律性和可测性的过程,也都经历着

---

① Блейн Э. Завещание Флоровского // Вопр. философии, 1993, №. 12. С. 84.

春、夏、秋、冬四季的更替。每种文化都无法避免这一自然运动的周期命运，所以应该把文化当作一个动态的发展过程来研究。在斯宾格勒的理论中，他把世界历史视作一幅不断形成与转变的图像，一幅有机生物的奇妙的成长与萎缩的图像。此外，斯宾格勒还抨击欧洲中心论，主张文化多元论。虽然身为欧洲文明中的一员，但斯宾格勒并没有从狭隘的"欧洲中心主义"立场出发，而是清醒地认识到每一种文化都有其自我发展形式，任何一种文化类型——即使是最优越、最强大的文化类型最终都无法将其模式强加于他种文化之上。他把世界历史分成八种完全发展的文化，细致考察其各个时期的不同现象，揭示其共同具有的产生、发展、衰亡及其毁灭的过程。

弗洛罗夫斯基对自己文化哲学思想基本理论的最早阐述体现在由其参与创作的欧亚主义文集《走向东方》中一篇题为"论非历史民族"的文章里。在该文中，弗洛罗夫斯基把对文化的静态理解和动态理解两个方面对立起来。他认为：

> 文化是不能被学会的，更是不可能被掌握和继承的，它只能被个人力量所建立和创造。只有那些对文化进行更新，把传说变成自己的东西，变成自己个性存在不可分割的一部分，并对其进行重新创造的人，才能延续文化的继承性。当历史突变停止，意外出现新的存在形式时，文化就消亡了，只剩下一种保守落后的日常生活习惯。而这种生活习惯确实只能通过遗传来表达。日常生活是凝固了的文化，是具体化了的思想，也正是因为如此，日常生活传统失去了自己本身的活力和独立的节奏。[①]

[①] Г. В. Флоровский О народах неисторических（страна отцов и страна детей）// Основы евразийства. М., 1992, С. 93–94.

弗洛罗夫斯基认为,"文化传统和日常生活传统之间可能会发生严重的分歧",于是他便开始着手研究文化传统现象。在他看来,在日常生活的层面上,传统是已有形式之间传递和影响的媒介,如"罗马世界的希腊化"或"现代日本的欧化"。而文化层面上的传统则不服从于客观决定,且具有纯精神属性。比如,虽然美国在日常生活层面上俨然是欧洲民主主义和资产阶级特性的复制品,但在文化层面上,它具有极端否定小市民习气的传统和希望确立个人自由的追求,而这正是美国自我意识的真正精神所在,而不是任何资本主义。在谈到俄罗斯时,弗洛罗夫斯基则有意识地脱离其所具有的历史多面性,把隐藏在俄罗斯最高文化成就中的东正教精神作为其主要文化传统。在这里,弗洛罗夫斯基为揭示"文化传统"所使用的是现象还原法。他写道:

> 文化传统是触摸不到的,是非物质的。它的脉络交织于人类创造性精神的深处。创造,就像日常生活传统的相互模仿一样,也有属于自己的传统。但是,这些具有创造性的文化联系不是靠理智,也不是靠推论分析来理解的,而是靠感觉来感知的,这种感知可以将几个世纪凝聚成一个短暂的瞬间。[1]

对文化哲学的描述在40多年以后得到这位俄罗斯侨民思想家的进一步发展和明确。1964年,在一次关于古罗斯文化研讨会的发言中,弗洛罗夫斯基提出了一系列关于理解文化的总体原则和进行历史文化研究的方法论任务。其中,在界定"文化"内涵的问题上,弗洛

---

[1] Г. В. Флоровский О народах неисторических (страна отцов и страна детей) // Основы евразийства. М., 1992, С. 102 – 103.

罗夫斯基指出了此概念的双重性。他认为，文化首先应该是一个描述性术语，用来说明某个社会或团体的结构。在这个意义上，文化既是动态目标和相互联系的综合体，又是固定习惯的集合。在任何一种文化中总有一些标准化的规则可供参考，但要想真正掌握某一种文化，只能通过实际行动，通过为实现某个具体目标而进行的积极努力。其次，弗洛罗夫斯基建议把文化当作一种价值体系来研究。在他看来，价值产生并积累于历史的创造过程中，它们总是以某种特殊情境为前提。同时，文化价值总是追求多面性和广博性。因此，尽管文化价值在本国土壤里根深蒂固，它也可以被移植到别的国家，这样的移植在历史发展过程中起到了重要的作用。在此基础上，弗洛罗夫斯基还特别强调了社会和文化属性之间的本质区别：如果说社会有可能走向灭亡，那么生长于该社会中的文化则可以在其他社会中永恒地继续存在下去。在弗洛罗夫斯基看来，各种文化在思想、艺术、文学和社会生活等各方面的伟大成就都是自给自足的，是不依赖于某个特定时间或个人的。因此，弗洛罗夫斯基赋予不同的文化类型以各自独立的生存期限，并认为任何一种文化都是有可能得以重建、复兴的，因为真正的价值是永远不会衰减的。弗洛罗夫斯基同时还指出，正是由于文化这一概念具有双重性，文化历史学家所面临的任务也相应地具有双重性。第一个任务是描述性的，要求研究者对其所采纳的、对社会历史生活的某一阶段有一定意义的文化价值进行认真细致的整理。第二个任务是解释性的。在这个层面上，弗洛罗夫斯基提醒研究者谨防试图根据某一文化所属的社会历史命运来对该文化进行评价。因为在他看来，文化应该脱离其历史命运，根据其自身的内部结构来进行评价。

　　正是以这种文化哲学思想为基础，弗洛罗夫斯基产生了对"基督教希腊化时代"（христианский эллинизм）文化的永恒意义的信仰。他曾在《基督教与文明》（«Христианство и цивилизация»，1952）、《信仰与文化》(«Вера и культура», 1956) 和《帝国与荒漠基督教历史的二律背反》(«Империя и пустыня. Антиномии христианской истории», 1957) 几篇文章中提出有关"基督教文化"的可能性和必要性问题。弗洛罗夫斯基认为，基督教文化的必要性在于，信仰不只是人类生活的一部分，它涵盖了方方面面，其中包括文化层面。人类的个性作为最基本的精神价值是与其形成和赖以生存的文化息息相关的。

尽管历史只是未来世界的模糊预测，但它也确确实实是一种预测，而历史中的文化进程与其最终发展结果有一定的关联，也许我们现在还不能清楚地分辨这是一种怎么样的关联。我们应该防止夸大人类的成就，但同时也不能低估人类的创造力。从人类最终命运的角度来看，人类文化的命运并不是无关紧要的。

他指出："在我们这个时代，很多人都对整个文化或者至少是对某些领域，如哲学或艺术中的文化持类似圣像破坏运动式的态度。他们从基督教信仰的角度出发，指责这些文化是纯粹的偶像膜拜行为。"[1] 在弗洛罗夫斯基看来，这种现象恰恰反映了20世纪普遍存在的历史和文化悲观主义。这种悲观主义情绪的高涨从一个方面反映了时代发展所遇到的困境和人们对时代的怀疑，在另一个方面却标志着哲学和神学思想上的某种进步。因此，不顾当时出现的"文化衰落和绝望"现象，弗洛罗夫斯基提出了一个积极的基督教"文化神学"纲领，即"新教父综合"理论，认为俄国未来的希望在于恢复基督教文化，并创造性地利用古代东方教父的精神遗产。

---

[1] Флоровский Г. Вера и культура // Флоровский Г. В. Избр. богословские статьи. М.: Пробел, 2000, С. 253, 254, 257.

在《论非历史民族》一文中，弗洛罗夫斯基还对历史哲学和民族自我意识中的欧洲中心主义进行了批判，驳斥了欧洲所提出的文化历史独特性和"父之国"（страна отцов）的特殊作用。弗洛罗夫斯基认为，西方的文化自觉性已经站不住脚了，欧洲文化正在变成一个困难重重的"神话"。在这个"神话"中，偶然的历史模式被过分理想化了，并试图作为一种必然强加于别的民族。实际上，由于贫穷而缺乏历史遗产正在变成无价的财富，因为旧文明的基础已经变得非常薄弱，它已无力再培育出新的幼苗。在对西欧理性主义的批判中，弗洛罗夫斯基使用了俄国的思想遗产。他认为，俄国的使命是"要向世界说出'自由的秘密'，这是一种容忍，一种兄弟般的情谊，一种无所不包的全人类之爱"[1]。因此，在弗洛罗夫斯基的逻辑里，对欧洲中心主义的批判不是简单地通过否定所有的西方经验从而肯定俄国，而是秉持一种正面积极的具有全人类关怀的态度。他这样写道："这里说的不是用一个民族来代替另一个民族，不是用一种有限的特点来代替另一种特点，而是创造性地集中和联合所有在人类痛苦的历史经验中积攒下来的宝贵遗产。"[2]

由此可见，弗洛罗夫斯基的文化哲学理论与斯宾格勒的"文明形态论"文化学思想之间存在着一定的相似之处。二者都提倡把文化当作一个动态的发展过程来研究，并对欧洲中心主义进行了批判。然而，与斯宾格勒不同的是，弗洛罗夫斯基的文化哲学思想并不仅仅停留在纯粹的哲学思辨层面，他最终走向了神学，走向了"新教父综合"——真实地复原东方教父的基督教精神遗产，并根据现实情况对

---

[1] Флоровский Г. Вселенское предание и славянская идея // Флоровский Г. Из истории русской мысли. М.：Аграф，1998，С. 260.

[2] Флоровский Г. Вселенское предание и славянская идея // Флоровский Г. Из истории русской мысли. М.：Аграф，1998，С. 263.

其进行创造性利用。脱离了欧洲，弗洛罗夫斯基在俄国文化，甚至在年轻的美国文化中看到了它的替代者。这种观念的产生和这位一生漂泊的思想家的生活经历密不可分。从1948年开始到生命的尽头，弗洛罗夫斯基在美国度过了31个年头，在这里他最终收获了一个稳定安逸的晚年，这无疑在很大程度上使他对美国有一种好感。在他看来，美国思想和俄罗斯思想存在着共同点，那就是二者都对个性、道德、历史哲学和社会学问题深感忧虑。因此，无法在祖国实现抱负的弗洛罗夫斯基，便把自己的理想转移到了美国。他认为，美国生活哲学的主要内涵在于克服一元的决定论，确立多元的可塑性世界图景，在这个图景中人类是自由的劳动者，而不是上帝的无声奴仆。正是这种包容性使他相信在美国有可能"建立一种全球性的东正教文化"，这也正是弗洛罗夫斯基在生命的最后时光中一直在美国致力于推进普世教会运动的最大精神动力。

第四节 弗洛罗夫斯基神学思想在实践中的进一步形成

身处国外，俄罗斯东正教教徒不可避免地会接触到西方基督教教徒。在异国的生活为俄国思想家们提供了重新认识和理解西方基督教文化的可能，使他们看到了西方式的虔诚和神圣，为他们展现了另一种对待基督教的方式。弗洛罗夫斯基正是在这个过程中开启自己的基督教之间对话之旅的，而这个最终贯穿他一生的旅程则开始于他参与的别尔嘉耶夫创办的座谈会。

20世纪20年代末至30年代初，弗洛罗夫斯基和别尔嘉耶夫的交往非常密切。这是因为别尔嘉耶夫作为发起人创立了一系列促进俄罗斯东正教思想繁荣的组织，如在巴黎开办宗教文化科学院和创办《道路》

杂志（1925—1940）。弗洛罗夫斯基积极参与了这些组织框架内的活动，在科学院做关于宗教哲学主题的讲座，担任杂志社的编辑，并为杂志积极撰稿。而在别尔嘉耶夫座谈会框架内的交往与合作对弗洛罗夫斯基来说意义尤为重大。座谈会举办于1926年，其初衷是推动基督教三大流派之间的交流。因此，座谈会中包括了东正教、罗马天主教和新教三方面的代表。座谈会每个月举办一次，每次讨论其中一位成员提交的报告。这样的三方聚会持续了两年，后来由于梵蒂冈方面禁止天主教徒参加，座谈会中断了大约一年。此后虽然又恢复了每月一次的活动，但为了避免天主教教徒和新教教徒之间的争吵，新教教徒退出了座谈会，只有天主教和东正教两方面代表参加。但是由于参会人员个人观点的冲突，座谈会最终还是终止了。尽管如此，对弗洛罗夫斯基个人来说，对别尔嘉耶夫座谈会的参与可以说是他的第一次教会间交流经历，他还在另两个基督教流派的代表面前阐述了自己的新教父综合理论，这对他今后的人生道路产生了极大影响。正如他自己所说："正是这些聚会使我明白了，应该尊重普世教会合一对话的价值和潜力。"[①] 1926—1932年，弗洛罗夫斯基积极与来自基督教其他教会的朋友们进行交流，尽管年龄不同，观点也时有冲突，但是他们之间保持了很长时间的友谊，这为他以后参加普世教会合一运动奠定了基础。

　　1932年弗洛罗夫斯基接受神职后，就开始在巴黎俄罗斯基督教学生运动所辖的教堂中做神甫。俄罗斯基督教学生运动最初产生于1909—1910年的俄罗斯。当时穆德在俄罗斯的各大学中进行演讲，随后便有一些研究《圣经》的小团体陆续成立，成员主要是信仰东正教的大学生。但是由于十月革命和国内战争期间的社会动荡，这些小团

[①] Блейн Э. Жизнеописание отца Георгия // Георгий Флоровский: священнослужитель, богослов, философ. М.：Прогресс, 1995, С. 48.

体的活动被迫中断，其成员也逐渐流亡到俄罗斯境外。后来，在基督教青年会（Юношеская христианская ассоциация）和穆德所领导的基督教学生联合会（Федерация студентов-христиан）的帮助下，这些团体的一些成员决定重新恢复活动。1923年10月在捷克斯洛伐克召开了准备会议，境外俄罗斯基督教学生运动随之产生。该运动在精神上受弗洛罗夫斯基曾在布拉格参与的圣索菲亚东正教兄弟会的领导，弗洛罗夫斯基还曾参加其第一次组织筹备大会。起初，境外俄罗斯基督教学生运动的成员认为自己很快就能回到俄罗斯，因此他们把首要任务确定为帮助流亡在外的俄罗斯知识分子回归教会，并希望通过教会的力量来帮助流亡的资产阶级临时政府成员争得对俄罗斯的领导权。但是，随着国内战争形势的明朗，重回俄罗斯的希望越来越渺茫，他们便开始把更多的精力放在教育下一代俄侨青年上，因为他们认为青年应该成为东正教在欧洲国家的传承者。可以说，当时的境外俄罗斯基督教学生运动已经成为新老两代优秀的俄罗斯侨民宗教思想家聚会的地方，对战争年代东正教在欧洲的繁荣做出了重大贡献。最初，境外俄罗斯基督教学生运动的活动形式主要是组织座谈会，从1925年起开始在巴黎出版自己的杂志，并与其他组织合作以拓宽自己的社会和传教事业，包括组织夏令营、为孩子募捐、提供法律帮助、为失业者提供就业机会等。弗洛罗夫斯基不仅在该运动管辖教区的教堂中服务，还为其创办的杂志《俄罗斯基督教学生运动公报》（《Вестник РСХД》）撰写文章，包括《知识的辩护》（《Оправдание знания》）、《教会中的基督徒》（《Христианин в Церкви》）等文，以及在其举办的大会（如1931年在拉脱维亚举行的俄罗斯基督教学生运动大会）上发言。[1]

---

[1] Блейн Э. Жизнеописание отца Георгия // Георгий Флоровский: священнослужитель, богослов, философ. М.: Прогресс, 1995, С. 51–52.

1928年，俄罗斯基督教学生运动和英国基督教学生运动（Британское студенческое христианское движение）共同创立了圣阿尔巴尼亚和圣谢尔吉兄弟会，这个组织对促进英国圣公会和俄罗斯东正教会之间关系的发展起到了重要作用，也扩大了境外俄罗斯基督教学生运动在普世教会合一运动中的活动范围。兄弟会的成员主要是世俗大学和神学院的学生和教师，目的是为英国圣公会和俄罗斯东正教会中的年轻人创造一个相互交流、增进了解的平台。弗洛罗夫斯基第一次参加该兄弟会的活动是1929年应邀在其第一次大会上发言。从那时起一直到二战爆发，除了1938年在希腊出差以外，弗洛罗夫斯基几乎每年都参加兄弟会的大会。他在会上表现出来的智慧和在教父学领域的卓越学识，为他赢得了英国大学生和神学家们的好感。1936年弗洛罗夫斯基成为兄弟会杂志《聚合性》（«Соборность»）的主编之一，1937年他被选为兄弟会副主席。[1] 对弗洛罗夫斯基来说，参加圣阿尔巴尼亚和圣谢尔吉兄弟会的活动与参加别尔嘉耶夫座谈会在某种意义上有着相同的意义。因为从成立之初开始，兄弟会就主动邀请天主教会的代表参加会议，后来这就成了惯例。因此，可以说圣阿尔巴尼亚和圣谢尔吉兄弟会其实也是基督教三大流派进行交流的平台，是普世教会合一运动的一个缩影。由于在圣阿尔巴尼亚和圣谢尔吉兄弟会中的积极参与，弗洛罗夫斯基逐渐进入了英语世界，英语水平也大大提高，这进一步为他今后正式参与普世教会合一运动奠定了坚实的基础。

在二战开始前的几年里，弗洛罗夫斯基在英国讲学的时间几乎和他在巴黎待的时间一样多。这一方面是因为他参加了圣阿尔巴尼亚和圣谢尔吉兄弟会框架内的巡回讲座项目，另一方面则是迫于他因反对

---

[1] Блейн Э. Жизнеописание отца Георгия // Георгий Флоровский: священнослужитель, богослов, философ. М.: Прогресс, 1995, С. 53.

布尔加科夫的索菲亚论而在圣谢尔吉神学院和整个巴黎侨民界引起的不满。

弗洛罗夫斯基和布尔加科夫于1923年在布拉格相识。虽然弗洛罗夫斯基比布尔加科夫小22岁，但是在他们相识的时候，弗洛罗夫斯基就已经是一位年轻有才并拥有坚定信仰的思想家了。这使两人的交往从一开始就建立在相互尊重和欣赏的基础上，也使他们得以快速亲近。然而，尽管弗洛罗夫斯基和布尔加科夫都忠诚于东正教，但他们在宗教观点上还是有很大的不同，这是由多种因素造成的。首先，布尔加科夫经历了从马克思主义到宗教的回归，在他的思想历程中有一个重新认识教会的过程，这个经历无疑会对他的思想产生一定的影响。而弗洛罗夫斯基从来都没有离开过教会，对他来说基督教的真理始终都在教会中。其次，所受教育的不同也决定了弗洛罗夫斯基和布尔加科夫在思维方式和世界观上的差异。布尔加科夫的专业是法律和经济，习惯于抽象思维。而弗洛罗夫斯基则喜欢历史，更倾向于具体的历史思维。其实还在布拉格共事的时候，弗洛罗夫斯基和布尔加科夫就明白他们之间存在很大的不同，但那时两人的思想观念还没有出现明显的冲突。在巴黎，随着弗洛罗夫斯基东正教神学思想的逐渐成熟，他与布尔加科夫的神学分歧也日益凸显。

作为俄罗斯白银时代宗教复兴运动时期的著名思想家，布尔加科夫坚定地认为俄罗斯神学应该沿着19世纪俄罗斯宗教哲学思想的方向继续发展，并进一步发展了由弗·索洛维约夫开创的俄罗斯索菲亚论。虽然布尔加科夫并不是该理论的第一代表，但鉴于他在俄罗斯侨民界的威望，他的索菲亚论是影响最广的，可以说布尔加科夫在自己的研究领域早已获得了很高的国际声望，且拥有众多追随者。

相比之下，弗洛罗夫斯基虽然成长于白银时代，而且他在少年时代就对宗教复兴运动十分感兴趣，甚至还借用弗·索洛维约夫的完整知识体系构建了自己的人生使命模型，但对他来说在学术创作上最重要的推动力还是自己的思考和研究。这在一定程度上源于弗洛罗夫斯基是家中最小的孩子，且从小体弱多病，这样的成长环境使他得到了家人无比的宠爱和照顾，也造就了他固执的性格。此外，他从小表现出来的卓越才能使他对老师和学生、长辈和晚辈之间的界限比较模糊，习惯于平等地与周围比他年长和社会地位高的人交往，而不受其思想观点所左右。因此，即使在布尔加科夫帮助他来到巴黎任教后，弗洛罗夫斯基仍然不能违心地对布尔加科夫的索菲亚论表示认可，甚至把自己在巴黎神学院执教期间写作的精神动力归结于对以一切形式存在的索菲亚论的反驳。

在弗洛罗夫斯基看来，以布尔加科夫索菲亚论为代表的俄罗斯白银时代宗教哲学是一种介于神学与哲学之间的混合风格，而且这种不甚明了的界定经常被一些人加以利用，他们认为自己既不需要遵循哲学的创作要求又不需要符合神学的思维逻辑，而是在两者之间随意地进行选择，甚至还把自己对哲学的这种运用说成是有教父先例可循的。弗洛罗夫斯基认为，这一部分俄罗斯宗教哲学家们显然是没有正确理解哲学和神学之间关系的，是对东正教神学的不尊重。在他看来，索菲亚论者所说的教父是指拉丁教父。的确，伟大的拉丁教父们通过把新柏拉图主义应用到基督教教义中，从而使哲学和神学混为一谈，造就了教父哲学的全盛时期。但其实在此之前东方希腊教父就已经做过类似的尝试，因此弗洛罗夫斯基认为他们才是教父哲学的最初创立者。东方希腊教父是最早意识到哲学的作用的，但他们的目的是借用哲学语言来建立一套成熟而规范的神学体系，因为希腊哲学是当时唯一的哲学体系，如果没有它就不能实现神学研究的进步，也无法创造出基督教教义。因此，在东方教父的逻辑里哲学仅仅是为基督教教义辩护的一种工具，哲学是屈服于神学、为神学服务的。在弗洛罗夫斯基看来，这才是哲学和神学之间的正确关系。虽然布尔加科夫后来放弃了哲学而转向神学，但他将索菲亚概念引入了圣三位一体的结构里，把索菲亚与神的本质等同，这在传统的基督教教义中是从未出现过的，自然也是弗洛罗夫斯基所不能接受的。在反对索菲亚论的同时，弗洛罗夫斯基坚持把圣传说作为东正教神学复兴的基础，号召回到古代东方教父的传统中去，认为那才是永恒和普世的东正教。

尽管各自坚持自己的观点，但是弗洛罗夫斯基和布尔加科夫并不想因为学术观点上的差异而影响两人的私交，更不想走向对立。然而在外界，特别是布尔加科夫的追随者们却强加给了他们许多矛盾，公开指责弗洛罗夫斯基的神学观点是针对布尔加科夫个人提出的。此外，为了避免弗洛罗夫斯基和布尔加科夫产生冲突，圣谢尔吉神学院的领导甚至决定暂停弗洛罗夫斯基的讲座。这些都使得弗洛罗夫斯基在神学院乃至整个巴黎侨民界陷入了孤立的境地。1935年9月，莫斯科东正教会把布尔加科夫的索菲亚论判为异端。为此，都主教叶夫洛基专门成立了一个神学小组来讨论这个问题。为了使讨论的结果更加公正，叶夫洛基认为小组成员中必须有与布尔加科夫观点相左的代表，而弗洛罗夫斯基被认为是最佳人选。但是弗洛罗夫斯基不愿意公开指责布尔加科夫，他写信给叶夫洛基表示不愿意参加这个小组："我跟他说不要让我做这件事。我虽然不同意布尔加科夫的理论，但并不认为它是异端，只是某种迷途而已。我不想猛烈攻击这个理论，不想跟这件事有关系。"[1] 但是都主教拒绝了弗洛罗夫斯基的请求。在这种情况下，尽管弗洛罗夫斯基在此之前尽可能不对布尔加科夫的索菲亚论进行公开评论，但作为小组成员，他却无法回避这个问题。弗

---

[1] Блейн Э. Жизнеописание отца Георгия // Георгий Флоровский: священнослужитель, богослов, философ. М.: Прогресс, 1995, C. 60.

洛罗夫斯基最后做出的结论是，不管布尔加科夫的观点有多么错误，它们也不能被定性为异端，因为布尔加科夫从未试图把自己的理论摆在教会理论的位置上。即便如此，弗洛罗夫斯基的表态还是遭到了巴黎侨民界的抵制，他在圣谢尔吉神学院也变得不受欢迎。在这些充满苦楚的岁月中，唯一让他感到安慰的是布尔加科夫和他的私人友谊并没有因此而中断。甚至在1939年春，布尔加科夫因病无法参加信仰与体制运动的委员会会议时，他还推荐弗洛罗夫斯基代替自己参会，这在当时引起了很多人的不满。布尔加科夫对待弗洛罗夫斯基的态度，足以显示出前者作为一个伟大思想家的宽广胸怀。

一方面是在圣阿尔巴尼亚和圣谢尔吉兄弟会中感受到的热情，另一方面是在圣谢尔吉神学院和巴黎侨民界感受到的疏远，最终弗洛罗夫斯基选择把更多的时间和精力投向前者，他开始更加积极地参与兄弟会框架下的国外巡回讲座。1935年之后，弗洛罗夫斯基的大部分时间都是在英国度过的，每年只回巴黎待上几周，可以说他在圣谢尔吉神学院的教学和科研工作已经基本中断了。在这个过程中弗洛罗夫斯基接触到了各种不一样的人群，有英国圣公会神学院的教授和学生，还有英国最普通教区中的各种教民。与他们的交往使弗洛罗夫斯基对另一个与东正教会完全不一样的教会有了最真实的认识，他的视野变得更加开阔。与此同时，随着在英国活动范围的扩大，弗洛罗夫斯基作为东正教神学家的国际威望也逐渐提高了。因此，虽然弗洛罗夫斯基在俄罗斯东正教会中的教学活动圈子缩小了，他和俄罗斯宗教复兴运动代表们的联系削弱了，但是在他面前却有了更大的参加普世教会合一运动的可能性，而他所处的现实环境也决定了他确实需要一个新的平台来展示自己。1937年8月3—18日，弗洛罗夫斯基参加了在爱丁堡举行的信仰与体制运动第二次大会。这是弗洛罗夫斯基第一次正式参加普世教会合一运动框架内的大型活动，此前他一直是以一个旁观者的立场来看待这场运动的。在爱丁堡会议上，弗洛罗夫斯基担任了神职问题分小组的主席，他的工作为他赢得了尊重。大会还审议并通过了关于成立世界基督教会联合会（Всемирный совет церквей，下文简称"世基联"）的建议，决定成立一个临时委员会来负责所有与组建世基联相关的事务，弗洛罗夫斯基被选为委员会成员之一。这个委员会是1948年世基联成立之前普世教会合一运动的主要执行和协调机构，弗洛罗夫斯基的当选使他进入了普世教会合一运动的核心圈，也决定了他未来的人生道路。由于在临时委员会中行政管理工作的增多，以及巴黎神学院的客观环境所限，弗洛罗夫斯基从事东正教神学理论研究的时间越来越少，他的工作重心逐渐转移到了对普世教会合一运动的实际参与中。但无论何时，弗洛罗夫斯基都坚守自己的神学思想，并希望通过自己的积极实践使这些思想为更多人所知，最终完成东正教的普世使命。

弗洛罗夫斯基的神学研究开始于对教会和基督教统一问题的探讨，而这几乎成了他一生的神学课题。在巴黎圣谢尔吉神学院的教学和科研工作使弗洛罗夫斯基得以接触到早期基督教教父及其思想，进一步促进了其东正教神学思想的成熟。作为新约圣经最早的读者，教父们最基本的使命和任务是把过去珍贵和正确的事物延续到未来，同时也要把前人错误和失败的经验告诉后人。教父们用自己的著作引领后人追本溯源，回归最初的信仰，因为从时间上说他们是最接近耶稣基督的。虽然后来因为种种原因，教父们分化成了拉丁教父和希腊教父，他们各自拥有一套完整的教义体系，但有一点认识是共通的，即对教会统一确认无疑。随着对教父作品理解的逐渐深入，弗洛罗夫斯基认为自己在教父思想中找到了关于教会统一理论的历史依据，而且作为一个东正教徒，他坚定地认为俄罗斯东正教会就是统一的教会之源。但是他所指的俄罗斯东正教会是忠诚地继承了拜占庭东正教会教义遗产的东正教会，而不是在历史发展中逐渐受到西方影响而脱离了与拜占庭联系的东正教会。为了使俄罗斯东正教会能实现自己作为最正统基督教信仰的捍卫者的普世使命，完成分裂的基督教世界的重新联合，弗洛罗夫斯基指出了俄罗斯宗教思想的未来发展方向，即恢复东方教父的教义思想，重建与拜占庭神学的联系。他同时指出，向东方教父思想的回归应该是创造性的，而不是简单的重复，更不是回到过去，忠于教父精神，是从教父那里获得灵感，而不是在字面上重复古老的文本。这就是弗洛罗夫斯基的新教父综合理论。但是，弗洛罗夫斯基的东正教神学思想并没有在巴黎侨民界得到普遍认可，反而由于与布尔加科夫关于索菲亚论的学术争论而招来众多非议。然而，得益于他在基督教间交流活动中的积极参与，在弗洛罗夫斯基的面前展开了一个更为宽广的东正教神学研究前景，那就是普世教会合一运动。弗洛罗夫斯基将这一盛大的全球性运动当作了向西方世界展示东正教精神文化传统的绝好平台，实现了自己的东正教神学研究从理论向实践的延伸。

第五章　弗洛罗夫斯基宗教思想在普世教会运动中的践行

20世纪是人类社会、政治、文化等全面对话的世纪，而宗教对话则是这个对话时代中的重要内容。宗教对话是寻求宗教理解之途，更是达到人类和平共处、和谐共存的智慧之举。宗教对话和宗教理解是相辅相成的两个方面，没有宗教对话就不可能获得宗教理解，而若无真正的宗教理解也不可能进行深入的宗教对话。无论是宗教之间的对话，还是宗教之外的对话，都需要以宗教之内的对话作为基本条件和必要准备。实际上，20世纪以来的基督教之所以能够广泛地、大规模地开展与其他宗教思想、政治、文化体系的对话，在很大程度上是因为其内部的对话，而20世纪兴起的普世教会合一运动正是当代基督教内部的这样一种对话运动。作为俄罗斯境外东正教会的一员，弗洛罗夫斯基积极参与了普世教会合一运动并将其作为毕生事业，是该运动中东正教方面十分著名的代表人物之一。

第一节　普世教会合一运动的发展历史

基督教1世纪产生于罗马帝国犹太省（今以色列、巴勒斯坦地区）的犹太人社群中，在第一个世纪结束前逐渐发展到叙利亚、埃及

第五章 弗洛罗夫斯基宗教思想在普世教会运动中的践行

和小亚细亚等地，并逐渐扩及希腊和意大利地区。在 4 世纪以前基督教是受迫害的，直到罗马帝国君士坦丁大帝（Константин I Великий，272—337）①和李锡尼（Лициний，263—325）②于 313 年发布米兰敕令（Миланский эдикт）③宣布它为合法宗教为止。393 年，狄奥多西大帝（Феодосий I Великий，约 346—395）④宣布基督教为罗马帝国的国教，下令所有人都要信奉，此后古代多神教神庙和偶像都被拆毁。451 年卡尔西顿会议后，一些认为耶稣基督只有神性而没有人性的一性论派教会因不服从君士坦丁堡教会而独立，这是基督教历史上的第一次分裂。1054 年，东西方教会相互绝罚造成了教会史上最为严重的大分裂，西部教会被称为公教（即天主教），东部教会被称为正教（即东正教）。16 世纪西方教会爆发宗教改革，从天主教中分裂出基督新教。17 世纪中叶至 20 世纪初，在新教中又涌现出许多小的教派，并且在全球范围内迅速扩张。

然而到了 20 世纪，新教各宗派出现了以各种方式争取基督教合一的运动，即普世教会合一运动。该运动最初由欧美新教一些较大宗派的传教机构发起，意在协调它们之间的关系，探讨对亚、非、拉地

---

① 君士坦丁大帝（Флавий Валерий Аврелий Константин）：本名弗拉维·瓦莱里乌斯·奥勒里乌斯·君士坦丁，是罗马自前 27 年自封元首的屋大维之后的第 42 代罗马皇帝（306—337），也是世界历史上第一位尊崇基督教的罗马皇帝。

② 李锡尼（Флавий Галерий Валерий Лициниан Лициний）：全名弗拉维·伽列里乌斯·瓦莱里乌斯·李锡尼亚努斯·李锡尼，罗马帝国东部的皇帝（308—324）。

③ 米兰敕令，又称米兰诏令或米兰诏书，是罗马帝国皇帝君士坦丁一世和李锡尼在 313 年于意大利米兰颁发的一个宽容基督教的敕令。此诏书宣布罗马帝国境内有信仰基督教的自由，发还了已经被没收的教会财产，承认了基督教的合法地位。米兰敕令是基督教历史上的转折点，标志着罗马帝国的统治者对基督教从镇压和宽容相结合的政策转为保护和利用的政策，基督教从被迫害的"地下宗教"成为被承认的宗教，而基督教也开始了与帝国政府的政权合流。

④ 狄奥多西大帝（Флавий Феодосий），又译为狄奥西亚一世或杜多思一世，本名弗拉维乌斯·狄奥多西，出生于现今西班牙塞哥维亚的基督教信徒家庭。379 年，狄奥多西被西罗马帝国皇帝格拉提安任命为共治皇帝，统治罗马帝国东部地区，392 年起统治整个罗马帝国。

区传教中的合作问题。因此,一开始普世教会合一运动只在新教内部进行,20世纪20年代以后,全球15个独立东正教会中的一些东正教会也加入其中,扩大了该运动的活动范围。1961年在新德里举行会议时,俄罗斯东正教会莫斯科牧首区以及其他一些东正教会正式加入世基联,使普世教会合一运动有了突破性的进展。而天主教在早期曾抵制该运动,教宗庇护十一世(Пий XI,1857—1939)① 曾在1928年宣布禁止天主教神职人员以教会代表的身份参加任何旨在促进教会合一的会议。20世纪60年代以来,天主教的态度开始有所改变,1961年天主教会曾派观察员列席新德里世基联大会。在1962年的第二次梵蒂冈大公会议上,教宗约翰二十三世(Иоанн XXIII,1881—1963)② 同意在不改变天主教信仰与教条的情况下,寻求基督教世界的合一。1965年教宗保罗六世(Павел VI,1897—1978)③ 在罗马和伊斯坦布尔同时发表声明,撤销1054年东西方教会之间的相互绝罚。虽然天主教不是世基联的正式成员,但教宗保罗六世于1965年命罗马教廷与世基联设立联合工作组,研究双方如何开展对话与合作,从而加快了天主教参与普世教会合一运动的进程。普世教会合一运动旨在宣扬教会的普世性,倡导教会内部的团结和统一,希望教会所有派别都能够重新合一,以实现当代基督教会的大联合,建立以自由、和

---

① 庇护十一世(Пий XI,俗名 Аброджио Дамиано Акилле Ратти),原名安布罗吉奥·达米亚诺·阿希尔·拉提:意大利人,1879年受神职,1922—1939年担任罗马教宗,是神学家和古抄本研究家。

② 约翰二十三世(Иоанн XXIII,俗名 Анджело Джузеппе Ронкалли),原名龙嘉利:意大利人,1958年10月8日至1963年6月3日任罗马教宗,是历代教宗中颇受敬重的一位。曾召开第二次梵蒂冈大公会议,提倡"清廉教会",1963年4月发布著名通谕《和平于世》。

③ 保罗六世(Павел VI,俗名 Джованни Баттиста Энрико Антонио Мария Монтини),原名乔瓦尼·巴蒂斯塔·蒙蒂尼:意大利人,1963年6月21日至1978年8月6日担任罗马教宗。

第五章　弗洛罗夫斯基宗教思想在普世教会运动中的践行　　157

平、正义为基础的大社会。

（一）普世教会合一运动以传教事务入手

18世纪三四十年代，美国发生了一场声势浩大的思想启蒙运动——大觉醒运动（Ривайвелизм），该运动以传道方式激发信徒的宗教情感，号召反对宗教专制、争取信仰自由。大觉醒运动的成果之一就是近代新教传教士事业的兴起，无数新教教徒积极投身海外传教事务，希望将福音传播到世界各地，让每个人都有机会听到福音。18世纪末的新教传教热潮从一开始便具有跨教派的特点。在传教地区，来自新教各教派的众多传教组织希望得到不同教派基督徒的支持，各宗派间的竞争非常明显。为了避免冲突，迫切要求进行超宗派的讨论与合作。1854年，在伦敦和纽约先后召开了世界性会议对此问题进行讨论，这是第一次世界规模的集会。第八次类似的集会是1910年6月14—23日在爱丁堡举行的世界宣教大会（Всемирная миссионерская конференция），来自159个基督新教团体的代表同意基督徒之间应互相尊重，决定谋求各教会宗派在宣教地区的合作，成立一个超越宗派界限的联合组织，以促进教会的合一。该会议标志着普世教会运动的正式兴起。为了巩固会议成果，会后成立了续行委员会（Комитет продолжения），负责协调各个教会组织之间的关系、加强其联系，由约翰·穆德担任委员会主席。经过筹备，国际宣教协会（Международный миссионерский совет）于1921年在纽约莫洪克湖正式成立，穆德当选为第一任主席。协会成员主要为世界各国各地区的跨宗派传教组织，宗旨是协调欧美各传教组织的工作与关系，并在民族独立运动高涨的形势下，研究调整过去曾与西方殖民主义关系密切的传教活动的方针政策。该协会先后于1928年、1938年、1947年、1952年和1957年分别在耶路撒冷、南印度丹伯勒姆、加拿大惠特比、德国维林根和加纳召开会议，致力于促成各教派之间的交往与合作。

（二）生活与工作运动（Движение Жизнь и Деятельность）

生活与工作运动是普世教会合一运动的一个重要分支，其关注点侧重于教会与世俗社会的关系、世界和平与发展等方面。该运动对西方资本主义国家工业化过程中出现的一系列社会问题和国际问题进行思考，试图使各国教会联合起来，从基督教伦理的立场出发解决西方国家所面临的诸多现实问题，向世俗社会显示教会的存在与作用。1914年，相关教会在德国城市康斯坦茨召开和平会议，随之成立了教会促进国际友谊世界同盟（Союз для укрепления содружества народов при посредстве Церкви）。1925年，第一届普世基督教生活与工作大会在斯德哥尔摩召开，标志着生活与工作运动的正式成立。在"教义造成分裂，工作有利合一"的前提下，与会者研究了教会与经济问题、教会与工业问题、教会与社会问题、教会与道德问题、教会与国际关系问题，以及促进教会间合作与协调的方式和手段等问题。1937年，这一运动以"基督教信仰与当代世俗和异教趋势的生死斗争"为主题在英国牛津召开了第二次大会。这次会议详细探讨了斯德哥尔摩会议上所忽略的伦理行动的神学基础，并关注教会在世界上的独特作用。

（三）信仰与体制运动（Движение Вера и Устройство）

在1910年的爱丁堡世界宣教大会上，部分与会人员在议程之外讨论了一些关于教会信仰与体制的问题。美国驻菲律宾圣公会主教布兰特（Чарльз Х. Брент，1862—1929）[①] 从中受到启发，认为在建立起一个真正的联合教会之前，必须解决信仰与体制的问题。1927年，

---

① 布兰特（Чарльз Х. Брент）：美国圣公会主教，在菲律宾宣教，曾任信仰与体制大会主席，主张普世教会应凭借对社会、战争、婚姻之宣讲而达到组织上的合一。

来自100多个教会的400余名代表在瑞士洛桑召开了第一次世界信仰与体制大会。会上，代表们针对七个神学议题进行了激烈的讨论，包括基督教的联合、教会的信息、教会的属性、一个共同的信仰告白、教职的认定、圣餐礼和联合的教会以及不同的教会在其中的位置。会上还成立了信仰与体制运动续行委员会，由布兰特主教任主席。1937年，第二届信仰与体制大会在爱丁堡召开，来自122个教会机构的400多人出席会议。会上讨论了神赐、圣职与圣事、教会与神道和教会生活与崇拜等问题，并通过了由生活与工作运动和信仰与体制运动两个组织组成共同委员会的决定，该委员会负责对普世教会合一运动的发展进行总结，并筹备成立普世教会合一运动的执行机构——世基联。

（四）世基联的成立与发展

1937年，国际宣教协会主席穆德担任生活与工作运动牛津会议的主席，并在会上提出成立世基联的倡议，由此使普世教会合一运动的基本理念和构架得以形成。1938年，世基联筹备委员会在荷兰乌德勒支成立，由英国大主教威廉·汤朴（Уильям Темпл，1881—1944）[①]任主席。由于受二战的影响，直到1948年世基联才在荷兰阿姆斯特丹召开第一次大会，正式宣告这一普世教会合一运动核心机构的成立。大会以"人的动乱与上帝的计划"为中心议题，来自147个教会组织的351名代表参会。大会明确规定联合会对各成员教会不具有组织上的权威，其主要任务是为各个教会服务，并继续开展生活与工作和信仰与体制两个方面的工作。世基联第二次大会于1954年在美国伊文斯登举行，出席大会的有来自161个教会组织的502名代表，会

---

① 威廉·汤朴（Уильям Темпл）：英国第98任坎特伯雷大主教，在宗教哲学史上占有重要地位，对普世教会运动做出重大贡献。

议以"基督是世界的希望"为中心议题。世基联第三次大会于1961年在印度新德里举行,出席大会的有来自197个教会组织的577名代表,会议以"耶稣基督是世界的光明"为中心议题,就教会的性质和教会合一的实现等神学问题展开了大量辩论。[1] 此次大会还完成了世基联与国际宣教协会的正式合并。自此,普世教会合一运动成为主流。之后,世基联分别在瑞典乌普萨拉(1968年)、肯尼亚内罗毕(1975年)、加拿大温哥华(1983年)、澳大利亚堪培拉(1991年)、津巴布韦哈拉雷(1998年)、巴西阿雷格里港(2006年)、韩国釜山(2013年)举行大会。目前,世基联已经成为世界基督教范围内规模最大和包容性最强的教会间团体,其成员包括全世界大部分的东正教会和许多新教教派,如圣公会、浸信会、路德会、循道会和卫理公会等。

普世教会合一运动将基督教会视为超国家、超民族、超阶级的普世性实体,从最初在传教事业上的合作,到后来发展到对生活与工作和信仰与体制层面问题的探讨,它的产生和发展代表了20世纪基督教的发展趋势,顺应了当代基督教会和社会发展的要求。

第二节　俄罗斯东正教会对普世教会合一运动的态度

俄罗斯东正教会进行宗教间交往的基本立场是,承认西方基督教徒的洗礼,尊重拉丁教阶。但是俄罗斯东正教会并没有对当代西方非斯拉夫基督徒和古代异教徒进行原则性的区分,这种做法毫无疑问地表明,俄罗斯东正教会只将自己看作真正的教会,而其他教会的信徒

---

[1] 卓新平:《当代基督宗教教会发展》,上海三联书店2007年版,第30—34页。

都属于异教徒。俄罗斯东正教会认为，只有东正教会才承袭了基督的责任，它是真正意义上的普世教会，而它和非斯拉夫教徒交往的唯一目的就是向他们开启东正教信仰的真理。因此，在俄罗斯东正教会看来，重建教会的普世统一就是以俄罗斯东正教会为基础，在联合众斯拉夫民族的前提下，进一步联合非斯拉夫民族的基督教徒。而且，这种重新联合的基础必须是实现教义问题的完全统一。但是应当指出，俄罗斯教会在达成基督教统一问题上的这种原则性立场，并不妨碍它对非斯拉夫教徒的宽容和善意，以及与其在各个层面上展开对话，并真诚地追求统一。

至于俄罗斯东正教会与非斯拉夫教徒之间的宗教交往，首先应追溯到1716—1720年俄罗斯东正教会与圣公会（Англиканская Церквь）之间的交往。18世纪初有一批圣公会主教注意到了与俄罗斯东正教会进行重新联合的问题，但由于双方对联合的实质有不同的理解，讨论一直没有取得实质性成果。圣公会寻求在圣事交流基础上实践层面的联合，不关注教义的不同；而俄罗斯东正教会则绝不允许不以信仰统一为基础的联合。同样，俄罗斯东正教会和天主教会在恢复普世教会统一方面也没有达成共识。1918年11月，俄罗斯东正教会在地方会议上提出，要在古老的未分裂的普世教会的学说和传统的基础上，继续与圣公会和天主教会进行旨在达成重新联合的对话。会议还决定成立常设委员会来处理相关事务，并在俄罗斯境内外设立专门机构来研究重新联合过程中出现或有可能出现的各种问题。但是，十月革命的爆发使这些决定无法按计划顺利实施。1917—1945年，俄罗斯东正教会的国际宗教交往降至历史最低水平。二战结束后，随着莫斯科牧首区国际联系的逐步恢复，俄罗斯东正教会也开始了与普世教会合一运动的直接联系。在这个过程中，俄罗斯东正教会遇到了在1917年之前的国际宗教交往史上从未碰到过的难题。这是因为从参与形式、交往对象和目标等方面来看，20世纪中叶的普世教会合一运动与20世纪初基督教之间的交往实践有很大的不同。

首先，19世纪和20世纪初的宗教间交往是以双边对话的形式进行的，参与对话的双方是自由且互相独立的。而20世纪中叶的普世教会合一运动则是一个以世基联为组织核心的世界性运动，加入这个运动就意味着自愿成为该组织的一部分，并承担一定的责任。而这样的参与形式就有可能对成员教会的传统产生一定的挑战。比如，对俄罗斯东正教会来说，特别矛盾却又极具现实意义的一个问题在于，是否允许东正教教徒和非斯拉夫教徒一起参加普世教会合一运动框架下的祈祷。因为这样的祈祷是普世教会合一运动集体活动中不可缺少的一个组成部分，而对俄罗斯东正教会来说这却是有悖于传统的，因为东正教徒认为圣事只能在统一的教会中举行。

其次，20世纪初期，与俄罗斯东正教会进行宗教交流的主要是圣公会和天主教会。这两个非斯拉夫教会都对东正教感兴趣，并且确实在考虑与其重新联合的问题。如美国圣公会首领格拉弗顿主教（Глава Епископальной Церкви в Америке Епископ Графтон）在其《东方教会和圣公会的联合》（«Соединение Восточной и Англиканской Церквей»）一文中，号召所有圣公会主教都接受东正教教义。而20世纪中叶的普世教会合一运动则是由新教发起的，新教徒在其中占有绝对的数量优势，但是新教徒在内心上并不真正亲近东正教，对它不感兴趣，与其交往只是为了实现形式上的统一。

再次，19世纪和20世纪初俄罗斯东正教会与非斯拉夫教会进行对话的唯一目标就是恢复以信仰的完全统一为基础的教会重新联合，俄罗斯东正教会就是联合后的普世教会，且不存在任何分支。而在20世纪中叶的普世教会合一运动中，达成信仰统一只是其中一个目标，而且并不是一直占主导地位的。俄罗斯神学思想中的教会联合方式完全不符合普世教会合一运动中属于多数派的新教的心意，他们提出的是跨教派主义或分支理论（Интерконфессионализм или теория ветвей）。

在这种情况下，俄罗斯东正教会特别关心它是否能够在不损害自己利益的前提下参与普世教会合一运动，以及如果参与俄罗斯东正教会是否能在其中占据主导作用等问题。在1948年于莫斯科举行的自主东正教会首脑和代表会议上，与会者们对当时的普世教会合一运动给予了负面评价，认为俄罗斯东正教会不应该参与其中，同时拒绝向阿姆斯特丹世基联成立大会派代表。会议指出，俄罗斯东正教徒无法接受和非斯拉夫基督教徒一起进行祈祷，并谴责君士坦丁堡东正教会代表参与普世教会合一运动。俄罗斯东正教境外教会代表也参与了关于普世教会合一运动问题的讨论。谢拉菲姆大主教（Архиепископ Серафим，1881—1950）[1] 在其报告《普世教会合一运动与东正教会》（«Экуменическое движение и Православная Церковь»）中对普世教会合一运动的理论和实践进行了严厉批评，并坚决反对俄罗斯东正教会参与其中。什皮列尔大司祭（Протоиерей Шпиллер，1902—1984）[2] 也在会上分享了关于参与普世教会合一运动对保加利亚教会精神生活影响的体会。他认为，参与普世教会合一运动加剧了保加利亚教会自身的不稳定性，降低了教会的精神生活层次，使教会变得世俗化。在莫斯科会议上，俄罗斯东正教会甚至还向全世界基督徒发出号召，希望大家不要离开上帝的真正道路，必须坚决抵制对普世教会合一运动的参与。

---

[1] 谢拉菲姆大主教（Архиепископ Серафим，俗名 Николай Борисович Соболев）：1920年接受神职，俄罗斯东正教境外教会主教，从1945年起任俄罗斯东正教会莫斯科牧首区主教。

[2] 什皮列尔大司祭（Протоиерей Шпиллер）：出生于基辅，在流亡保加利亚期间任保加利亚东正教会神职人员，从1950年起任俄罗斯东正教会大司祭。

但是，到了 20 世纪 50 年代，苏联的国内外环境发生了重大变化，这一客观事实促使俄罗斯东正教会开始重新考虑对待普世教会合一运动的态度问题。1953 年 3 月 5 日，斯大林逝世。赫鲁晓夫上台以后，把"和平共处""和平竞赛""和平过渡"的三和路线作为苏联的基本对外政策，以缓和美苏之间的紧张关系，寻求美苏合作共处。1954 年，第二次世基联大会在美国伊文斯登召开，会上通过了针对俄罗斯东正教会的特殊决议，决定邀请其参与普世教会合一运动。为了通过加入世基联来扩大自己的国际影响力，苏联方面表示可以考虑俄罗斯东正教会是否参与其中的问题。1956 年 3 月，美国基督教会国家委员会代表团访问苏联，就俄罗斯东正教会加入世基联的问题进行谈判。1956 年 6 月，以都主教尼古拉（Митрополит Николай，1891—1961）[①] 为代表的苏联基督教会代表团，在美国与世基联执行委员会代表就俄罗斯东正教会和世基联代表将于 1957 年 1 月举行的会晤进行谈判。随着俄罗斯东正教会和世基联的交往日益频繁，莫斯科牧首区也决定重新审定 1948 年莫斯科会议的决定，而且从那时起，在莫斯科牧首区杂志（Журнал Московской Патриархии）上就不再出现关于普世教会合一运动的批评性言论，关于普世教会合一运动文章的基调都是善意的。1958 年 8 月，以都主教尼古拉为首的俄罗斯东正教会代表团在乌德勒支会见了世基联代表团。1959 年 8 月，俄罗斯东正教会代表以观察员的身份参加了世基联中央委员会在希腊罗德岛举行的会议。1959 年 12 月，以胡夫特博士（Виссер'т Хуфт，1900—1985）[②] 为首的世基

[①] 都主教尼古拉（Митрополит Николай，俗名 Борис Дорофеевич Ярушевич）：俄罗斯东正教会主教，克鲁季茨和科洛缅卡的都主教。

[②] 胡夫特博士（Виссер'т Хуфт）：基督教学生运动工作的积极参与者，对俄罗斯境外基督教学生运动给予了大力支持。从 1926 年起任世界学生基督教联合会总干事穆德的助理，1932 年成为该联合会总干事。1948—1966 年任世基联总干事。

联代表团访问苏联。1960年夏，大牧首阿列克谢一世（Святейший Патриарх Алексий I，1877—1970）[①] 和世基联中央委员会互换贺函。1961年3月30日，俄罗斯圣主教公会根据主教尼科季姆（Епископ Никодим，1929—1978）[②] 的报告，决定同意俄罗斯东正教会加入世基联。1961年7月18日，在圣三一谢尔吉教堂举行的俄罗斯东正教会高级主教会议上，通过了俄罗斯圣主教公会关于俄罗斯东正教会加入世基联的决定。1961年11月20日，在新德里举行的第三届世基联大会上举行了隆重仪式，欢迎俄罗斯东正教会正式加入世基联。此外，东欧一些国家如罗马尼亚、保加利亚和波兰的东正教会也同时加入了世基联。

俄罗斯东正教会加入世基联这一历史性事件对双方的意义十分重大。对世基联来说，俄罗斯东正教会的加入无疑扩大了世基联的东正教神学基础，使其至少在形式上离自己的普世合一目标更近了一步。而对俄罗斯东正教会来说，加入世基联使它拥有了一个可以发挥作用的国际平台。自苏联成立以来，俄罗斯教会一直处在被镇压之下，俄罗斯的神学研究也在20世纪二三十年代的压制中遭受了极大的损失。虽然苏联政府同意俄罗斯东正教会加入世基联更多的是出于扩大国际影响的政治考虑，但这在客观上大大促进了俄罗斯神学研究的发展。然而，正当俄罗斯东正教会把加入世基联看作实现基督教普世统一道路上迈出的重要一步时，世基联却让俄罗斯东正教会感到失望。在世基联中占大多数的新教在其发展过程中选择走人道主义的自由化路线，追求生活上的舒适和现实的政治目标。这显然是俄罗斯东正教会

[①] 大牧首阿列克谢一世（Святейший Патриарх Алексий I，俗名 Симанский Сергей Владимирович）：第13任莫斯科和全俄东正教大牧首（1945—1970）。

[②] 主教尼科季姆（Епископ Никодим，俗名 Борис Георгиевич Ротов）：俄罗斯东正教会主教。

无法接受的，因为它所追求的是对古老基督教神圣传统的完全遵循，并以此为基础实现基督精神的重新联合。但由于世基联由在其中占大多数的新教所主导，俄罗斯东正教会无法改变其发展方向。正如大司祭亚历山大·什梅曼（Протопресвитер Александр Шмеман，1921—1983）所说：

> 东正教会参与普世教会合一运动的特点是，它无法自主选择其在该运动框架下的地位、作用和功能，这些都是以西方神学和天主教传教学为前提规定的。西方向东正教会提出的问题都是用西方术语表述的，体现了西方特有的经验和发展道路。东正教会必须按照西方模式进行回答，但这样的回答却未必符合东正教传统。①

尽管如此，俄罗斯东正教会仍然认为教会合一是十分重要和必要的，并在坚持把东正教作为联合后的普世教会核心的基础上，继续与基督教其他教派保持积极的对话与交往。

第三节　弗洛罗夫斯基对普世教会合一运动的参与

作为俄罗斯东正教境外教会的成员之一，弗洛罗夫斯基从20世纪20年代开始就是普世教会合一运动的积极参加者，他对待该运动的态度是与俄罗斯官方东正教会一致的。弗洛罗夫斯基认为，重建教

---

① Шмеман Александр прот. Экуменическая боль // Церковь, мир, миссия. М., 1996, C. 235, 237, 238.

会的普世统一就是要使其他基督信仰的教会组织团结在东正教会的领导之下，而且这些联合只能以教义的完全统一为基础，东正教会参与普世教会合一运动是为了实现自己的普世使命，向西方基督教徒展现东正教信仰的真理。

弗洛罗夫斯基作为正式代表参与普世教会合一运动的第一次经历是出席1937年8月在爱丁堡举行的信仰与体制运动第二次大会。爱丁堡大会共有123个教会参会，其中13个是东正教会。在504位参会者中共有344人有表决权，包括弗洛罗夫斯基。俄罗斯东正教境外教会代表团由都主教叶夫洛基率团参加，除弗洛罗夫斯基外还包括布尔加科夫、别尔嘉耶夫和卡尔塔绍夫等。爱丁堡会议持续了15天，主要以小组讨论的形式展开工作，讨论由准备委员会提交的报告。弗洛罗夫斯基所在小组的讨论主题为"基督的教会：神职人员与圣事"（《Церковь Христова：духовенство и таинства》），由于这是大会重要的议题之一，参与人数众多，最后不得不分成三个分小组。为此需要再选出两个主席负责分小组工作，弗洛罗夫斯基作为东正教方面的代表当选为神职人员问题分小组主席。但是经过一周的讨论，小组成员仍没有在这个问题上达成一致。这样的结果引起了许多大会成员的不满，他们希望能在教义问题上也实现绝对的和解，哪怕是口头上的。弗洛罗夫斯基在自己的发言中号召与会代表进行理性思考，他认为不可调和的神学问题的存在并不意味着普世教会合一运动的失败，反而为其指明了前进方向。因为只有找到并解决这些问题才能实现基督教世界的真正统一和联合，而回避是解决不了任何问题的。[①] 在这次大会之后，对教义问题的强调成了弗洛罗夫斯基参与普世教会合一运动的一贯立场。

---

① The Second World Conference on Fair and Order. Held at Edinburgh, August 3 – 18, 1937. London, 1938, pp. 135 – 143.

在爱丁堡会议前一年，生活与工作运动建议和信仰与体制运动展开合作，成立一个由两个组织代表共同组成的委员会，负责对整个普世教会合一运动的活动进行总结，并制定关于联合各个普世教会合一运动组织的建议。根据这个提议成立了一个"35人协商委员会"，向爱丁堡大会提交了关于建立世基联的建议。经过激烈讨论，该建议最终在爱丁堡大会上被通过。大会还决定组建信仰与体制运动和生活与工作运动共同委员会，该委员会在世基联正式成立之前将作为普世教会合一运动的主要执行和协调机构，负责制定世基联的活动章程。该委员会由14个人组成，弗洛罗夫斯基是整个东正教方面的唯一代表。这一事件对弗洛罗夫斯基未来的人生道路影响重大，使他进入了普世教会合一运动的核心圈，为其东正教神学思想在实践层面的运用提供了更为有利的条件和宽广的舞台。

1937年8月和1939年1月，弗洛罗夫斯基分别参加了世基联筹备委员会的两次会议。1939年，弗洛罗夫斯基在瑞士参加信仰与体制运动工作委员会会议时，不巧赶上了二战的爆发，他不得不暂时被安顿在战事较少的南斯拉夫。1945年12月，弗洛罗夫斯基辗转回到巴黎，但是战争使巴黎的俄罗斯侨民社会发生了很大的变化。很多人在战争中死去或是回到了苏联，俄罗斯侨民数量锐减，而第二代侨民几乎已经完全断绝了与俄罗斯文化的联系。此外，对苏联的不同态度也造成了曾经统一的侨民社会的分裂。可以说，巴黎的俄罗斯侨民社会已经失去了往昔的活力，曾经弥漫在侨民知识分子中的以东正教文化为基础的开放的宗教创作精神也不复存在，人们再也无法因为共同的精神追求而团结在一起。与此同时，圣谢尔吉神学院的情况也发生了变化。首先，布尔加科夫作为神学院的精神领袖和弗洛罗夫斯基个人的良师益友已经去世了。其次，弗洛罗夫斯基长时间不在学校，以至于神学院的领导认为他已经自动离职了，于是学院方面就把教父学的教学工作委托给了修士大司祭基普里安（Архимандрит Киприан，1899—1960）①。因此，当弗洛罗夫斯基回到巴黎时，神学院的一部分教师反对把他重新列入学校的正式编制里。最后，在津科夫斯基和卡尔塔绍夫的坚持下，弗洛罗夫斯基得以继续留在神学院工作，但无法再教授教父学，只能接手布尔加科夫曾经教授的教义和道德神学课程。这一切都不能不使弗洛罗夫斯基感到非常失望。1946年春，弗洛罗夫斯基恢复了在圣谢尔吉神学院的工作，但他的大部分时间还是用在从事普世教会合一运动框架内的工作上。受二战影响中断了一段时间后，普世教会合一运动又恢复了活动。作为14人小组成员，弗洛罗夫斯基参加了组建世基联和准备阿姆斯特丹大会过程中的各种会议。从1946年2月到1948年8月，弗洛罗夫斯基经常往返于日内瓦和巴黎。在1946年2月举行的委员会日内瓦会议上，通过了于1948年夏天在阿姆斯特丹召开世基联第一次大会的决定。1947年，弗洛罗夫斯基在继1939年代替布尔加科夫参会后，作为全权成员参加了在瑞士克拉伦斯举行的信仰与体制运动工作委员会会议。

尽管弗洛罗夫斯基从1937年开始就把自己的工作重心放在参与更偏重实践性质的普世教会合一运动上，从事神学方面的理论创作的时间大大减少，但仍然有一些阐述教会理论的作品问世。1947年，弗洛罗夫斯基发表了题为"教会：性质和任务"（«Церковь: её природа и задача»）②的文章，在基督教世界引起了极大反响。弗洛罗夫斯基在文中指出很难对教会进行定义，这与他曾经在《教会的界

---

① 修士大司祭基普里安（Архимандрит Киприан，俗名 Константин Эдуардович Керн）：东正教神职人员、神学家、教会历史学家，其主持的教区先后受俄罗斯境外东正教会和君士坦丁堡牧首区管辖。

② Георгий Флоровский прот. Церковь: её природа и задача. // Богословские статьи. О церкви. Доступ сервиса：http：//www. odinblago. ru/，1947 г.

限》一文中提出的很难确定教会界限的观点是一致的。在他看来，教会的属性更容易描述，而非给出定义，而这个工作只能在教会内部完成。成为基督教教徒就意味着要成为团体中的成员，因为基督教是一个团体，个人的信仰和生活方式不足以让其成为基督教教徒。人类的团体性体现在因对基督的共同信仰而结成的统一中，这个统一的中心是上帝，而保证统一的力量就是圣灵。因此从某种意义上说，教会不是人类的团体，而是神的团体。基督不是凌驾于教会之上，而是与教会融为一体的。教会统一通过圣事实现，圣事组成教会，只有在圣事中基督教团体才能成为教会。弗洛罗夫斯基认为，如果把教会的传教活动理解成使人们接受某种信仰和养成某种生活习惯，那么就得把他们带进新的现实，通过信仰和忏悔把他们带向基督本身，使他们能够在基督中获得重生。因此，教会的主要历史任务是见证新的生活，为自己的成员展示新的生活方式。但遗憾的是，尽管完成教会使命是所有基督教教徒的共同目标，但教会还是不可避免地发生了分裂。在弗洛罗夫斯基看来，只有回归古老的未分裂的教会，把教父思想作为当代神学的坚实基础，其任务才能最终完成。

  1948年8月22日至9月4日，世基联成立大会在阿姆斯特丹举行。在为期14天的会议中，共有来自44个国家的147个教会参会，共计约1400人。[①] 世基联把自己的目标确定为寻找失落的基督教统一，它的成立是普世教会合一运动的一个崭新的发展阶段。在大会开幕当天的第一次全体大会上，弗洛罗夫斯基作为信仰与体制运动中的东正教会代表进行主题发言。他认为，基督教分裂问题是确实存在的，但不能把它简化为某种误解或分歧。在面对无法克服的障碍时，要依靠神的

---

① Блейн Э. Жизнеописание отца Георгия // Георгий Флоровский: священнослужитель, богослов, философ. М.: Прогресс, 1995, С. 81.

恩典，继续对统一抱有希望。弗洛罗夫斯基还尖锐地指出，世基联这个名称本身并不恰当，因为使用这个名称就相当于承认有许多个教会，而这是不对的，因为教会只有一个，那些处在分裂中的宗教信仰是没有权利被称为教会的。此外，他还把东正教会在世基联中的参与定性为传教活动，认为基督教统一的最终结果是在东正教领导下的统一。① 弗洛罗夫斯基的这些表达与他的神学观点是一致的，充分体现了他把东正教会作为整个基督教世界精神之根的思想，但这无疑会引来其他基督教会与会者的反对。尽管在涉及神学问题时弗洛罗夫斯基的观点总是显得非常犀利，但也许正是这种对东正教信仰的无限执着使他成为普世教会合一运动中东正教声音的最有力表达者，为他赢得了尊重和肯定。在大会闭幕式上，弗洛罗夫斯基被选为世基联中央委员会和主席团成员，同时连任信仰与体制运动工作委员会成员。可以说，弗洛罗夫斯基已然成为俄罗斯东正教会在追求基督教重新联合全球事业中的代言人。

从阿姆斯特丹回来之后，对巴黎生活的失望使弗洛罗夫斯基接受了美国东正教会都主教菲奥菲尔（Митрополит Американский Феофил，1874—1950）②的邀请前往美国定居，并成为纽约圣弗拉基米尔东正教神学院教义神学和教父学课程的教授。1948年11月4日，弗洛罗夫斯基在神学院的全院师生大会上做了自己的入职演讲，他说道："当代东正教神学家的任务是复杂的和伟大的……他应该意识到，他所面临的听众都是坚持教会合一的。他不应该躲藏在自己传统的狭小天地里，因为东正教不是地方传统。就自己的基础而言，东正教是

---

① Блейн Э. Жизнеописание отца Георгия // Георгий Флоровский: священнослужитель, богослов, философ. М. : Прогресс, 1995, С. 81 - 82.
② 都主教菲奥菲尔（Митрополит Американский Феофил，俗名 Феодор Николаевич Пашковский）：东正教北美都主教区主教，圣弗朗西斯科大主教和全美及加拿大都主教。

教会合一的传统,是普世的传统……"① 1949年9月,弗洛罗夫斯基被任命为神学院院长,开始在学院内部积极推行教学改革,提倡改用英语来进行东正教教育使其适应美国的现实。他希望能通过这种方式来扩大东正教思想在美国社会中的影响,并以此推动东正教普世使命的最终实现。在《俄罗斯神学之路》第三版的序言中,著名的俄国侨民教会活动家大司祭梅延多夫对弗洛罗夫斯基这一阶段的生活做了这样的描述:

> 当弗洛罗夫斯基发现东正教在美国早已成为"美式的东正教"(即符合美国神学院的规范,并成为一种要求用英语进行神学教育的体系)之后,尽管他具有绝对的"俄罗斯气质"且是在纯正的俄罗斯环境中成长起来的,他还是着手对学校教育进行了改革,并在其担任学院领导职务期间(1948—1955)取得了相当大的成绩。②

当时,弗洛罗夫斯基所遇到的最大问题就是应该使用何种语言在神学院开展教育,是坚持用俄语还是改用英语。实际上,神学院的学生大多是讲英语的人,即使是俄罗斯人也早已不再使用俄语。因此,弗洛罗夫斯基便果断决定在全神学院范围内开始用英语讲课。在他看来,神学院应该主动适应在许多方面已经美国化了的现实趋势。在不同的条件下,教会应该灵活选择不同的语言进行布道,神学院也应该相应地改用当地语言。与传统的教会观点不同,弗洛罗夫斯基认为语

---

① Блейн Э. Жизнеописание отца Георгия // Георгий Флоровский: священнослужитель, богослов, философ. М.: Прогресс, 1995, С. 87.
② Флоровский Г. В. Пути русского богословия. 3 - е изд. с пред. прот. И. Мейендорфа и указателем имён. - Париж: YMCA-PRESS, 1983, С. 9.

言与东正教的联系是偶然的和相对的，而不是必然的和绝对的。教会斯拉夫语的产生也只是当时希腊传教士为了尽快在斯拉夫人中间传播基督福音而偶然创立的，没有任何必然性。而如今的现实是，大部分美国青年连俄语都不懂，更不用说教会斯拉夫语了，他们的母语是英语。在这种情况下，如果教会的思维还继续局限在俄语、希腊语或者是其他斯拉夫民族语言里，那么东正教在美国几乎是无法传播的。只有改用英语，东正教的基本思想才能渗透到美国文化之中，同时从这个文化里吸收新的营养。在弗洛罗夫斯基的努力下，圣弗拉基米尔神学院聘请了一批年轻教师，获得了永久性高等学校注册证书，教学水平显著提高。但是，弗洛罗夫斯基的改革终究还是引起了教会保守人士的不满和反对，最终他被迫辞职。

从1956年起，弗洛罗夫斯基开始在哈佛大学东方教会史系任教，退休后他又受邀成为普林斯顿大学神学和斯拉夫学系的客座教授。1979年8月11日，弗洛罗夫斯基在普林斯顿逝世，葬于他生前经常进行宗教服务的特伦顿圣弗拉基米尔大公教堂的墓地。回顾弗洛罗夫斯基移居美国后的生活，除了教学工作外，他的大部分时间和精力都用在了参与普世教会合一运动上。可以说，从正式加入普世教会合一运动的那一天起，弗洛罗夫斯基就从来没有停止过自己对教会和基督教世界统一理想的践行。除了在圣弗拉基米尔神学院中的改革尝试外，弗洛罗夫斯基还努力与其他信仰的基督教教徒建立友好联系。他在美国许多宗教和世俗大学，如联合神学院、波士顿大学附属神学中学和哥伦比亚大学等发表演说、做讲座，主题基本都是围绕基督教的统一和普世教会合一运动的前景。从1950年开始，弗洛罗夫斯基把更多的时间用在了对普世教会合一运动的参与上。作为世基联中央委员会和主席团成员，弗洛罗夫斯基一年要参加两次主席团委员会例会，并在会议间隔期间完成委员会的日常工作。此外，为了能使中央委员会更有效地开展工作,还专门成立了研究小组来分析委员会工作过程中所遇到的各种问题和困难,弗洛罗夫斯基也是小组中的成员。完成这些工作就意味着要进行大量的通信和经常性的出差,这占据了弗洛罗夫斯基很多的时间和精力,但也正是这些工作经历使他能够真切地参与到对话和冲突中去,更好地理解基督教统一的问题。

1954年8月15—31日,主题为"像以前那样在一起还不够,我们应该向前进"(«Быть вместе, как прежде, - недостаточно. Мы должны идти вперед.»)的世基联第二次大会在美国伊文斯登举行。在大会的第一次全体会议上,弗洛罗夫斯基作为东正教会代表进行了题为"分裂的挑战"(«Вызов разъеденения»)的发言。他说道:

> 没有一个基督教教徒可以忽略这个事实,那就是基督教正处于分裂状态。当代普世教会合一运动最主要的成就就是它有勇气承认分歧的存在,而这些分歧是很难仅靠号召大家统一或容忍就能消除的。基督教的悲剧在于,有时候人们产生分歧正是由于他们都忠诚于基督,只是他们对真正的信仰的理解不同。[①]

尽管弗洛罗夫斯基指出了分裂的存在,但他对基督教的重新联合还是持乐观态度的,他认为无论如何都不应该放弃这个目标,而实现这一目标的唯一途径就是普世教会合一运动。在伊文斯登大会上,以弗洛罗夫斯基为代表的东正教代表团还制定了一份特别声明,表达了东正教对教会统一和基督教分裂问题的看法。文中写道:"其他教会提出的解决重新联合问题的方法从东正教会的角度来看是无法接受

---

① Блейн Э. Жизнеописание отца Георгия // Георгий Флоровский: священнослужитель, богослов, философ. М.: Прогресс, 1995, С. 103-104.

第五章　弗洛罗夫斯基宗教思想在普世教会运动中的践行　　175

的。我们相信，所有处在分裂中的基督教教徒所希望的重新联合，只能通过使信徒回归最初的统一和不分裂的古代教会的信仰来实现。"①在东正教教徒看来，这个信仰就是东正教信仰，因此这份声明实际上是在号召基督教教徒们都统一在东正教的精神领导下，把东正教作为普世联合的唯一中心。这正体现了弗洛罗夫斯基的教会理论。尽管东正教会的观点必然会引发其他基督教教会代表们的反对，但是东正教教徒仍提交了声明。在他们看来，不论他们的观点被接受与否，东正教会的声音都应该是普世教会合一对话中不可分割的一部分，尽管在寻求统一的道路上会出现矛盾和分歧，但是只有正视并解决它，才能实现真正的统一。在伊文斯登世基联大会上，弗洛罗夫斯基再次被选为世基联中央委员会和主席团成员。

普世教会合一运动中一个较为尖锐的问题是"世基联的性质和功能"问题。在世基联中占大多数的新教徒认为，通过成立这样的组织很快就可以实现基督教世界的重新联合，并坚持认为必须赋予世基联以教会性质。经过激烈的讨论后，世基联制定了一份文件《教会、教会组织和世基联：世基联的传教意义》（《Церковь, Церкви и Всемирный Совет Церквей: Экклезиологическое значение Всемирного Совета Церквей»）。文件中写道：

> 世基联是一种全新的、没有先例的解决基督教间联系问题的方式。它的目标和本质很容易被曲解，因此有必要对世基联的性质做出更明确的解释。世基联不是且从来不应该成为一个超教会的组织，它不是统一的和神圣的全世界性教会。世基联的目标不

---

① Блейн Э. Жизнеописание отца Георгия // Георгий Флоровский: священнослужитель, богослов, философ. М.: Прогресс, 1995, С. 105.

是在教会组织之间建立联盟,而是建立一种活跃的联系,以促进教会统一问题的研究和讨论。①

该文件于1950年在多伦多交由世基联中央委员会审查,因此该文件又被称为《多伦多宣言》(«Торонтская декларация»)。

虽然《多伦多宣言》最终被委员会通过,被认为是以最好的方式表达了对世基联性质的认识,并建议在各个教会组织中进行研究和讨论,但关于这个问题的争议远远没有结束,后来在普世教会合一运动的会议中不止一次提出要重新考虑这个定义。主张进行修改的人认为要在定义中强调对《圣经》和"三位一体"的引用,指出上帝的三个位格性。但弗洛罗夫斯基认为,基督教本身就已经包括了三位一体论,接受把基督当作上帝和救世主来信奉就表示一定要承认三位一体论,因此没有必要进行修改。经过长时间的讨论,世基联主席团在1960年采纳了两处修改:为了强调《圣经》对所有基督教教徒的权威性而增加了"根据圣经"字样,并出现了一个关于"三位一体"的折衷说法"统一的圣父、圣子和圣灵"。因此世基联的定义是:"世基联是一个根据《圣经》,把基督当作上帝和救世主来信仰的,并以统一的圣父、圣子和圣灵的名义来寻求共同实现、负有共同职责的教会组织的团体。"② 弗洛罗夫斯基认为这种表述是可以接受的。在1963年的蒙特利尔信仰与体制运动第四次国际会议上,新教代表再次提出要修改关于世基联性质的定义,他们认为世基联具有统一性、神

---

① Церковь, Церкви и Всемирный Совет Церквей: Экклезиологическое значение Всемирного Совета Церквей. В: Православие и экуменизм. Документы и материалы 1902 – 1998. Изд. 2 – e. М., 1999, С. 223.

② Базис Всемирного Совета Церквей (Статья 1 Устава ВСЦ). В: Православие и экуменизм. Документы и материалы 1902 – 1998. Изд. 2 – e. М., 1999, С. 236.

圣性、聚合性和使徒性,而这些性质正是圣经中所说的教会属性,也就是说新教认为世基联就是一个教会。这个观点遭到了东正教方面的强烈反对。作为《多伦多宣言》的起草者之一,弗洛罗夫斯基认为世基联不是拥有自己传教体系的超教会,因此他坚决反对新教的这一提议。最终,蒙特利尔大会再一次确认了《多伦多宣言》中关于世基联性质的认识——世基联不是教会,它也不追求成为教会,但是它的目标是为教会服务。1966年,在日内瓦会议上这个问题又被重新提上日程,《多伦多宣言》中的界定再次被认为是最准确的。

自成立以来,世基联作为基督教各派信仰的教会组织之间进行对话的一个重要平台,在解决关于基督教世界重新联合的一些争议问题上发挥了重要作用,但在促进各基督教流派实现教义统一方面一直未取得进展。在这种情况下,普世教会合一运动中逐渐显露出一种将解决当代世界的物质和社会问题摆在第一位、将神学问题暂时搁置的趋势。弗洛罗夫斯基对普世教会合一运动的这种变化表示反对和担心,他认为普世教会合一运动的目标是使各个教会组织之间相互亲近,最终通过信仰的统一来恢复基督教的统一。在弗洛罗夫斯基看来,社会问题属于人道主义问题范畴,其中完全没有基督教内容,它与普世教会合一运动是无关的。因此,尽管社会问题非常重要,但它不应被纳入普世教会合一运动的工作中来,因为社会问题的解决并不能促进基督教的统一。然而,普世教会合一运动从一开始就带有双重性质,因为它具有两个不同的历史根源:第一个是信仰与体制运动,第二个是生活与工作运动。前者关注神学和教义问题,后者则关注社会问题。生活与工作运动在原则上不碰触神学问题,他们认为如果普世教会合一运动从讨论神学分歧开始自己的工作,那么就永远无法实现统一与合作。而在弗洛罗夫斯基看来,世基联发展过程中的一个重大失误就是社会问题逐渐代替神学问题而成为普世教会合一运动所讨论的中心。从1961年在新德里召开的世基联第三次大会开始,这种变化就越来越明显了。在新德里大会上,世基联新增了23个成员,其中大部分来自第三世界国家。从那以后,在世基联会议日程中占主导的问题就变成了贫穷、饥饿、欠发达状态和一体化等。在弗洛罗夫斯基看来,这些问题毫无疑问都是非常迫切的,基督教世界可以也应该就这些问题给出自己的立场,但这不应该成为普世教会合一运动讨论的核心,因为它的目标是实现基督教的精神统一,宗教问题才是这个运动应该解决的。弗洛罗夫斯基认为,出现这样的转变是由于在普世教会合一运动中占大多数的新教徒对教义问题并不感兴趣,而且对教会史、圣传说史和基督教文化史都不甚了解。新教徒认为只要找到一个能把各个教会组织联合起来的共同话题就足够了,不论它是什么。最终,他们找到的是社会问题,而忽略了容易产生分歧的神学问题。在弗洛罗夫斯基看来,新教徒的这种做法是十分错误的,因为他们不明白神学问题才是教会最本质的特征,是实现教会统一不可绕过的问题,忽略神学问题所达成的统一必然是表面的、无效的和不长久的。

在参与普世教会合一运动的过程中,弗洛罗夫斯基始终认为教义问题是最重要的,但是相当一部分人如新教徒对此完全不感兴趣,他们关心的只是实际层面的问题,如怎样让普世教会合一运动中的成员教会组织来共同参加祈祷。甚至在东正教会内部,对于普世教会合一运动现象本身和东正教徒在其中的参与,也存在着两种截然不同的态度。以布尔加科夫为代表的一部分人在普世教会合一运动中看到了基督教历史发展的一个新现象,即基督教各个信仰之间的对话与联合,他们认为需要对东正教神学进行深刻的反思和重新评价,以使之能融入这个新现象中去。在这些人看来,与其他信仰的基督教教徒进行神学讨论毫无意义，因为即便在东正教会内部关于这些问题都还没有达成统一。因此，在普世教会合一运动中，应该解决的是与社会和政治问题相关的任务。另一种观点则肯定进行普世教会合一对话和东正教参与普世教会合一运动的必要性，但他们反对对东正教进行修正以使其适应普世教会合一运动的需要，而主张把参加普世教会合一运动看成是一个在西方社会面前证明东正教的机会。因此，他们认为东正教教徒应该把宣传东正教神学思想作为在普世教会合一运动中的工作重点。弗洛罗夫斯基就是这一观点著名的代表之一。然而，新的时代勾画出了普世教会合一运动的崭新维度。在新德里大会上，弗洛罗夫斯基既没有入选世基联主席团，也没有入选中央委员会。这几乎是必然的，因为弗洛罗夫斯基以教义一致为前提的普世基督教思想显然已经不符合普世教会合一运动的发展趋势了，甚至在东正教范围内也没有得到普遍认可。此外，随着普世教会合一运动影响的扩大，苏联、罗马尼亚、保加利亚和波兰等国家的东正教会先后加入世基联，这些教会组织自然也希望其代表能够在世基联的核心机构中占据一席之地。而截止到1961年，作为东正教方面的唯一代表，68岁的弗洛罗夫斯基已经在世基联中央委员会和主席团中工作了近13年。因此，随着各国东正教会的加入和更多年轻力量的出现，作为俄罗斯东正教境外教会代表的弗洛罗夫斯基自然也就失去了在世基联中一枝独秀的地位。

尽管不再在世基联中担任重要职位，但作为信仰与体制运动工作委员会的成员，弗洛罗夫斯基依旧孜孜不倦地践行着东正教的全球使命。"统一的性质"一直是信仰与体制运动中很有争议的一个问题。早在1937年的信仰与体制运动爱丁堡大会上，其成员就曾提出，要实现教会统一，不仅要有内部的精神统一，还要有外部的组织机构上的统一。1948年的阿姆斯特丹世基联大会对教会可见的外部统一的神学基础做出了说明:"上帝在基督中赐予自己的人民统一,这个统一是他的创造物,而并非我们的成就。"① 1952年在隆德召开了信仰与体制运动的第三次国际大会,"统一的性质"问题仍是大会的主题。弗洛罗夫斯基在大会闭幕报告中表达了自己的观点:"我们认为不存在两个教会——可见的和不可见的教会,只有一个统一的教会,它需要在尘世间得到可见的表达。"② 他认为,对教会统一可见方面的强调非常重要,而且通往教会可见统一的道路是缓慢且不轻松的。但是在他看来,统一的不可见的精神方面更为关键:

> 目前在普世教会合一运动框架下所实现的都只能被界定为空间上的统一。在实现可见统一的目标之外,等待着我们的是时间上的统一。只有依靠基督教思想和宗教虔诚的历史统一,教会合一的一致才能变得持久、坚固。基督教信仰必须有传统的体验,这个传统的生命是不会因为分歧和纷争而中断的,只有通过这种方式才能重新获得教会生活的统一。这是普世教会合一运动目前所面临的最本质的任务。③

弗洛罗夫斯基坚定地认为,真正面向统一的进步只能通过以神学为基础的讨论才能实现,而他本人自始至终都是用这样一种态度来参与普世教会合一运动的。

在1968年举行的乌普萨拉世基联第四次大会上,热衷于讨论社

---

① The Ecumenical Advance. A History of the Ecumenical Movement. Vol. 2, 1948 – 1968. London, 1970, p. 147.

② The Ecumenical Advance. A History of the Ecumenical Movement. Vol. 2, 1948 – 1968. London, 1970, p. 147.

③ Блейн Э. Жизнеописание отца Георгия // Георгий Флоровский: священнослужитель, богослов, философ. М. : Прогресс, 1995, С. 100 – 101.

会问题的倾向再次得到了证实:"所有提交给大会的报告、被认可的文件和制订的计划中对教会本身的关注远没有对世界状况的关注那么多。"① 弗洛罗夫斯基参加了这次大会,他后来回忆道:"除了已经在阿姆斯特丹、伊文斯登和新德里参加过多次会议的教会组织代表们之外,在这次大会上还有一些来自非洲国家的新成立的教会组织的代表们,我们都感受到了他们的蓬勃生机。但是,这些教会组织的年轻本身也在一定程度上表明了其代表在神学方面还没有足够的坚定。"② 在这次大会上,整个东正教会的代表在总数800人中占到了160人,是所有参会教会组织中人数最多的。③ 东正教会在乌普萨拉大会上的积极参与使它有更多的机会与其他基督教信仰的教会组织进行沟通交流,有利于增进相互了解。尽管如此,弗洛罗夫斯基还是认为这次大会在促进教会统一的层面上说是不成功的,因为大会参与者的注意力依然没有集中在基督教统一的本质问题上,而关注的仍然是社会问题。弗洛罗夫斯基对这次大会的总体评价是:"乌普萨拉大会是一个没有宗教内容的事件,你甚至有可能认为自己是在参加联合国会议或者其他类似的会议。"④ 尽管弗洛罗夫斯基对世基联活动的负面评价越来越多,但是他对信仰与体制运动的工作还是一如既往地给予正面评价:"的确,世基联的官方领导层似乎是在把联合国当作自己的模仿对象,但这并不能说明所有的参与者都是这样的。我确信,信仰与体制运动能够保持自己的特色,维护自己的自治权,不让自己经历这种

---

① The Ecumenical Advance. A History of the Ecumenical Movement. Vol. 2, 1948 – 1968. London, 1970, pp. 147 – 148.
② Блейн Э. Жизнеописание отца Георгия // Георгий Флоровский: священнослужитель, богослов, философ. М.: Прогресс, 1995, С. 138.
③ The Ecumenical Advance. A History of the Ecumenical Movement. Vol. 2, 1948 – 1968. London, 1970, p. 306.
④ Блейн Э. Жизнеописание отца Георгия // Георгий Флоровский: священнослужитель, богослов, философ. М.: Прогресс, 1995, С. 139.

改变。"① 实际上，从新德里会议开始，弗洛罗夫斯基已经不再是东正教在普世教会合一运动中的唯一代言人了，虽然他还是坚持参加信仰与体制运动框架内的活动，但由于年事已高，加上对世基联发展前景的失望，他在普世教会合一运动的参与中已经慢慢淡出了。1971 年在比利时卢万举行的信仰与体制运动第五次国际大会可以说是弗洛罗夫斯基在普世教会合一运动框架下参加的最后一次会议。

从 1937 年第一次正式参加普世教会合一运动框架下的会议并当选为世基联筹备委员会成员，到 1961 年在新德里大会上不再连任世基联中央委员会和主席团成员，弗洛罗夫斯基在普世教会合一运动的核心机构中工作了 24 年。加上从 20 世纪 20 年代开始在别尔嘉耶夫座谈会、俄罗斯基督教学生运动、圣阿尔巴尼亚和圣谢尔吉兄弟会中接触到的基督教间的交流，以及离开世基联领导层后作为信仰与体制运动工作委员会成员在普世教会合一运动中的继续参与，可以说，弗洛罗夫斯基几乎将自己的大半生都贡献给了促进教会和基督教世界重新联合的事业。弗洛罗夫斯基参与普世教会合一运动的基础是他对教会和基督教统一的神学认识。在他看来，统一是教会的本质属性，因此基督教的分裂是一种不正常的现象，应该予以克服。弗洛罗夫斯基认为，要实现持久和坚固的统一就必须使基督教各派的教义达成完全一致，否则即使在某些问题上达成妥协，那也是表面和虚伪的统一，是经不起时间考验的。作为一个笃信东正教的神学家，弗洛罗夫斯基认为东正教肩负着联合所有分散的基督教信仰的使命，基督教的重新联合就是回到东正教的怀抱中。而他参与普世教会合一运动的目的就是向西方展现东正教神学的正统性，向非东正教教徒开启东正教信仰

---

① Блейн Э. Жизнеописание отца Георгия // Георгий Флоровский: священнослужитель, богослов, философ. М.: Прогресс, 1995, C. 140.

的真理。弗洛罗夫斯基对东正教传统的推崇和对教义统一问题的坚持使他成为普世教会合一运动中一个十分鲜明的人物，甚至被认为是东正教在该运动中的代言人。然而，也正是在神学问题上的坚持使弗洛罗夫斯基无法忍受普世教会合一运动中逐渐显现的对宗教的社会性阐释和对教义分歧的回避。虽然弗洛罗夫斯基的思想最终没有成为普世教会合一运动的发展主流，但是他自始至终都没有放弃对东正教普世使命的践行，依然在信仰与体制运动中继续参与这个他为之付出一生心血的运动，直到生命的尽头。

第六章　弗洛罗夫斯基在俄罗斯宗教思想史上的地位评析

宗教从古至今一直贯穿于俄国社会发展过程中，在俄罗斯的文明史上占据着重要地位。可以说，宗教性是俄罗斯民族文化最基本的特征，宗教认识是全面和深刻理解俄国文化与俄罗斯思想的一把钥匙。俄罗斯的宗教思想可以分为教会内部的神学思想和世俗的宗教哲学思想，它们在各自的发展过程中都取得了一定的成绩。弗洛罗夫斯基既有宗教哲学家的背景，又是一位教会神学家，他在俄罗斯宗教思想史上占有独特的地位。弗洛罗夫斯基在不断探索中形成了自己的宗教思想，但由于各种因素的影响，他的思想也存在一定的局限性。

第一节　弗洛罗夫斯基宗教思想的主要贡献

作为20世纪俄罗斯杰出的侨民宗教思想家，弗洛罗夫斯基的一生在理论创作和实践活动上都结出了丰硕的果实，在俄国宗教思想史上占有独特的地位。

首先，弗洛罗夫斯基提出了一种与欧亚主义者有本质不同的、在整个西方范围内对俄罗斯独特东方性的理解，并在此基础上指出了俄罗斯东正教在基督教世界中的普世使命。欧亚主义思潮中最为重要的一个观点就是把俄罗斯和欧洲完全对立起来,以此强调俄罗斯的独特性。欧亚主义者认为,俄罗斯的东方性就是相对于西方人来说的东方性,或者说是与欧洲相对的亚洲性。因为在欧亚主义者的逻辑里,只有这样才能将俄罗斯与欧洲彻底区分开来。欧亚主义者提出了一个全新的概念——欧亚洲,他们认为俄罗斯既不是欧洲也不是亚洲,既是欧洲也是亚洲。但事实上,欧亚主义者始终认为俄罗斯与亚洲的关系更为亲密,俄罗斯文化与亚洲文化更为接近。在他们看来,要想使俄罗斯有更长远的发展,就必须使其在以东正教为精神支柱的基础上,完成向亚洲的转变。

弗洛罗夫斯基对于欧亚主义者能关注到俄罗斯的民族独特性,并意识到东正教在俄罗斯未来发展中的重要作用表示肯定和欣赏,这也是他最初积极参与欧亚主义思潮的一个重要原因。然而,在弗洛罗夫斯基看来,虽然欧亚主义者发现了俄罗斯作为东方的独特性,但是他们却没能正确理解这种东方性的真正内涵。弗洛罗夫斯基认为,欧亚主义者之所以把俄罗斯当作一个完全独立于欧洲的东方主体来对待,是因为他们眼中的东方性更倾向于一个民族地理概念,而忽略了其中应该蕴藏的更为深刻的宗教意义。在他看来,欧亚主义者意识到了东正教对俄罗斯民族的重要意义,但并没有真正理解它的本质和内涵,即东正教与天主教的同源关系。他们更多地把东正教当作一种文化符号,以此来吸引那些身处国外且缺少精神归属感的俄罗斯侨民。弗洛罗夫斯基同样也认为俄罗斯的独特性在于其东方性,但在他的眼中,这个东方性是一个纯粹的宗教概念,是与俄罗斯民族所信仰的东正教直接相关的。他认为,俄罗斯的东方性并不源于其地理位置的特殊性,而是蕴含在那些从拜占庭传承而来的东正教思想中。从起源上讲,东正教和天主教原本应该是统一的。因此,弗洛罗夫斯基所说的东方是在整个西方框架之内的,即西方中的东方。在他看来,俄罗斯和欧洲都是西方的一部分，因为二者都属于统一的基督教世界。基于对俄罗斯与欧洲两者之间关系的理解，弗洛罗夫斯基坚决反对欧亚主义者对亚洲的偏向。在他看来，相对于天主教的欧洲，非基督教的亚洲对俄罗斯来说才是真正的异己。然而，尽管承认了俄罗斯与欧洲之间的宗教联系，弗洛罗夫斯基还是对欧洲进行了严厉的批判，并指出俄罗斯应该在欧洲没落之后承担起建立全球基督教文化的使命。这里所说的基督教文化指的就是东正教文化，因为在弗洛罗夫斯基看来，只有在东正教中才蕴藏着真正的精神自由和绝对真理。

其次，弗洛罗夫斯基为基督教的重新联合事业找到了神学理论支撑，即教会统一论。在他看来，教会只有一个，而且是一个统一的有机体。虽然基督通过圣餐礼把对信徒的拯救带到了世界各地，但是信徒领受的是统一的体血，因为基督是唯一的，他的受难也是唯一的。因此，作为基督身体的教会也应该是唯一和统一的。但是教会的普世统一不是某种外部的、数量上的、空间上的或地理上的属性，也不取决于信徒的分散性，而是精神的统一。在历史的发展过程中，教会出现了地域特征，但这是由普世性所引发的结果，而不是导致普世性的原因。空间上的全世界性是教会发展历程中派生出来的特性，这个特性在最初的基督教中是没有的，但是对普世教会来说又是必不可少的。在这种教会观的指导下，弗洛罗夫斯基认为基督教世界应该正视目前所处的分裂状态，加强不同信仰的各个教会组织之间的交流与对话。虽然对教会和基督教统一的观点并不是弗洛罗夫斯基的首创，早在古代教父著作中就有过对这种认识的表达，但是他的贡献在于对前人的思想进行了对比、梳理和概括，并在此基础上从东正教的角度对这个问题进行了重新解读，指出了作为最正统基督教教义的东正教精神对实现统一的积极作用。

再次，弗洛罗夫斯基提出了新教父综合理论，这是一种强调俄罗斯宗教思想中以东方教父思想为本原的神学传统,并在回归这种传统的基础上实现东正教普世使命的方法论。作为一个虔诚的东正教信徒,弗洛罗夫斯基特别强调东正教在基督教重新联合事业中的绝对领导作用。在弗洛罗夫斯基看来,俄罗斯因从拜占庭接受了基督教而使自己成为最正统的基督教义的继承者。在罗马和拜占庭灭亡以后,俄罗斯东正教会成为唯一的普世教会,它有责任担负起统一处在分裂中的基督教世界的使命。不过,他觉得遗憾的是,俄罗斯东正教会及其神学在历史的发展中由于受西方哲学的影响,已经失去了拜占庭的基督教精神传统。以索菲亚论者为代表的俄罗斯白银时代宗教思想家并没有找到哲学和神学之间的平衡点,他们并不珍视古代教会的精神遗产,只是把它当作其哲学创作的跳板。在弗洛罗夫斯基看来,古代东方教父以自己的行动给出了这个问题的答案,那就是:把哲学当作神学辩护的工具,使哲学为神学服务。基于这种观点,弗洛罗夫斯基指出,为了实现基督教重新联合的普世使命,俄罗斯东正教应该回到最正统的基督教教义中,只有这样它才能成为基督教信仰的真正源头。与此同时,俄罗斯宗教哲学应该摆脱西方的影响,重拾对神学的敬畏,把对哲学的借用完全服从于神学的发展。而要做到这些的唯一方法就是恢复东方教父的思想,以此来重建俄罗斯东正教神学与拜占庭神学的联系。因为在弗洛罗夫斯基看来,基督教教义的正统性就蕴藏在古代东方教父的思想中,因为他们是《圣经》最早的读者,并且在时间上最接近耶稣,他们在研读完《圣经》后把自己的理解编写成书,从而构成了基督教教义的基础。在对待哲学和神学的关系上,东方教父使哲学服务于神学的做法也与弗洛罗夫斯基的观点更为一致。

新教父综合理论的实质是:完整再现并准确理解古代东方教父的思想,在此基础上结合当代现实,通过宣传这些思想来证明东正教的正统性和普世性。作为一种方法论,弗洛罗夫斯基提出在利用东方教父思想作为哲学创作的基础之前，首先要完整而准确地恢复和表达它。在他看来，作为最原始和纯粹的基督教教义，东方希腊教会的教父思想在任何时代都应该成为宗教思想的基础、支柱和方针。与此同时，他坚决反对对过去的盲目崇拜，认为最重要的不是过去，而是现在。因此他认为，向古代东方教父思想的返回，并不是针对其词句，而是针对其精神。换言之，恢复教父思想并不是要逐字逐句地重复教父的某些具体观点和理论，而是要重复他们对待问题的态度和方法。在他看来，教父学说是一种无所不包的基督教思想标准，但绝不是对所有问题的现成回答，而是不断更新的精神财富。因此必须创造性地遵循传统，而且这种创造应该面向自己所处的时代，这就是新教父综合理论最为重要的本质和最大的创新所在。可见，弗洛罗夫斯基并不是盲目地崇拜教父哲学，也不是纯粹为了反对索菲亚论而胡乱提出一个与之相对的学说。在他的这套理论中没有死板的因循守旧，更多的是对古老精神遗产的尊重和面向现代社会的积极。然而，该理论对东方教父遗产的强调并不是由弗洛罗夫斯基最先提出的，早期斯拉夫派的杰出代表基列耶夫斯基就曾经表示应该把东方教父遗产作为俄罗斯宗教哲学的重要基础。但这并不影响弗洛罗夫斯基对俄罗斯新教父综合理论正式提出和最终走向成熟所起的关键作用，而且他首次将这个一般性理论应用在了对俄罗斯宗教思想史的具体分析中，并试图为其找到未来的发展方向。

最后，作为侨民思想家，弗洛罗夫斯基积极倡导东正教与基督教其他教派的交流，通过亲身参与普世教会合一运动，为东正教思想在全球范围内的广泛传播做出了自己的贡献。从20世纪20年代初接触普世教会合一运动，到1971年参加信仰与体制运动第五次国际大会，弗洛罗夫斯基几乎将自己的大半生都贡献给了促进教会和基督教世界重新联合的普世合一事业。基于对教会统一的神学认识，弗洛罗夫斯基对基督教世界的分裂感到忧虑,因此他积极倡导基督教的重新联合。在探讨基督教统一之路的过程中,弗洛罗夫斯基坚信东正教会的正统性、真理性和普世性,他认为东正教肩负着联合所有分散的基督教信仰的使命,基督教的重新联合就是回到东正教信仰的怀抱中。但是在把东正教作为基督教统一之源的同时,弗洛罗夫斯基并不反对东正教与其他基督教信仰之间的交流,而是希望利用普世教会合一运动这个全球性的平台,向西方证明自己所信仰的东正教作为最正统基督教的真理,让持其他信仰的基督教教会都回到东正教的怀抱中来,从而实现东正教的普世使命。对教义问题的一贯强调成为弗洛罗夫斯基在普世教会合一运动中最鲜明的标记,他曾一度被认为是东正教在该运动中的权威代言人。然而,也正是因为其在神学问题上的坚持,弗洛罗夫斯基最终无法认可普世教会合一运动中逐渐显现的对宗教的社会性阐释和对教义分歧的回避,最终离开了该运动的核心机构,但依然作为信仰与体制运动的成员继续其对东正教普世使命的践行。虽然弗洛罗夫斯基希望实现基督教各派教义完全统一的想法有些不切实际,但他对东正教信仰的执着使西方世界对其东方教义有了更为深入和直接的了解,在一定程度上也实现了弗氏的心理夙愿。

第二节 弗洛罗夫斯基宗教思想中的矛盾性和局限性

弗洛罗夫斯基一生著述颇丰,但无论是早期的宗教哲学作品,还是晚期探讨神学问题的文章,主要是以政论形式出现的,并且最为重要的一点是其观点很难说是完全原创的。比如,弗洛罗夫斯基提出俄罗斯不能切断与欧洲的联系,要在西方没落以后承担起东正教的全球使命。类似的观点完全可以在早期斯拉夫主义者的作品中被找到,只不过弗洛罗夫斯基对此进行了特别强调，并且加重了其中的宗教色彩。而最先提出要重视东方教父思想的也是斯拉夫主义者，弗洛罗夫斯基只是对它进行了详细说明，并将它上升到理论高度。至于他所论述的教会统一论，则更非其首创观点，只是他对古代教父思想的整理和解释，这与其《四世纪的东方教父》和《五至八世纪的拜占庭教父》两部著作的意义是一样的。从这个角度来看，弗洛罗夫斯基更像是一个编译者，而非作者，因为他只是通过挑选和解释过去伟大作者的思想来表达自己的观点。如此说来，弗洛罗夫斯基对俄罗斯宗教思想史最具独创性的贡献只能是《俄罗斯神学之路》一书了，因为这是第一部对11—20世纪的俄罗斯宗教思想史进行整体梳理和大胆批判的大型作品。然而，该书的出版却没有在俄罗斯思想界引起巨大反响，这一方面源于弗洛罗夫斯基对俄罗斯宗教思想史的理解未能得到大多数思想家的认可，另一方面也是由该书本身的缺陷所导致的：结构较为松散，材料比例失调，论述太过主观，倾向性过于明显。正是这些方法论缺点阻碍了弗洛罗夫斯基在宗教哲学和神学创作领域的发展，也最终限制了其整体思想层次的提高。

弗洛罗夫斯基以自己对东正教的无限忠诚，成为俄罗斯宗教思想史上一个性格鲜明的人物。但回顾弗洛罗夫斯基在宗教思想上的主要贡献，客观地讲，他对俄罗斯宗教思想史的发展本身并没有起到实质性的推动作用，而是更多地把精力放在了提高东正教的全球性地位上。就算是在这一领域，即使弗洛罗夫斯基曾经在很长一段时间内是普世教会合一运动核心机构的成员，是东正教方面在其中的唯一代表，但最终他的思想也与该运动的主流发展趋势分道扬镳了。可以说，弗洛罗夫斯基既没有在理论创作上取得独树一帜的伟大成就，也没有在实践领域中成为有号召力的人物来推动一个时代的发展。弗洛罗夫斯基的宗教思想和生活经历中蕴含着深刻的双重性和矛盾性，正如他的身份界定一样：既是世俗宗教哲学家，又是教会神学家。受两种身份的限制，弗洛罗夫斯基在上述任何一个领域都没有留下鲜明的印象。

第一，生理和心理的双重折磨。弗洛罗夫斯基的身体状况是他一生都无法摆脱的噩梦，尤其是在童年时代，疾病缠身使他终日只能在家闭门苦读，在九岁之前他几乎没有与人正常沟通的机会。这样的成长经历使弗洛罗夫斯基有更多的时间独立思考，也造就了他矛盾、孤僻、固执的怪异性格。受这种性格的驱使，弗洛罗夫斯基无法很好地与别人交流，很难听取他人的意见，不能融入团队工作，这给他的内心带来了无尽的痛苦，也注定了他人生的种种不顺。因此，纵使满腹学问、才华横溢，弗洛罗夫斯基最终还是被淹没在了时代的洪流之中。

第二，传统和现代的双重追求。弗洛罗夫斯基对东正教信仰的深厚感情开始于幼年时代，尔后在其人生道路上逐渐加强，直至将其作为一生的事业。弗洛罗夫斯基号召回归东方希腊教父的思想传统，认为那是最原始也是最纯正的基督教文化之根。在巴黎神学院执教期间，弗洛罗夫斯基完整地阅读了希腊文的东方教父作品，并教授教父著作课程，希望能让这些古老的东正教精神传统为更多人所知。在这个意义上，弗洛罗夫斯基是一个十分崇尚古代传统的宗教思想家。而他也因强调俄罗斯宗教思想应回归教父传统，而被认为是一个宗教保守主义者。但是，在提出要完整保留和准确再现东方教父思想的同时，弗洛罗夫斯基又指出不能简单地重复这些思想，而是要在东方教父思想的基础上结合当代现实，以此作为俄罗斯宗教思想复兴的推动力。这样的思想可以被认为是将传统和现代结合在一起，是与时俱进的。在美国圣弗拉基米尔神学院工作期间，弗洛罗夫斯基还提出教会应该在不同的现实条件下灵活选择布道语言，并在神学院积极推行英语教学改革，这样的观点和做法在今天看来仍然是非常具有前瞻性的。从这个方面来看，弗洛罗夫斯基算得上是一个敢于挑战传统、面向现代的改革者。

此外，从弗洛罗夫斯基对普世教会合一运动的参与来看，他的思想也是融合了传统和现代双重因素的。首先，弗洛罗夫斯基特别强调东正教的正统性和普世使命，尤其反对西方哲学对东正教神学的影响。从这点来看，他是非常忠于传统的。但是弗洛罗夫斯基同时又提出了一个较为现代和超前的观点：反对西方并不是与它隔绝，而是要通过与西方沟通来使其相信东正教的优越之处，最终超越它，实现以东正教为核心的基督教世界的重新统一。俄罗斯官方东正教直到1961年才正式成为世基联的成员，而弗洛罗夫斯基则从20世纪20年代开始就积极参与到类似的基督教之间的交流组织中。其次，弗洛罗夫斯基参与普世教会合一运动的举动本身，说明他不排斥甚至提倡东正教与基督教其他派别之间的交流，这是其具有的现代性一面。但是，弗洛罗夫斯基始终强调基督教的重新联合要在教义完全统一的基础上进行，这又是非常传统的。而正是弗洛罗夫斯基在教义问题上的坚持，使得他无法忍受普世教会合一运动中逐渐显露出来的，以讨论社会、经济等现实问题为主要工作内容的趋势。

第三，理想和现实的双重打击。弗洛罗夫斯基的生活和思想经历非常丰富，但似乎他在每一个阶段都无法找到自己的真正归属，他的人生总是在不断追寻希望和求而不得的失望中循环往复。中学时代，弗洛罗夫斯基梦想能进入莫斯科神学院进行专门的神学研究，但是受健康原因所限，他最后只能向现实妥协，选择一所世俗大学深造。弗洛罗夫斯基以为，进入大学之后他就可以摆脱内心的矛盾和痛苦，但对宗教的依恋使他始终无法明确自己的人生道路。毕业留校之后，弗洛罗夫斯基本可以开始自己的科研之路，但十月革命使他再次陷入了彷徨。受现实生活所迫，弗洛罗夫斯基与欧亚主义者接近，在这个过程中他觉得似乎找到了理想，那就是将东正教作为俄国未来的希望。但是欧亚主义思潮后期的发展方向让他感到失望，于是他又开始寻找，这次他将希望寄托在了东方教父思想上。然而，弗洛罗夫斯基的宗教思想始终不为俄罗斯侨民界所认可，他的理想再次被现实打败。最后，弗洛罗夫斯基把践行东正教的普世使命作为其终极理想，但是纽约神学院改革的被迫终止和普世教会合一运动中不断增强的社会倾向，使他再一次承受了理想破灭的现实打击。

东正教是俄罗斯民族文化和思想的主题，它造就了人民的宗教性。弗洛罗夫斯基是个宗教情结特别浓厚的知识分子，无论是作为宗教哲学家，还是神学家，他对东正教的坚定信仰是始终如一的。正因为如此，弗洛罗夫斯基才能敏锐地捕捉到俄罗斯东方性中的东正教因素，才能回到东方教父的源头中寻找东正教最纯正的教义，才能为东正教的普世使命找到理论依据，进而在实践中不遗余力地为实现这一使命而努力。但也正是弗洛罗夫斯基这种过于宗教化的立场，使他忽略了社会、政治和经济这些人类活动中十分重要的维度，决定了他的宗教思想总是不能为多数人所接受，导致他在普世教会合一运动中的边缘化。弗洛罗夫斯基的宗教思想中包含许多矛盾性和局限性，这是受多种因素影响所造成的。但无论如何他都是20世纪俄罗斯侨民社会生活的杰出参与者，是俄罗斯宗教思想的忠实继承人，对俄罗斯宗教思想的发展，尤其是对东正教在全球范围内的传播做出了自己独特的贡献。

结　　语

　　弗洛罗夫斯基是20世纪俄罗斯著名的侨民宗教思想家，在其86年的人生岁月中，他经历了痛苦和磨难，也得到了荣誉和肯定。弗洛罗夫斯基的人生成长和思想成熟之路十分复杂，他的一生可以分为流亡海外前在俄罗斯的青少年时期和长达近60年的侨居海外生涯两大阶段。在第一个阶段中，弗洛罗夫斯基的思想还没有完全成熟，他时常纠结在宗教和科学之间。随着年龄的增长和流亡期间阅历的丰富，弗洛罗夫斯基越来越坚定自己的宗教之路，并形成了自己的东正教神学思想。但是弗洛罗夫斯基的宗教思想形成之路并不是一帆风顺的，其间经历了多次思想起伏和转折。

　　通过对弗洛罗夫斯基整体精神历程及其人生中各个阶段具体思想的研究，不难发现：弗洛罗夫斯基的经历和思想虽然杂乱多变，但实际上在他的所有理论思考和实践活动中都存在着一种连贯的内部逻辑，那就是对其所信仰的东正教的忠诚和信仰，并希望能唤起人们对以东方教父思想为基础的古老东正教文化传统的重视。即使在离开俄罗斯之前弗洛罗夫斯基所经历的一段短暂的宗教危机期间，他依然未曾脱离和怀疑过教会，只是没有把东正教作为自己的创作中心而已。可以说，弗洛罗夫斯基各个阶段的思想转变虽略显凌乱，但这是一个爱国知识分子和虔诚的东正教教徒在历史的洪流中，受现实条件所迫而做出的无奈选择，是完全可以理解的。也正是其复杂多变的生活和思想经历，使弗洛罗夫斯基在俄罗斯宗教思想史上留下了一个十分生动和鲜明的形象，令人记忆犹新，引人深思。

一般来说，弗洛罗夫斯基是以东正教神学家的身份出现在俄罗斯宗教思想史上的。的确，弗洛罗夫斯基于1932年在巴黎接受神职并开始在教会中服务，而且他在神学院任教，关注最多的也是神学问题。然而，弗洛罗夫斯基的生活经历十分复杂，其宗教思想的形成过程也颇为曲折。在成为神学家之前的很长一段时间里，弗洛罗夫斯基实际上是作为一名宗教哲学家来对自己所处的世界进行思考的，尤其是在他参与欧亚主义思潮的那个时期。因此，弗洛罗夫斯基的宗教思想既有对神学的纯粹探讨，又不可避免地受到了哲学思维的影响。但遗憾的是，弗洛罗夫斯基在东正教神学和宗教哲学两个方面都没有取得很大的成就。他既没有像弗洛连斯基、布尔加科夫那样成为一代神学家，也无法与别尔嘉耶夫、弗兰克这样的宗教哲学家齐名，可以说他兼具神学家和宗教哲学家的特质，却始终游离在两者之间，最终选择了一条向非东正教的基督教教徒宣传东正教思想精髓的道路。但即使是在这条被他看作终生事业的道路上，弗洛罗夫斯基实际上也没能实现自己的理想。

从20世纪20年代初期接触普世教会合一运动，一直到1971年参加信仰与体制运动的第五次国际大会，弗洛罗夫斯基几乎将自己的大半生都贡献给了促进教会和基督教世界重新联合的普世合一事业。基于对教会统一的神学认识，弗洛罗夫斯基对基督教世界的分裂感到忧虑，因此他积极倡导基督教的重新联合。而在探讨基督教统一之路的过程中，弗洛罗夫斯基坚信东正教会的正统性和普世性，他认为东正教肩负着联合所有分散的基督教信仰的使命，基督教的重新联合就是回到东正教信仰的怀抱中。但是在把东正教作为基督教统一之源的同时，弗洛罗夫斯基并不反对东正教与其他基督教信仰之间的交流，而是希望利用普世教会合一运动这个全球性的平台，向西方证明其所信仰的东正教作为最正统的基督教的真理，让持其他信仰的基督教会都回到东正教的怀抱中来，从而实现东正教的普世使命。对教义问题的一贯强调为弗洛罗夫斯基在普世教会合一运动中赢得了威望和尊重，他曾一度被认为是东正教在该运动中的权威代言人。然而，也正是因为他在神学问题上的坚持，弗洛罗夫斯基最终无法认可普世教会合一运动中逐渐显现的对宗教的社会性阐释和对教义分歧的回避，离开了该运动的核心机构，但依然作为信仰与体制运动的成员继续其对东正教普世使命的践行。

  弗洛罗夫斯基在普世教会合一运动中的参与对弘扬俄罗斯东正教传统文化确实起到了积极的作用，但是他把实现以教义统一为基础的基督教重新联合的希望寄托在这一运动上的想法过于天真和理想化。因为信念和愿景并不代表可能，如果合一仅仅是在某些信仰表述方面达成一致，那么这样的合一通过沟通协商是可以实现的，这一点在对世基联性质定义的商定上就可以看出来。但是，如果合一是弗洛罗夫斯基所指的基督教信仰和教义上的完全一致，那几乎是不可能的。虽然统一是教会的本质，而且是耶稣的吩咐，《约翰福音》第17章第21节记录了耶稣的话语："使他们都合而为一"，但回顾基督教的历史，教会在其成立的早期就分化成了拉丁教会和希腊教会，从而产生了此后基督教的两种教义。可见，基督教的分裂是有着深刻的历史根源的，它造就了基督教各派的教义独特性，因此以教义统一为基础的普世教会合一运动本身就是对这种独特性的不尊重。要想统一这些教义，就意味着各派教会将失去其区别于其他教派的神学基础而不复存在，这样的结果必定是不可能被这些教派所接受的。因此，从某种程度上说，普世教会合一运动从本质上看就是不现实的，所以它所追求的合一最终只能是教义以外的对某种问题的共同看法。此外，作为一项基督教运动，普世教会合一运动是基督教内部的一场博弈，是各派教会之间的无声争斗。因此，弗洛罗夫斯基想凭一己之力实现东正教的普世使命就显得力不从心了，但无论如何他在普世教会合一运动中的努力在客观上为东正教思想在世界上的传播起到了不可忽视的重要作用。值得一提的是，在参与普世教会合一运动和其他基督教之间交流组织的过程中，弗洛罗夫斯基表现出极为开放的态度，这在以和平与发展为主题的当代世界是尤为值得提倡的。虽然弗洛罗夫斯基最终因为对教义统一的坚持而没有在普世教会合一运动中发挥更大的作用，但这正是他对基督教普世联合事业的一种原则性立场，应该予以尊重。但是，如果弗洛罗夫斯基关于宗教的普世性思想能够延伸到全社会的广度，甚至跳出基督教的局限而上升到全人类的高度，那么他就有可能真正成为基督教普世事业的开创者。但是作为一个虔诚的东正教思想家，弗洛罗夫斯基始终没有超越自己的宗教信仰，而这也在一定程度上注定了他的失败。

弗洛罗夫斯基毕生都执着于自己对东正教的信仰，但是他的宗教思想却没有得到俄罗斯侨民界的普遍认可，尤其是他对俄罗斯东正教思想的严厉批判招致了众多非议。但是在对俄罗斯宗教思想史进行整体分析后，弗洛罗夫斯基并没有局限在对过去的批判上，而是试图指出俄罗斯宗教思想的未来发展方向，那就是恢复拜占庭东方教父的思想，并结合俄罗斯的当代现实，创建属于自己的宗教思想体系。在他看来，东方希腊教父的思想是俄罗斯独特而悠久的东正教文化的最初源头，其中蕴藏着俄国获得新生的希望。然而，随着时间的推移，俄罗斯的东正教文化已经逐渐偏离了古老的教父传统，一直处在西方哲学思想的影响之下。因此，回归拜占庭的东方教父神学遗产是俄罗斯东正教神学复兴的第一要义，只有这样才能使俄罗斯东正教文化传统摆脱西方的影响，恢复其独立性。但是这个回归应该是创造性的，而不是简单的重复，更不是回到过去。忠于教父精神，指的是从教父那里获得灵感，而不是在字面上重复古老的文本。而且摆脱非东正教的西方也并不意味着疏远它，与它彻底决裂，而恰恰应该在与其进行平等交流的基础上超越它，从而实现基督教的重新统一。

弗洛罗夫斯基提倡回归东方教父传统的思想常被指责为保守主义，过于狭隘。从某种意义上说，寻根并不是退步、退化或念旧，而是为了鉴古知今。只有了解早期基督信徒的思想和信仰状况，才能从那里找到最原始、最纯真的信仰生活，因为那是没有受到时代考验和塑造之前的基督教思想，这对净化当代基督教信仰有很大的帮助。因此，回归教父并不是要抛弃或轻视介于教父时代和当代之间的基督教历史和经验，而是为了能更加彻底地认识和吸收没有遭到时间磨损、没有被历史掩盖的最纯净的基督思想。所以，从这个层面上看，弗洛罗夫斯基作为俄罗斯东正教传统文化的传承者，其思想结合了传统与现实，赋予了俄罗斯宗教思想更为多元的维度，他的坚持和执着值得尊敬。

俄罗斯侨民知识分子是一个特殊的群体，流亡生活使他们与俄罗斯发生了断裂，但虽身处异国他乡，饱尝颠沛流离，他们仍然努力维护和发展民族文化传统，希望侨民的下一代不忘记祖国的文化。作为十月革命后流亡海外的俄罗斯侨民知识分子中的一员，弗洛罗夫斯基也以自己的方式思考着祖国的命运。他特别强调俄罗斯的传统东正教文化，认为俄国只有依靠东正教才能实现复兴。但是在弗洛罗夫斯基看来，俄罗斯的东正教思想已经在其发展的过程中丢失了最初的拜占庭根源，被淹没在了西方哲学的影响之下，因此他在《俄罗斯神学之路》一书中对俄罗斯的宗教思想史进行了无情的批判。但这并不能说明他不爱国，恰恰是出于对俄罗斯和俄罗斯东正教文化的深切热爱，弗洛罗夫斯基才会对俄罗斯的过去、现实进行深刻反思，并试图为它找到未来的发展方向，可以说这是一种极负责任的思考。从他一生的经历来看，无论是阐述其东正教神学思想，还是批判俄国的宗教思想史，抑或是参与普世教会合一运动，弗洛罗夫斯基实际上都试图唤起人们对古老东正教文化传统的重视，只是他所认为的俄罗斯东正教传统应该植根于古老的拜占庭东方教父思想遗产。

弗洛罗夫斯基反对东正教世界里的民族主义，他在弥合拜占庭东正教和俄罗斯东正教之间的断裂方面做出了积极努力，而这也正是弗洛罗夫斯基的神学思想不为俄罗斯主流宗教思想所容的原因所在。固执、难以妥协是弗洛罗夫斯基性格上的一个弱点，使他不能很好地处理与团队中他人的关系，无法使其思想为大多数人所认可。但正是因此，弗洛罗夫斯基才能经受住周围异见的诱惑和质疑，始终坚持自己的观点。也许弗洛罗夫斯基的东正教思想并不是俄罗斯宗教思想的主流，他也不能算是俄罗斯十分著名的宗教哲学家和神学家之一，但作为一个坚定的东正教信徒，弗洛罗夫斯基用毕生心血向西方人民证明了东正教文化的辉煌，对俄罗斯东正教传统的复兴及其在全球范围内的传播做出了一定的贡献。此外，弗洛罗夫斯基所指出的俄罗斯东正教文化传统缺失问题虽的确存在，但这是在历史演进的过程中受到各方面影响而产生的综合结果，在一定程度上说是难以避免的。但无论如何，弗洛罗夫斯基的观点确实为研究者提供了一个审视俄罗斯东正教的不同维度，是了解多元化的俄罗斯东正教的一个全新视角。从这个意义上说，弗洛罗夫斯基的宗教思想是十分值得研究的。

参考文献

（一）中文部分

安启念：《俄罗斯向何处去：苏联解体后的俄罗斯哲学》，中国人民大学出版社2003年版。

陈树林：《俄罗斯命运的哲学反思：索洛维约夫历史哲学及其当代价值研究》，黑龙江大学出版社2010年版。

戴桂菊：《俄国东正教会改革（1861—1917）》，社会科学文献出版社2002年版。

冯绍雷：《20世纪的俄罗斯》，生活·读书·新知三联书店2007年版。

冯绍雷、相蓝欣：《转型中的俄罗斯社会与文化》，上海人民出版社2005年版。

傅树政、雷丽萍：《俄国东正教会与国家（1917—1945）》，社会科学文献出版社2001年版。

贾泽林等：《二十世纪九十年代的俄罗斯哲学》，商务印书馆2008年版。

乐峰主编：《俄国宗教史》（上、下卷），社会科学文献出版社2008年版。

雷永生：《别尔嘉耶夫传》，台北：台湾东大图书公司1998年版。

雷永生：《东西文化碰撞中的人：东正教与俄罗斯人道主义》，华夏出版社 2007 年版。

李英男、戴桂菊：《俄罗斯历史之路——千年回眸》，外语教学与研究出版社 2002 年版。

伍宇星：《欧亚主义历史哲学研究》，学苑出版社 2011 年版。

徐凤林：《俄罗斯宗教哲学》，北京大学出版社 2006 年版。

徐凤林：《索洛维约夫哲学》，商务印书馆 2007 年版。

徐凤林：《复活事业的哲学：费奥多罗夫哲学思想研究》，黑龙江大学出版社 2010 年版。

张百春：《风随着意思吹——别尔嘉耶夫宗教哲学研究》，黑龙江大学出版社 2011 年版。

张绥：《东正教和东正教在中国》，学林出版社 1986 年版。

卓新平：《当代基督宗教教会发展》，上海三联书店 2007 年版。

［俄］别尔嘉耶夫：《人的奴役与自由》，徐黎明译，贵州人民出版社 1994 年版。

［俄］别尔嘉耶夫：《俄罗斯思想》，雷永生、邱守娟译，生活·读书·新知三联书店 1995 年版。

［俄］别尔嘉耶夫：《俄罗斯思想的宗教阐释》，邱运华、吴雪金译，东方出版社 1998 年版。

［俄］别尔嘉耶夫：《俄罗斯的命运》，汪建钊译，云南人民出版社 1999 年版。

［俄］别尔嘉耶夫：《历史的意义》，张雅平译，学林出版社 1999 年版。

［俄］别尔嘉耶夫：《自由的哲学》，董友译，学林出版社 1999 年版。

［俄］别尔嘉耶夫：《自我认识：思想自传》，雷永生译，广西师范大学出版社 2001 年版。

［俄］别尔嘉耶夫：《精神与实在》，张百春译，中国城市出版社 2002 年版。

［俄］别尔嘉耶夫：《历史的意义》，张雅平译，学林出版社 2002 年版。

［俄］别尔嘉耶夫：《末世论形而上学》，张百春译，中国城市出版社 2003 年版。

［俄］别尔嘉耶夫：《论人的使命——神与人的生存辩证法》，张百春译，上海人民出版社 2007 年版。

［俄］布尔加科夫：《东正教——教会学说概要》，徐凤林译，商务印书馆 2001 年版。

［俄］弗洛罗夫斯基：《俄罗斯宗教哲学之路》，吴安迪、徐凤林、隋淑芬译，上海人民出版社 2006 年版。

［俄］格奥尔吉耶娃：《俄罗斯文化史》，焦东健、董茉莉译，商务印书馆 2006 年版。

［俄］格奥尔吉耶娃：《文化与信仰——俄罗斯文化与东正教》，焦东健、董茉莉译，华夏出版社 2012 年版。

［俄］尼·洛斯基：《俄国哲学史》，贾泽林等译，浙江人民出版社 1999 年版。

［俄］《尼西亚前期教父选集》，中国基督教三自爱国运动委员会、中国基督教协会，2006 年。

［俄］索洛维约夫：《西方哲学的危机》，李树柏译，浙江人民出版社 2000 年版。

［俄］索洛维约夫：《俄罗斯与欧洲》，徐凤林译，河北教育出版社 2002 年版。

［俄］索洛维约夫：《神人类讲座》，张百春译，华夏出版社 2003 年版。

［俄］谢·弗兰克:《俄国知识人与精神偶像》,徐凤林译,学林出版社1999年版。

［俄］谢·弗兰克:《社会的精神基础》,王永译,生活·读书·新知三联书店2003年版。

毕洪业:《欧亚主义在俄罗斯的重新兴起及主张》,《国际论坛》2007年第2期。

戴桂菊:《俄罗斯东正教探源——罗斯接受基督教的原因与后果》,《世界宗教研究》1998年第4期。

戴桂菊:《俄罗斯东正教境内外教会恢复统一的意义》,《中俄关系的历史与现实》2009年10月。

戴桂菊:《从俄罗斯世俗学校恢复宗教课的过程看东正教会的作用》,《俄罗斯中亚东欧研究》2011年第4期。

丁海丽:《布尔加科夫的万物统一哲学》,《西伯利亚研究》2008年第1期。

C. C. 霍鲁日、张百春:《俄国哲学的产生》,《俄罗斯文艺》2010年第1期。

C. C. 霍鲁日、张百春:《俄国哲学的主要观念》,《俄罗斯文艺》2010年第2期。

C. C. 霍鲁日、张百春:《俄罗斯索菲亚论的歧路》,《俄罗斯文艺》2010年第4期。

景剑峰:《东正教文化中的索菲亚与圣子、圣灵、圣母——以谢·布尔加科夫的神学著述为据》,《俄罗斯文艺》2013年第2期。

劳灵珊:《探究俄罗斯民族精神的东正教本原》,《黑河学院学报》2012年第3期。

乐峰:《俄罗斯东正教的特点》,《世界宗教研究》2004年第3期。

雷永生:《宗教沃土上的民族精神——东正教与俄罗斯精神之关系探

略》,《中国青年政治学院学报》1998年第1期。

李小桃:《20世纪初俄国知识分子的寻神运动》,《四川外语学院学报》2002年第1期。

李晓哲:《俄罗斯宗教哲学对东正教传统的超越》,《哈尔滨学院学报》2016年第10期。

齐文媛:《旅法俄国侨民问题研究（1920—1940年）》,硕士学位论文,吉林大学,2015年。

王萍:《俄罗斯宗教哲学特点浅析》,《学术交流》2006年第12期。

王萍:《俄罗斯白银时代宗教哲学的文化批判与重建》,硕士学位论文,黑龙江大学,2010年。

王忠威:《东正教对俄罗斯民族性格的塑造》,硕士学位论文,黑龙江大学,2010年。

徐佳妮:《论东正教对俄罗斯精神的影响》,《西伯利亚研究》2006年第4期。

张百春:《早期俄罗斯宗教哲学评述》,《哈尔滨师专学报》1995年第4期。

张百春:《当代俄国哲学研究的十大领域及其主要问题》,《国外社会科学》1999年第3期。

张百春:《梅列日科夫斯基的神学思想概述》,《哈尔滨师专学报》2000年第1期。

张百春:《弗洛罗夫斯基的新教父综合神学》,《基督教宗教研究》2000年10月。

张百春:《梅延多夫的神学思想》,《理论探讨》2001年第1期。

张百春:《弗洛罗夫斯基神学思想概述》,《哈尔滨学院学报》2002年第1期。

张百春:《论俄国宗教哲学传统》,《社会科学辑刊》2006年第4期。

张百春：《俄罗斯哲学与东正教》，《哲学动态》2006年第11期。

张百春：《论俄罗斯哲学的宗教性质及其悖论》，《求是学刊》2009年第5期。

张雅平：《俄罗斯宗教哲学思想研究综述》，《世界宗教研究》2000年第1期。

周来顺：《白银时代宗教哲学家视野中的俄罗斯现代化之路》，硕士学位论文，黑龙江大学，2010年。

周来顺：《俄东正教的特点及其对白银时代宗教哲学的塑造》，《西伯利亚研究》2011年第4期。

周来顺：《现代性危机及其历史救赎——别尔嘉耶夫历史哲学理论研究》，《求是学刊》2017年第4期。

（二）俄文部分

Базис Всемирного Совета Церквей (Статья 1 Устава ВСЦ). В: Православие и экуменизм. Документы и материалы 1902 – 1998. Изд. 2 – е. М., 1999.

Блейн Э. Завещание Флоровского // Вопр. философии. 1993. № 12.

Блейн Э. Жизнеописание отца Георгия // Георгий Флоровский: священнослужитель, богослов, философ. М.: Прогресс, 1995.

Булгаков С. Н. Свет невечерний: Созерцания и умозрения. М., 1994.

Булгаков Сергей. Агнец Божий. М., 2000.

Георгий Флоровский. Восточные отцы Церкви. М.: Издательство АСТ, 2003.

Из писем о. Георгия Флоровского Ю. Иваску // Вестник РХД. 1979, № 130.

Исход к Востоку. Предчувствия и свершения. Утверждение евразийцев. Кн. 1. София: Рос. – Болг. кн. издательство, 1921.

Колеров М. А. Братство Св. Софии: "веховцы" и евразийцы (1921 – 1925) // Вопр. философии. 1994. №. 10.

Колеров М. А. Письма Булгаков С. Н. к Г. В. Флоровскому (1923 – 1938) // Исследования по истории русской мысли: Ежегодник за 2001 – 2002 гг. / М., 2002.

Колеров М. А. Письма Г. В. Флоровского к П. А. Флоренскому (1911 – 1914) // Исследования по истории русской мысли: Ежегодник за 2003 г. / М., 2004.

Кондаков И. В. Культурология: история культуры России: Курс лекций. М.: ИКФ Омега-Л, Высш. шк., 2003.

На путях. Утверждение евразийцев. Кн. 2. Берлин: Геликон, 1922.

Омельченко Н. А. Исход к Востоку: Евразийство и его критики // Евразийская идея и современность. Москва, 2002.

Письма Г. В. Флоровского 1922 – 1924 гг. // История философии. М., 2002. №. 9.

Прот. Георгий Флоровский. Вера и культура: Избр. труды по богословию и философии. СПб: Издательство Рус. Христиан. гуманит. ин-та, 2002.

Прот. Георгий Флоровский. Пути русского богословия. Москва: Ин-т рус. цивилизация, 2009.

Сербиненко В. В. Русская философия: курс лекций: учеб. Пособие по дисциплине «Философия» для студентов вузов, обучающихся по нефилос. Специальностям и направлениям. 2 – е изд., стер. Москва: Омега-Л, 2006.

Соболев А. В. О Г. В. Флоровском по поводу его писем евразийском поры // История философии. М., 2002. №. 9. С. 151.

Соловьёв В. С. Русская идея. Сочинение в двух томах. Москва,

Издательство «Правда», том 2 [M]. Moscow, 1989.

Сосуд избранный: Сборник документов по истории Русской Православной Церкви / Сост. М. Склярова. СПб.: Борей, 1994.

Флоровский Г. Философская литература // Русская зарубежная книга. Ч. 1. Прага, 1924.

Флоровский Г. В. Окаменное бесчувствие // Путь. Париж, 1926, №. 2.

Флоровский Г. В. Дом отчий // Путь (Париж), 1927, №. 7.

Флоровский Г. В. Евразийский соблазн // Современные записки. Париж, 1928, №. 12.

Флоровский Г. В. Евхаристия и соборность // Путь (Париж), 1929, №. 19.

Флоровский Г. Богословские отрывки // Путь. (Париж) 1931, №. 31.

Флоровский Г. Прот. О границах Церкви // Путь (Париж), 1933, №. 44.

Флоровский Г. В. Пути русского богословия. 3 - е изд. с пред. прот. И. Мейендорфа и указателем имён. - Париж: YMCA-PRESS, 1983.

Флоровский Г. В. Из прошлого русской мысли. М.: Аграф, 1998.

Флоровский Г. В. Избранные богословские статьи. М.: Пробел, 2000.

Хоружий С. С. Неопатристический синтез и русская философия // Вопр. философии. 1994. №. 5.

Церковь, Церкви и Всемирный Совет Церквей: Экклезиологическое значение Всемирного Совета Церквей. В: Православие и экуменизм. Документы и материалы 1902 - 1998. Изд. 2 - е. М., 1999.

Черняев А. В. К 110 - летию со дня рождения Георгия Флоровского. Философское формирование Георгия Флоровского. // Историко-философский ежегодник. 2003. №. 001.

Черняев А. В. Г. В. Флоровский как философ и историк русской мысли. Москва: ИФ РАН, 2010.

Шмеман Александр прот. Экуменическая боль // Церковь, мир, миссия. М., 1996.

(三) 英文部分

Florovsky, Georges. "The Problem of Old Russian Culture; Reply // The Development of the USSR." *An Exchange of Views*. Ed. by Donald W. Treadgold. Seattle, 1964.

The Ecumenical Advance. A History of the Ecumenical Movement. Vol. 2, 1948 – 1968. London, 1970.

The Second World Conference on Fair and Order. Held at Edinburgh, August 3 – 18, 1937. London, 1938.

Show, Lewis F. "The Philosophical Evolution of Georges Florovsky: Philosophical Psychology and the Philosophy of History." *Saint Vladimir's Theological Quarterly*. N. Y., 1992. Vol. XXXVI. No. 3.